STUDIO 16

STUDIO 16

Programme 3

L'école et les loisirs

Programme 4

Liberté, égalité

STUDIO 16
18.30 AU CHOIX
YANNICK GRILLON
STUDIO 16
11.30 SALUT LES JEUNES!
STUDIO 16

USING STUDIO 16

The activities in STUDIO 16 are graded according to difficulty:

The number of stars beside each activity indicates how difficult it is. The 1-star and 2-star activities are intended for everyone; the 3-star activities are more difficult; the 4-star activities are the most difficult and need not be done by everyone.

These are some of the instructions which appear in STUDIO 16:

Apprenez par cœur	Learn by heart
Choisissez la bonne réponse	Choose the right answer
Comparez	Compare
Complétez chaque phrase	Complete each sentence
Copiez en complétant	Copy and complete
Corrigez	Correct
Discutez	Discuss
Ecoutez	Listen
Ecoutez encore une fois	Listen again *(rewind the tape)*
Ecoutez plusieurs fois, si nécessaire	Listen several times, if you need to
Ecrivez	Write
Enregistrez	Record
Essayez	Try
Expliquez en anglais	Explain in English
Faites correspondre	Match
Faites une liste	Make a list
Interrogez	Interview
Lisez	Read
Notez dans votre cahier les mots qui manquent	Note down in your exercise book the words which are missing
Posez ces questions	Ask these questions
Prenez des notes	Take notes
Prenez le rôle	Take the part
Racontez	Talk about
Trouvez	Find
Vérifiez vos réponses	Check your answers
Vrai ou faux?	True or false?

Pour vous aider

New or difficult words are translated into English and given on the page:

PVA

tu te rappelles?	do you remember . . .?
trop loin	too far
chez nous	our house
presque	almost
je me souviens	I remember
même	even
là-bas	there

WORDLIST

You can look up other words in the French-English wordlist at the back of the book.

Answers
Réponses

When you have finished an activity, you can check your answers against those in the Answers section.

STUDIO 16

Programme 3

L'école et les loisirs

AT A GLANCE
Programme 3

WHAT YOU LEARN TO DO

Que pensez-vous de l'école? Page 8

- Students talking about school – their likes and dislikes
- How can schools be improved? Some suggestions from students
- Parisian students talk about their school day
- Students write in to STUDIO 16 giving their opinions about schools
- Five students talk about school and leisure activities
- A survey of leisure activities
- The perfect school – what would it be like?

▶ understand and express opinions about school
▶ say how schools could be improved
▶ describe your school, the school day, favourite subjects, how you get to school, leisure activities
▶ interview someone about school and leisure activities
▶ write about what there is to do in your neighbourhood
▶ do a survey on leisure activities
▶ say how you would like school to be
▶ write a description of your school

GRAMMAR FOCUS
- present tense ***devoir il, elle, on, ils, elles***
- ***plus, moins assez, trop***
- perfect tense – revision
- ***j'aimerais voir***

Step by step 5 Page 22

- Memories of childhood in Geneva, France and Djibouti
- Young people say what they remember about childhood
- Yesterday's weather
- Childhood holidays

▶ talk about life sixty years ago, and say how it has changed
▶ ask and answer questions about childhood memories
▶ say what the weather was like yesterday
▶ say how you used to spend your holidays
▶ write a letter describing a holiday

GRAMMAR FOCUS
- imperfect tense ***je, tu, il, elle, on il y avait il n'y avait pas***
- imperfect tense to describe weather

Le français dans le monde Page 28

- Young people from French-speaking countries give their impressions of London schools
- Growing up in Tunisia, Canada, Senegal, Martinique and Morocco
- Interview with Ana Palomo

▶ read and discuss different opinions about school
▶ pick out key facts from spoken and written accounts of childhood
▶ talk and write about your own childhood

Fous de la danse Page 34

Episode 4

- The fourth episode of a serial story (continued from STUDIO 16A, page 127) about a group of friends from a dance studio

▶ read for pleasure and general understanding

Infos Page 36

Infos journal Infos radio

- International and French news items, including:
  a bomb scare on a TGV train
  strikes by teachers, pupils, transport workers
  the hijack of an aircraft
  a full-scale hunt for Mafia suspects

▶ read news items for gist and detail
▶ listen to news items for gist and detail
▶ compare spoken and written reports

Météo

- Weather reports

▶ listen to and read weather reports
▶ summarise a weather report
▶ make a decision based on weather reports

Page de publicités

- Adverts: windsurfing holidays and sports

▶ understand radio adverts

Step by step 6 Page 42

Crime ou suicide?

- A death in mysterious circumstances

Mystère aux Antilles

- A 'whodunnit?'

Portrait-robot

- Photofit pictures

▶ read a newspaper report about a crime
▶ read, listen to and compare the accounts of two witnesses
▶ describe someone you saw
▶ ask and answer questions about what you were doing
▶ interrogate a witness and write up the description

GRAMMAR FOCUS
- imperfect tense ***je, il, elle, nous, vous, ils***

AT A GLANCE

WHAT YOU LEARN TO DO

Checker-chart — Page 47

The imperfect tense

- See at a glance the imperfect tense and when to use it

▶ revise the imperfect tense of some useful verbs

GRAMMAR FOCUS
- a summary of the imperfect tense

Si on sortait? — Page 48

- Maryse phones Jean-Paul to arrange to go to the cinema, and phones the cinema to book
- Going out: choosing where to go
- Leaving messages

▶ understand and make phone calls to arrange a date
▶ take notes from a phone conversation
▶ make enquiries about a film and book tickets
▶ arrange to meet a friend and write to confirm the arrangement
▶ leave phone messages with someone, and take messages yourself

GRAMMAR FOCUS
- *je peux*

Au cinéma — Page 54

- Four extracts from a video catalogue
- A look at different types of films
- Jean-Luc and Christine talk about films
- Cinema adverts

▶ read and understand summaries of films
▶ listen to and understand a conversation about the cinema
▶ talk about the types of films you like, how often you go to the cinema, and describe a film you have seen
▶ understand abbreviations in cinema adverts

Fous de la danse — Page 58

Episode 5

- Leila, Alpha, Florence and Alain appeal for help to restore the theatre – with surprising results

▶ read for pleasure and general understanding

Opinions — Page 60

Courrier

- STUDIO 16 gives advice to young people who write in about what to do in your spare time

▶ read and understand letters about leisure activities
▶ understand a leaflet describing leisure activities
▶ write to a tourist office asking for information and brochures

Aimez-vous lire? — Page 62

- What do you like reading? Extracts from novels, magazines, brochures, cartoons and a poem
- Extracts from different sections of a newspaper

▶ identify different types of reading material
▶ summarise an extract from a French magazine, book or newspaper
▶ say which type of reading you prefer
▶ say which parts of a newspaper you like and why

Fous de la danse — Page 66

Episode 6 – conclusion

- The story ends with the re-opening of the theatre, and an unexpected opportunity

▶ read for pleasure and general understanding

Le français dans le monde — Page 69

- Véronique Tadjo from the Ivory Coast talks about her family, her writing and life in London

▶ listen to and understand an interview
▶ start your own journal

Résumé des Talkbacks — Page 70

A comprehensive revision list of the **Talkbacks**

▶ revise what you have learned to say in Programme 3

Test your progress — Page 74

Find out how much you have learned in Programme 3

▶ assess your progress

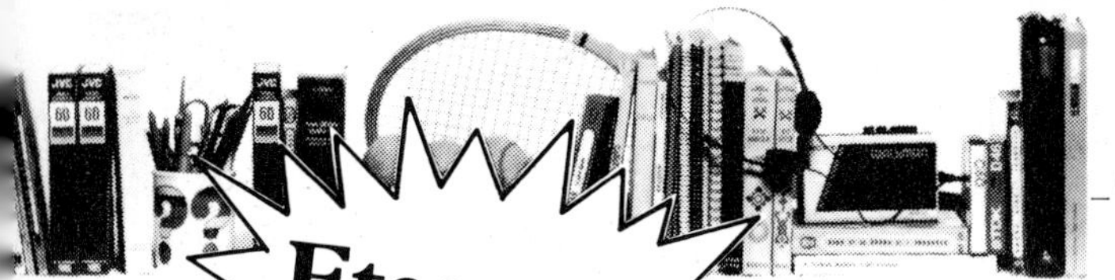

Etes-vous pour?

QUE PENSEZ-VOUS

Ecoutez les opinions de ces jeunes sur STUDIO 16.

Aimez-vous votre école?

Ils aiment l'école. Ils sont pour.

Oui. J'aime l'école.
Ça me plaît beaucoup.
On s'amuse bien.

Moi, j'aime beaucoup aller à l'école.
Je crois que l'ambiance est bonne.

Je suis d'accord. Ça me plaît.
J'aime mon école.
Je suis pour!

Oui. Ça va. J'aime beaucoup mes études au collège.

Et moi aussi, je m'amuse bien.
Ça me plaît.

Pourquoi aimez-vous l'école, alors?

- Parce que les professeurs sont sympathiques. J'apprends beaucoup de choses.
- Parce qu'il y a une bonne ambiance. Je m'amuse bien. Je retrouve mes amis. J'ai beaucoup de camarades de classe.
- Parce que les professeurs ont beaucoup de patience. J'admire les professeurs. Ils travaillent beaucoup et ils sont sympathiques.
- Parce qu'on s'amuse bien à mon école. Les rapports entre les profs et les élèves sont bons.
- Parce qu'à mon avis les cours sont très intéressants. Et, en plus, je voudrais des diplômes pour avoir un bon métier après.

Pour vous aider

ça me plaît beaucoup	I like it a lot
on s'amuse bien	we enjoy ourselves
l'ambiance est bonne	there's a good atmosphere
sympathiques	nice
j'apprends	I learn
je retrouve	I meet up with
les rapports	relationships
les cours	the lessons
à mon avis	in my opinion
en plus	as well as this

POUR POUR POUR POUR POUR POUR POUR POUR POUR

TALKBACK

Et vous? Qu'en pensez-vous?

Demandez

Tu aimes l'école?

Pourquoi n'aimes-tu pas l'école?

Tu n'aimes pas l'école?

Pourquoi aimes-tu l'école, alors?

Répondez, puis changez de rôle. Choisissez dans les opinions des deux groupes, si nécessaire.

J'aime l'école parce que . . .

Je n'aime pas l'école parce que . . .

A mon avis . . .

Je crois que . . .

Pour moi . . .

DE L'ECOLE?

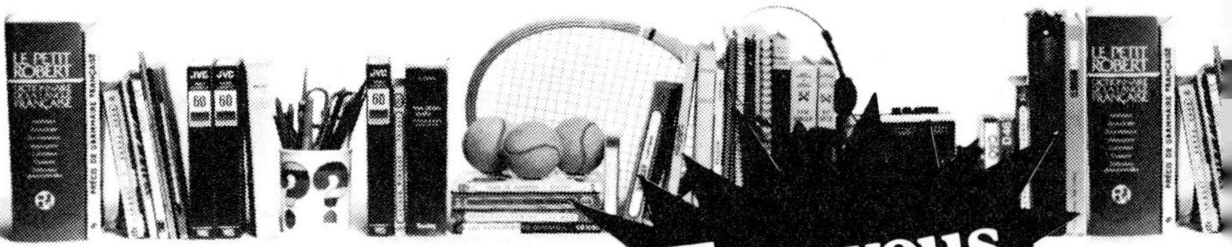

Etes-vous contre?

Ecoutez les opinions contraires.

Aimez-vous votre école?

Non! Moi, je n'aime pas l'école.
Ça ne me plaît pas du tout.

Moi, non plus.
Pour moi, l'école,
c'est inutile.

Moi, je déteste l'école
et les profs.

J'en ai marre! Je ne vais pas
à l'école régulièrement.
Je manque beaucoup de cours.

Moi aussi, je reste chez moi.
Je manque les cours.
Je n'aime pas l'école.

Ils n'aiment pas l'école. Ils sont contre.

Pouvez-vous préciser pourquoi vous n'aimez pas l'école?

- A mon école il n'y a pas assez de discipline. Les professeurs ne sont pas assez sévères avec les élèves. Donc, les élèves sont indisciplinés. Il y a souvent trop de bruit dans la classe et on n'apprend rien.
- Pour moi, les cours sont ennuyeux et inutiles. C'est une perte de temps. A quoi ça sert . . . d'apprendre des langues, la chimie, l'histoire? Je n'aime pas être enfermée toute la journée pour rien.
- Je n'aime pas l'école parce qu'on nous traite comme des enfants! Je crois qu'on ne nous donne pas assez de responsabilités, de liberté.
- Quelquefois j'ai peur d'aller à l'école. On est souvent brutalisé par des élèves plus grands. On nous demande de l'argent et les profs ne font rien.
- A mon avis, les profs sont beaucoup trop sévères. Je n'aime pas les profs parce qu'ils crient . . . ils hurlent . . . ils nous traitent comme des animaux. Ils ne sont pas assez tolérants, je crois.

Pour vous aider

pas du tout	not at all
inutile	pointless
j'en ai marre	I'm fed up with it
je manque les cours	I miss lessons
préciser	say exactly
trop de bruit	too much noise
on n'apprend rien	we learn nothing
ennuyeux	boring
une perte de temps	a waste of time
à quoi ça sert?	what's the point?
des langues	languages
la chimie	chemistry
enfermé / enfermée	shut in
on est brutalisé	we are bullied
ils crient	they shout
ils hurlent	they scream
je crois	I think

CONTRE CONTRE CONTRE CONTRE CONTRE CONTRE CONTRE CONTRE CONTRE CONT

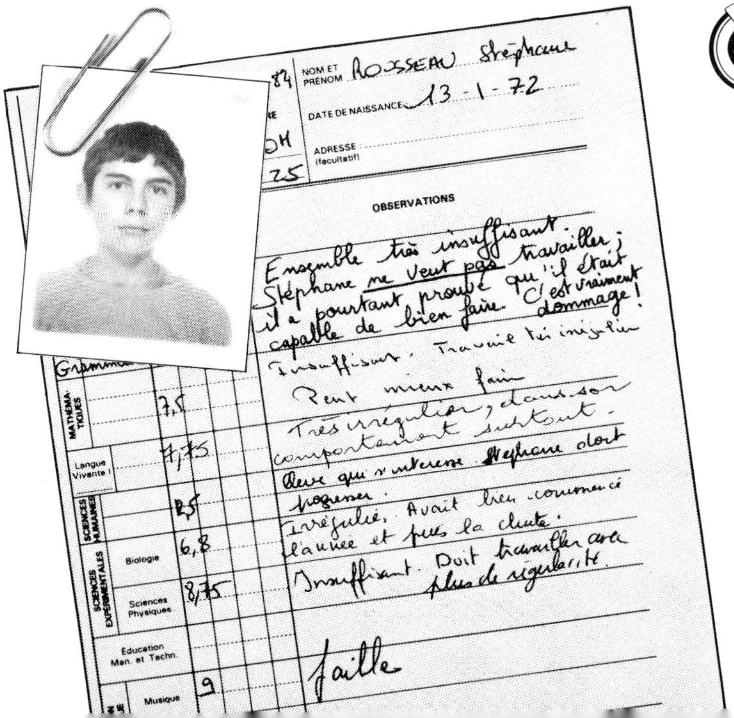

Apprenez par coeur

on s'amuse bien	we have a good time
ça me plaît	I like it
ça ne me plaît pas	I don't like it
je crois que . . .	I think that . . .
j'apprends	I learn
utile	useful, relevant
inutile	pointless
à quoi ça sert?	what's the point?
j'ai peur (de)	I'm frightened (of)
il y a trop de . . .	there is too much . . .
il n'y a pas assez de . . .	there isn't enough . . .
je suis d'accord	I agree
je ne suis pas d'accord	I don't agree
l'ambiance est bonne	there's a good atmosphere

Comment améliorer les écoles?

Il y a des jeunes qui ont de mauvais rapports avec leurs professeurs. Qu'est-ce qu'on peut faire pour améliorer cette situation? Quel est votre avis?

Pour vous aider

améliorer	to improve
l'école doit être plus . . .	school should be more . . .
l'école doit être moins . . .	school should be less . . .
accueillante	welcoming
dure	hard
ennuyeuse	boring
sages	well behaved
à l'heure	on time
en retard	late
fumer	to smoke
polis	polite
impolis	impolite
se bagarrer	to fight
sourire davantage	to smile more
corriger	to correct
arrêter les bagarres	to stop fights

A

Ecoutez les suggestions des élèves sur STUDIO 16.
Etes-vous d'accord ou non?

LES ELEVES DOIVENT . . .

- être plus polis avec les profs
- être plus coopératifs et sages
- être plus responsables de leurs études
- faire tous leurs devoirs
- arriver à l'heure

. . . NE DOIVENT PAS . . .

- arriver en retard
- intimider d'autres élèves
- fumer
- être impolis avec les professeurs
- se bagarrer

Et les professeurs?

LES PROFESSEURS DOIVENT . . .

- être moins sévères
- être plus sévères
- sourire davantage
- résister à la tentation de crier
- avoir plus de contact avec les parents
- toujours corriger les cahiers
- être plus sympathiques
- arrêter les bagarres

. . . NE DOIVENT PAS . . .

- fumer en classe
- tolérer l'indiscipline
- parler trop
- crier
- intimider et humilier les élèves
- arriver en retard

B

Qu'est-ce qui est important pour vous?

Arrangez par ordre d'importance pour vous.
Copiez et complétez . . .

Les élèves doivent . . .
1
2
3
4
5

Les élèves ne doivent pas . . .
1
2
3
4
5

Les professeurs doivent . . .
1
2
3
4
5
6
7
8

Les professeurs ne doivent pas . . .
1
2
3
4
5
6

C TALKBACK

Que pensez-vous de l'école?

Discutez avec un ami / une amie

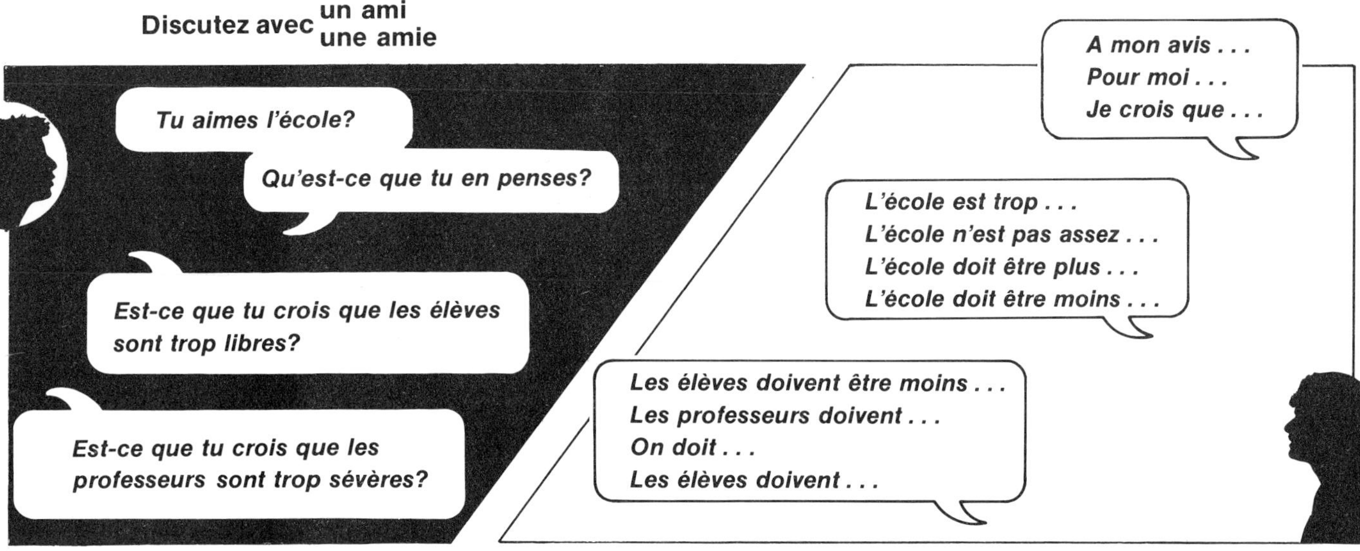

D

Aimez-vous l'école? Pourquoi? Comment est-ce qu'on peut améliorer l'école?

Ecrivez une lettre à votre prof!

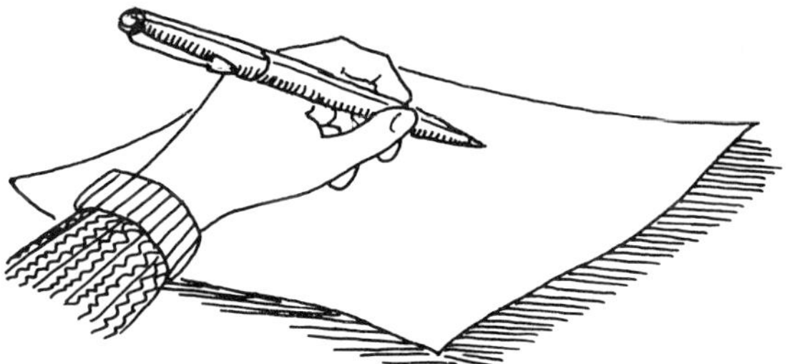

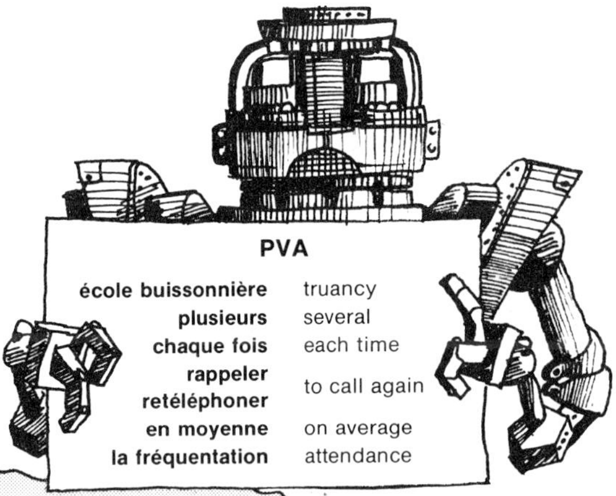

PVA

école buissonnière	truancy
plusieurs	several
chaque fois	each time
rappeler / retéléphoner	to call again
en moyenne	on average
la fréquentation	attendance

E

Lisez le reportage, puis racontez les détails en anglais . . .

- Where is the robot being used?
- What is it for?
- What does it actually do?
- What happens if the parents don't call the school back?
- What effect has the machine had so far?

. . . et en français

- Où se passe l'histoire?
- Combien d'écoles ont acheté le robot?
- A qui est-ce que le robot téléphone?
- Que fait le robot si les parents ne rappellent pas l'école?
- Quel a été l'effet de cette nouvelle machine?

Chicago, Etats-Unis

ROBOT CONTRE ECOLE BUISSONNIERE

Aux Etats-Unis un robot aide à contrôler l'absentéisme des élèves.

Plusieurs écoles de Chicago utilisent les services d'une sorte de robot pour les aider à combattre l'absentéisme des élèves. Vingt-cinq écoles ont acheté une machine armée d'un téléphone automatique. Chaque fois qu'un élève est absent, la machine téléphone automatiquement aux parents de l'élève. Le robot leur signale l'absence et leur demande de rappeler l'école.

Si les parents ne rappellent pas l'école, le robot leur retéléphone – à intervalles réguliers pendant la journée – jusqu'à dix heures du soir. Cette nouvelle machine – déjà employée, notamment dans certaines écoles de New York – a eu un bon effet. En moyenne la fréquentation a augmenté de trois pour cent.

F

Que pensez-vous de cette machine? Croyez-vous que l'école doit être obligatoire?

Discutez (en anglais, si vous voulez).

UNE ECOLE PARISIENNE

Au STUDIO 16, un groupe d'élèves parisiens parlent de leur école.

A **Ecoutez. Prenez des notes en français.**

- Nom de l'école?
- Où se trouve l'école?
- L'école est mixte?
- L'école est grande?
- On porte un uniforme scolaire?
- Tous les élèves mangent à la cantine?

B **Ecoutez. Notez des avis favorables et défavorables.**

Ce que pensent les élèves de leur école...

FAVORABLE

- *l'ambiance est très sympathique*
- *on essaie de la rendre plus sympathique*
- *il y a une bonne ambiance*
- *elle n'est pas mal*
- *au moment de la récréation, tout le monde crie, tout le monde joue, on s'amuse, on rigole . . .*
- *tout le monde aime bien l'école!*

DEFAVORABLE

- *elle n'est pas très bien équipée*
- *il y a quelquefois des clans*

PVA

l'ambiance	the atmosphere
on essaie de la rendre	they/we try to make it
plus sympathique	friendlier
sinon	otherwise
des clans	groups, gangs
on rigole	we have a laugh
ils essaient de nous comprendre	they try to understand us
autoritaires	strict
on peut l'approcher	she's approachable
sympa	nice
cela dépend des professeurs	it all depends on the teacher

C **TALKBACK**

Que pensez-vous de votre école . . . et de vos profs?

Ecoutez encore une fois les opinions des élèves, si nécessaire. Demandez

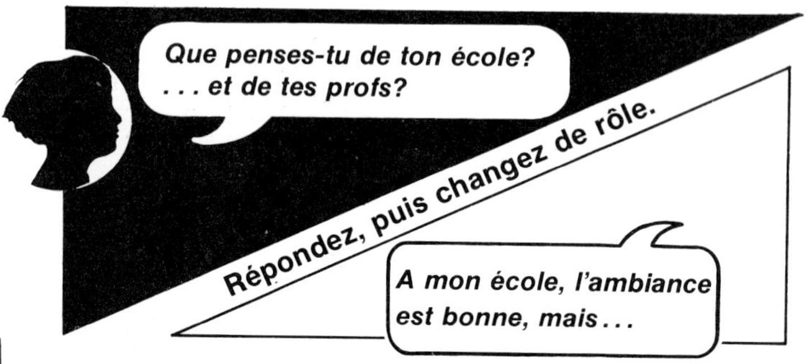

. . . et de leurs profs

FAVORABLE

- *les profs sont sympathiques avec nous*
- *ils essaient de nous comprendre*
- *avec des profs, ça marche bien . . .*
- *on peut l'approcher*

DEFAVORABLE

- *certains profs sont autoritaires*
- *il est difficile de les approcher*

PVA

dans le dixième arrondissement	in the 10th district (of Paris)
à côté du canal Saint-Martin	next to the Saint-Martin Canal
un cadre	a setting
seulement	only
obligatoire	obligatory, necessary
ça fait un peu militaire	it's a bit like being in the army

Une journée à l'école

Des jeunes parlent de leur journée à l'école à notre reporter de STUDIO 16.

PVA	
des œufs mayonnaise	egg mayonnaise
un steak haché	minced steak
des croquettes de poisson	fish croquettes/fish cakes
des pâtes	pasta
du riz	rice
un yaourt	yoghurt
une tranche de rôti	a slice of roast meat
du cœur	heart
une entrée	a starter
(des) lentilles	lentils
au distributeur	to the drinks machine

A **Ecoutez**

A quelle heure avez-vous quitté la maison pour aller à l'école hier matin?

A midi, où est-ce que vous avez mangé et qu'est-ce que vous avez mangé?

Qu'est-ce que vous avez fait pendant la récréation?

Quels cours avez-vous eus hier?

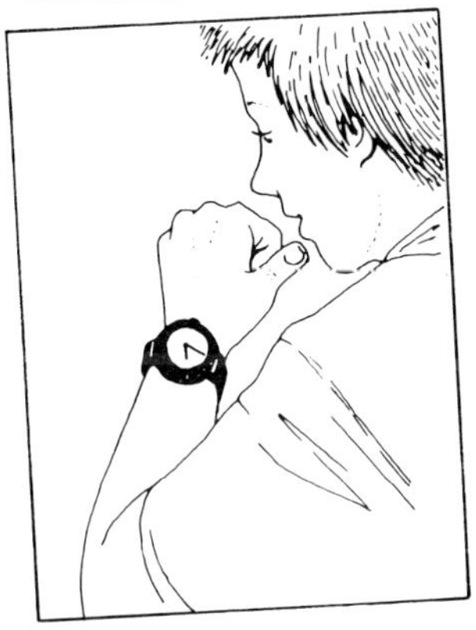

Je suis partie de chez moi à . . .
J'ai quitté la maison à . . .

MENU DE LA CANTINE

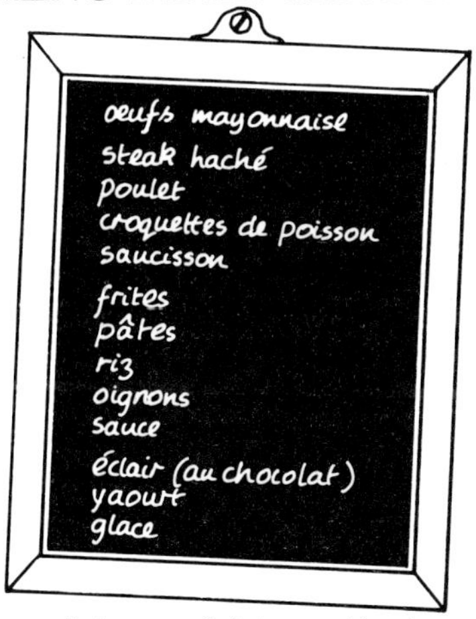

J'ai mangé à la cantine/chez moi . . .
J'ai mangé . . .

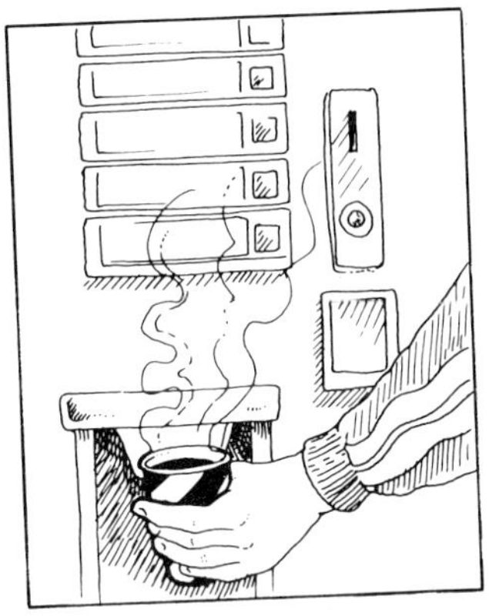

J'ai été au distributeur acheter un chocolat.
Je suis allée rejoindre mes copains . . .
J'ai joué au football avec mes copains. . .
On s'est promené dans la cour . . .

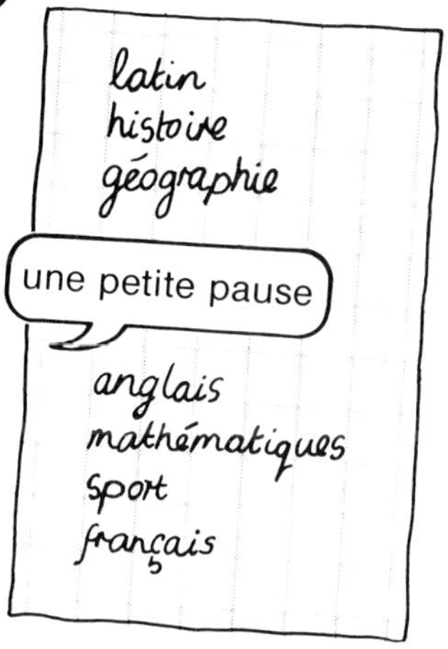

J'ai eu . . .

B **Un des élèves a parlé de ses cours. Ecoutez encore une fois, puis écrivez son emploi du temps.**

C **TALKBACK**
Demandez

A quelle heure as-tu quitté la maison pour aller à l'école hier matin?

A midi, où est-ce que tu as mangé?

Qu'est-ce que tu as mangé?

Qu'est-ce que tu as fait pendant la récréation?

Quels cours as-tu eus hier?

Répondez, puis changez de rôle.

POINTS DE VUE

Quelques jeunes Français ont écrit à STUDIO 16 sur trois sujets:

- *Ce qui m'énerve au collège*
- *Qu'est-ce que c'est qu'un bon professeur?*
- *La liberté au collège, ça existe?*

A **Lisez leurs points de vue, puis donnez vos opinions.**

Ce qui m'énerve au collège

le favoritisme de la part de certains professeurs

c'est que certains élèves sont très indisciplinés et très mal élevés

c'est quand il n'y a pratiquement pas de contact entre les élèves de différents âges - je pense que c'est regrettable

ce sont les tables recouvertes de graffiti et de chewing-gum

c'est le radiateur qui ne marche pas en hiver et puis marche en été

le manque de contact professeur-élève

B **Lisez. Quelle est votre opinion?**

Qu'est-ce que c'est qu'un bon professeur?

Un bon professeur, c'est quelqu'un qui comprend les élèves, qui peut les aider quand ils ont des problèmes à la maison ou avec leurs parents . . . un professeur à qui on peut parler comme à un ami . . . quelqu'un qui comprend nos difficultés.

●

Les bons professeurs, il y en a . . . mais pas beaucoup. Quand on a un bon prof une année, il faut en profiter et vraiment travailler.

●

Pour moi, un bon professeur c'est un prof qui cherche à communiquer avec l'élève et accepte ses opinions, sa liberté d'expression.

●

Pour moi, un bon professeur c'est d'abord un professeur gentil, mais il doit garder son autorité. Les professeurs qui sont trop gentils perdent parfois leur autorité. Et enfin, le plus important c'est que le prof explique bien, car c'est le but d'un prof de faire comprendre les cours aux élèves.

●

Un bon professeur, c'est quelqu'un qui est passionné par sa matière et arrive à transmettre son intérêt aux élèves. Il ne doit pas forcer les élèves à travailler mais il doit par son énergie leur donner le désir de travailler.

●

Pour moi, un bon professeur doit être patient mais surtout il doit avoir de l'humour.

●

Un bon prof, c'est un prof qui ne favorise pas certains élèves. Quelquefois, on a un prof qui n'aime que les filles, et les garçons sont mis à la porte. Et pour un prof qui n'aime pas les filles, alors ça ne marche pas. Il faut avoir un prof neutre.

C'est difficile d'avoir toutes les qualités pour être un bon professeur!

PVA

ce qui m'énerve	what annoys me
le manque de contact	the lack of contact
c'est quelqu'un qui . . .	is someone who . . .
il faut en profiter	you must make the most of it
(ils) perdent parfois	(they) sometimes lose
le but	the aim
passionné par	enthusiastic about
. . . n'aime que les filles	. . . only likes girls
(ils) sont mis à la porte	(they) are sent out

C

Lisez, puis donnez votre réponse à la question:

La liberté au collège, ça existe?

PVA

c'est-à-dire	in other words
ces règles sont brisées	these rules are broken
un monde de contraintes	a world of restrictions
ce que l'on veut	what you want
on a le droit de	we have the right to
je trouve choquant	I find it shocking
couverts de maquillage	covered in make-up

Oui, il est certain que dans un lycée la liberté existe. Comme dans toutes écoles, le lycée a beaucoup de règles .... mais ces règles sont toujours brisées !

Anouk

A mon avis, un élève doit être considéré comme un adulte, c'est-à-dire responsable de ses actes au collège. En général, je trouve qu'on ne donne pas assez de responsabilité aux élèves.

Hervé

Je ne crois pas que la liberté à l'école existe. En effet c'est un monde de contraintes et il faut respecter le règlement intérieur du lycée.

Arsène

Non, pour moi, on n'est pas libre à l'école quand on nous oblige à faire des choses ridicules et qui sont inutiles.

Farouk

Je crois que non. Si on considère la liberté comme la possibilité de faire ce que l'on veut, où l'on veut, quand on veut, il est alors évident que la liberté à l'école n'existe absolument pas.

Jean-Rémy

D

Ecrivez votre point de vue.

A mon école, je pense que la liberté
- existe
- n'existe pas
- existe dans une certaine mesure

Pendant les cours,
- on a le droit de
- on n'a pas le droit de

- manger du chewing-gum
- quitter sa table
- discuter de choses importantes
- choisir ce qu'on veut étudier
- . . .

On est obligé de
- travailler beaucoup
- porter l'uniforme
- faire trop de devoirs
- passer trop d'examens

Pendant la récréation,
- on peut
- on ne peut pas

- sortir de l'école
- fumer une cigarette
- rester dans la salle de classe
- . . .

Personnellement, je trouve
- choquant
- agréable

de voir
- les profs en jean
- les élèves en uniforme
- les cheveux de toutes les couleurs
- les visages couverts de maquillage
- les élèves indisciplinés
- . . .

E

TALKBACK

Donnez vos opinions sur ces trois sujets:
- ***Ce qui m'énerve au collège***
- ***Qu'est-ce que c'est qu'un bon professeur?***
- ***La liberté au collège, ça existe?***

Ce qui m'énerve au collège, c'est . . .

Pour moi, un bon professeur doit . . .

Le plus important, c'est que . . .

C'est quelqu'un qui . . .

Oui, la liberté existe parce que . . .

Pour moi, on n'est pas libre à l'école quand . . .

ON S'AMUSE ... à l'école ...

Au STUDIO 16, cinq élèves nous donnent un résumé de leurs écoles et de leurs matières préférées. Ils s'appellent . . .

A **Ecoutez et identifiez les élèves. Ecrivez leurs prénoms dans un cahier.**

Qui est-ce?

Prénom	*Sylvie*	*Anouk*	*Olivier*	*Frédéric*	*Nathalie*
L'école					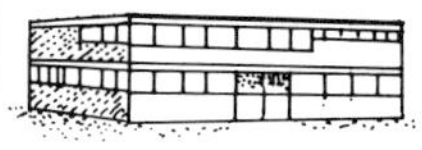
Mixte, filles ou garçons	♀	♂ ♀	♂ ♀	♂ ♀	♀
Matières préférées	l'informatique les sciences naturelles	la technologie le sport	la dactylo les sciences commerciales	les langues le sport	la chimie les sciences économiques
Fort / Forte en . . .	chimie	natation	français	espagnol	maths
Transport pour aller à l'école					

B **TALKBACK**
Interviewez deux ou trois amis.
Posez ces questions et notez les détails sur un plan.

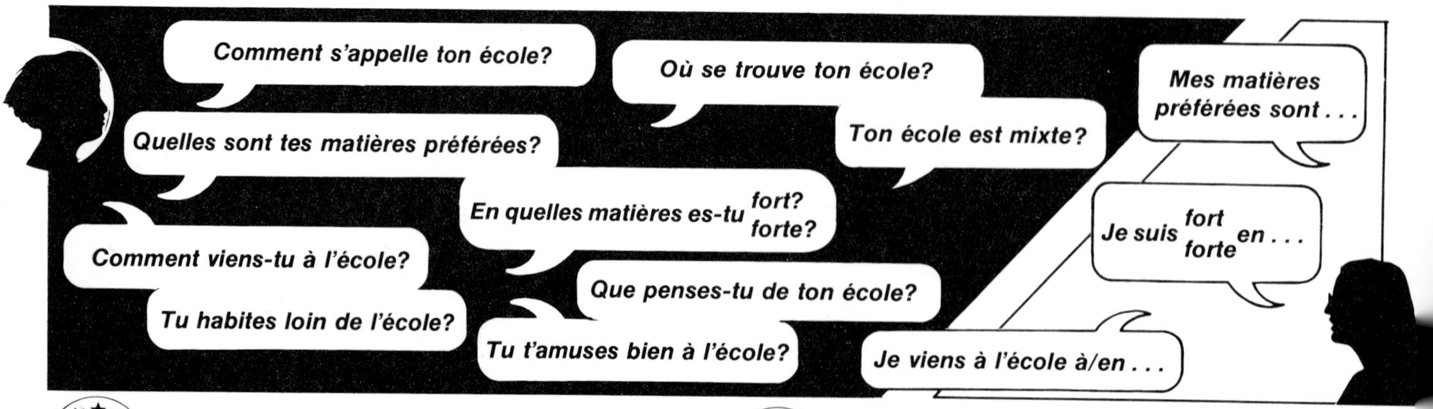

C **Ecrivez six phrases sur votre école et sur vos matières préférées dans une lettre à un ami.**

exemple: Cher Robert, Mon école est...

D **Faites la description des cinq élèves interviewés. Décrivez leurs écoles et leurs matières préférées.**

exemple: Sylvie va à une école de filles

... et après l'école ...

Comment occupez-vous votre temps libre?
Nous avons posé cette question aux cinq élèves.

A **Ecoutez leurs réponses.**

Frédéric

On va à la MJC *(la Maison des Jeunes et de la Culture)*

On fait . . .
du sport
de la natation
du patin à roulettes
du volley
de la musique
du piano

Olivier

On sort
On se promène
On s'amuse

On fait . . .
du vélo
de la clarinette

Anouk

On va à la piscine
On fait . . .
du piano

Sylvie

On s'amuse
On sort ensemble
On va au stade
On écoute des disques

On fait . . .
de l'athlétisme
du patin à roulettes
du tennis
de la guitare

Nathalie

On sort
On va dans des cafés
On se promène

On fait . . .
du patin à glace
de la moto

PVA

leurs loisirs	their leisure activities
votre temps libre	your spare time
on sort	we go out
on se promène	we go for walks
on s'amuse	we enjoy ourselves
du patin à roulettes	roller-skating
du patin à glace	ice-skating
une mobylette	a moped
la natation	swimming
la MJC (la Maison des Jeunes et de la Culture)	Youth and Community Centre
des spectacles	shows

B **Ecoutez et notez dans votre cahier les mots qui manquent:**

Olivier
Le week-end, je fais du ____ avec des copains. Et puis, on sort . . . on ____, on ____ – c'est tout!

Sylvie
Alors, ____ avec mes copains. On ____ ensemble. On va ____, on fait de l'athlétisme . . . ____, et de temps en temps, du tennis. Et puis, ____.

Nathalie
Et moi, je fais de la moto. ____ faire de la moto. J'ai ____.

Anouk
On va à ____ une ou deux fois ____ – le mercredi après-midi et ____ surtout. Et puis, je joue du piano – mais ____.

Frédéric
Dans ma ville, il n'y a pas ____ de distractions. On fait ____ surtout. Oh, il y a une MJC – c'est la Maison des Jeunes et de la Culture . . . on y va pour ____, des spectacles . . . ____ et ____ après-midi.

... et après l'école

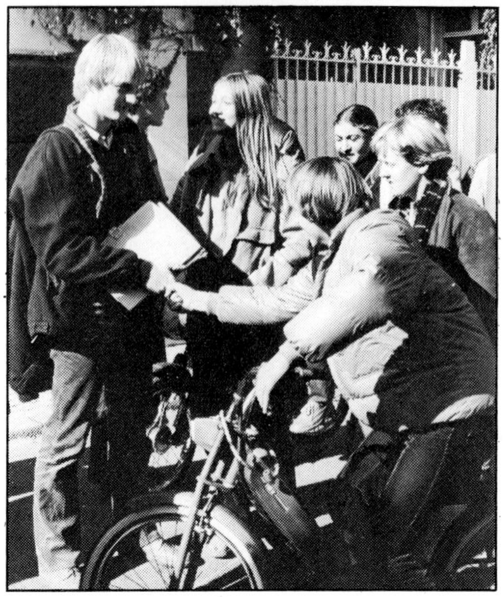

C TALKBACK
Demandez

D TALKBACK
Que faites-vous après l'école?

Copiez l'agenda dans votre cahier. Posez des questions et notez les réponses dans l'agenda.

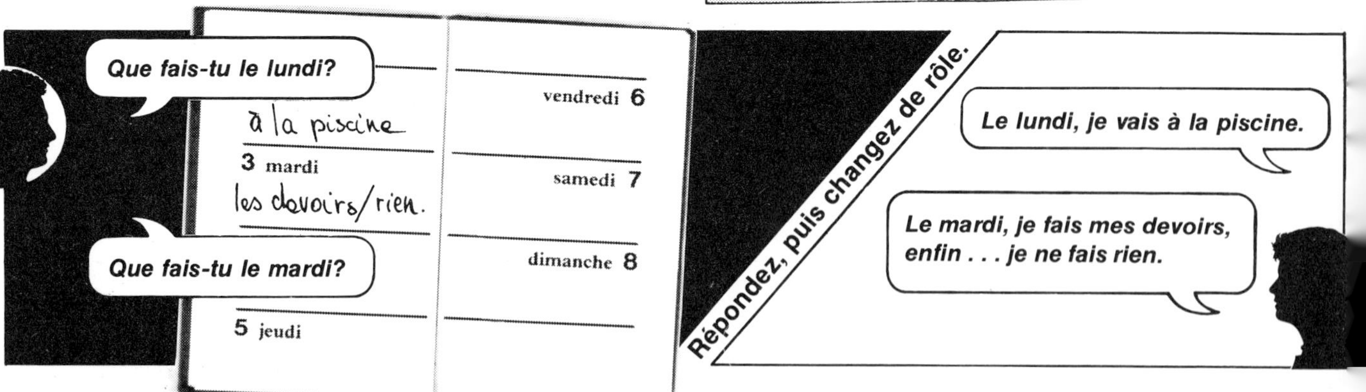

E

Ecrivez votre agenda en français.

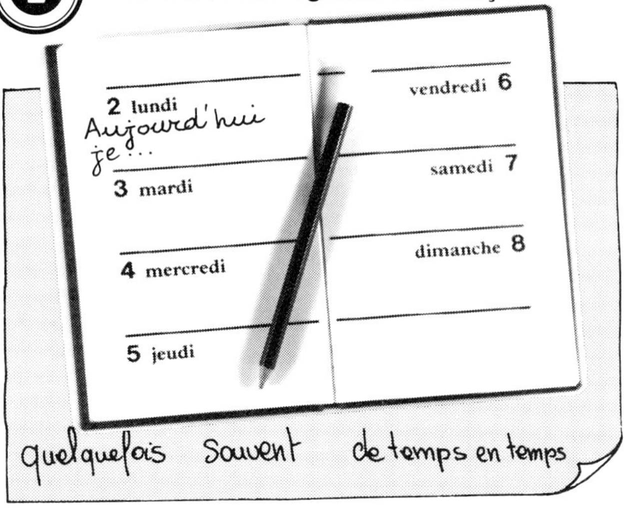

F

Ecrivez un paragraphe sur les loisirs et les passe-temps dans votre quartier.

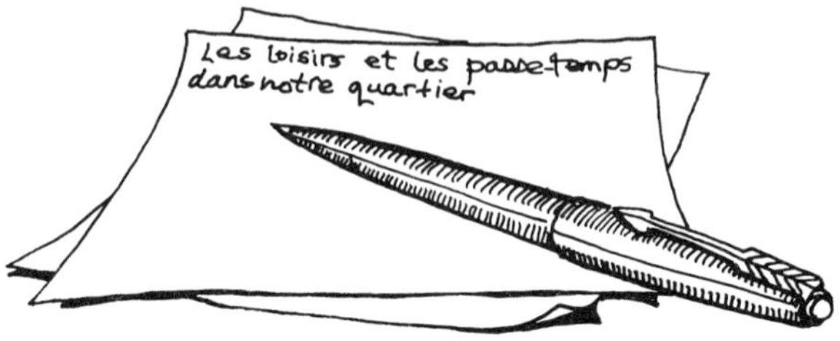

ENQUETE

Les loisirs des jeunes

STUDIO 16 a fait une petite enquête sur les loisirs des jeunes.
Voici les résultats de deux groupes d'élèves dans un CES.

une enquête	a survey
la lecture	reading
la natation	swimming
l'équitation	horse-riding
le patinage	skating
la planche à voile	windsurfing
l'alpinisme	mountaineering
l'escalade	rock-climbing
les revues	magazines
un roman	a novel
la presse du cœur	romance magazines
genre de lecture	type of reading

A Lisez

FILLES:	27
GARÇONS:	36
AGE:	15-16 ans
CLASSE:	3e

1 Quels sont vos loisirs préférés?

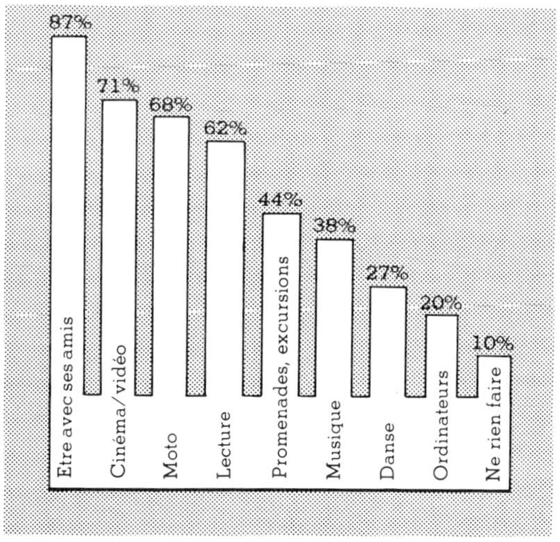

2 Quel sport préférez-vous?

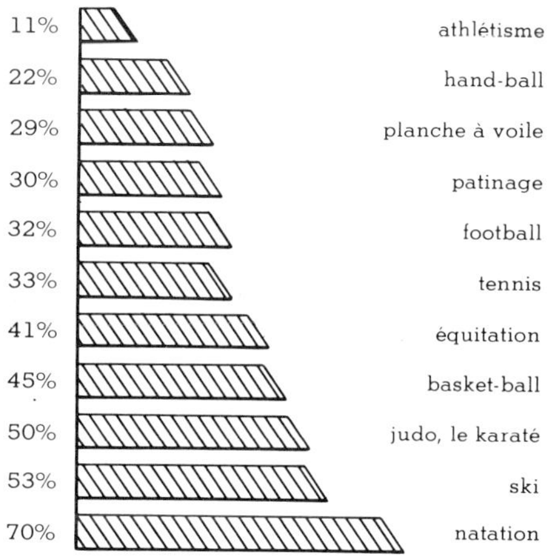

3 Quels livres/quelles revues lisez-vous?

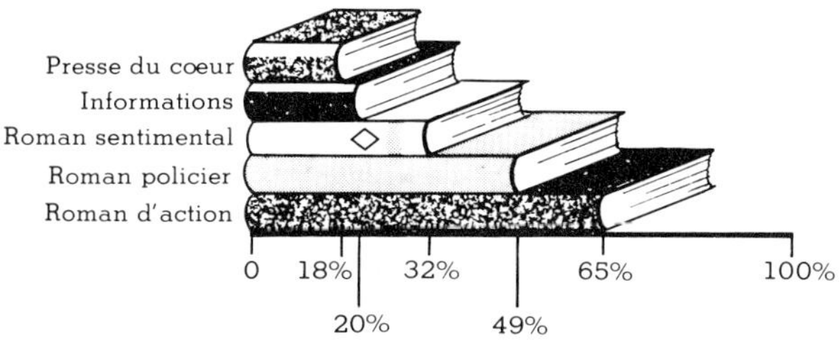

4 Quels films préférez-vous?

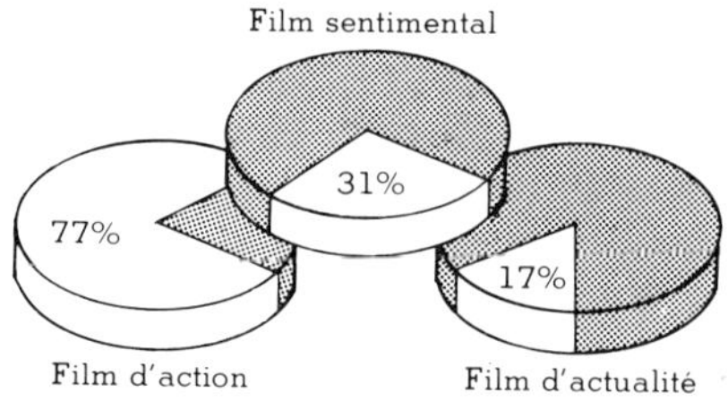

B TALKBACK

Posez les quatre questions ci-dessus.

Répondez, puis changez de rôle.

C

Faites une enquête dans votre classe.

D'abord, copiez cette fiche dans votre cahier. Ensuite, posez les questions et complétez la fiche. Puis, faites une liste des loisirs les plus populaires.

ENQUETE SUR LES LOISIRS

	1	2	3
Nom et prénom			
Sports préférés?			
Passe-temps préférés?			
Genre de lecture préféré?			
Films préférés?			
Musique préférée?			
Activités pendant le week-end?			
Emissions de radio préférées?			
Emissions de télé préférées?			

Le collège idéal existe-t-il?

Les écoles en France, comme partout, sont assez variées.
Il y a des collèges modernes, des collèges anciens.
Il y a des bâtiments sombres, des bâtiments clairs.
Il y a des collèges qui sont accueillants et il y en a qui sont anonymes.

A **Avant d'écouter STUDIO 16, lisez d'abord cette liste de mots qu'on peut utiliser pour décrire une école.**

moderne	modern
ancien/ancienne	very old
sombre	dark
clair/claire	light
accueillant/accueillante	welcoming
anonyme	anonymous, impersonal
vieux/vieille	old
petit/petite	small
grand/grande	big
confortable	comfortable
triste	sad
sale	dirty
agréable	pleasant
joli/jolie	pretty
étroit/étroite	narrow
large	wide
bon/bonne	good
agréable	nice
bien équipé/équipée	well equipped
haut/haute	high
bas/basse	low

B **Ecoutez les avis de quelques élèves au STUDIO 16.**

Mon collège est assez petit . . . Derrière l'école il y a une grande cour où l'on peut rencontrer des copains . . . L'ambiance est bonne. — **Corinne**

Mon école est grande et moderne. Il y a beaucoup d'espace. Mais je trouve les salles de classe assez tristes et anonymes . . . — **Bruno**

Mon école est vieille et pas très grande . . . Il n'y a pas assez de couleur. Puis les fenêtres sont toujours sales . . . Il n'y a pas d'équipement sportif dans la cour. — **Eric**

Mon collège se trouve près de Boulogne. J'aime beaucoup y aller. Il est très beau. L'aspect extérieur est très agréable. Il est moderne et pas trop grand. Tout autour du collège, il y a une très grande cour avec des arbres et des bancs . . . — **Yasmine**

Le bâtiment est assez vieux et . . . en plein centre ville. Il y a toujours beaucoup de bruit . . . Il n'y a pas de moquette par terre. Les couloirs et les escaliers sont trop étroits . . . — **Laurent**

C **Ecoutez encore une fois. Répondez en anglais.**

- Where is Corinne's school?
- Describe the playground.
- How does she describe the classrooms?

- Is Bruno's school big or small?
- He finds it 'sad and impersonal'. What does he suggest might improve the classrooms?

- Eric compares the dirty windows in his school to . . .
- Are pupils in Eric's school allowed to stay inside at break?
- What is his complaint about the playground?

- Where is Yasmine's school?
- What is there near the school?
- What are there on the walls to add to the pleasant atmosphere?

- Laurent's school is quite old. What contributes to the noise and echo in the building?
- What is wrong with the corridors and staircases?
- In spite of all these problems, Laurent likes his school. Why? What is important to him?

partout	everywhere
qu'est-ce qui compte . . .?	what matters . . .?
l'ambiance	the atmosphere
une cour	a playground/school yard
des bancs	benches
des arbres	trees
beaucoup d'espace	lots of space
on devrait	they should
mettre plus de tableaux	to put more pictures
tout autour	all around
peintures	paintings
beaucoup de bruit	lots of noise
en pierre	made of stone
moquette	fitted carpets
les couloirs	corridors
les escaliers	staircases
étroits	narrow

PVA

AVIS AUX ARCHITECTES SCOLAIRES

A mon avis, on doit . . .

1. FAIRE LES COULOIRS ET LES ESCALIERS PLUS LARGES!
2. ETUDIER LES FENETRES. ELLES SONT SOUVENT TROP HAUTES!
3. PLANTER PLUS D'ARBRES ET DE FLEURS ET METTRE PLUS DE BANCS.
4. PENSER AUX HANDICAPES POUR QUI LES ESCALIERS SANS RAMPE SONT DIFFICILES.
5. POSER DE LA MOQUETTE PARTOUT POUR ABSORBER LES BRUITS.

D TALKBACK

Pense à ton école idéale.
Qu'est-ce qui compte pour toi?

. . . j'aimerais voir
- *plus d'espace*
- *plus d'arbres et de bancs*
- *plus de tableaux et de peintures*
- *plus de moquette*
- *plus de professeurs*

A mon avis, on doit surtout éviter
- *les couloirs étroits*
- *les couleurs sombres*
- *les bâtiments trop hauts*
- *les escaliers sans rampe*
- *les cours sans équipement sportif*

Pour moi, un collège doit être
- *un lieu heureux*
- *un lieu de travail*
- *un lieu anonyme*
- *un lieu accueillant*
- *un lieu sérieux*

Ce qui compte pour moi, c'est/ce sont
- *l'ambiance*
- *les rapports entre les élèves*
- *les rapports profs-élèves*
- *l'équipement sportif*
- *la qualité de la cantine!*

E

Décrivez votre collège en 60-80 mots.
Puis comparez votre description avec celle d'un ami. / d'une amie.
Etes-vous d'accord?

F

Apprenez par coeur

un bâtiment	a building
une cour	a playground school yard
une salle de classe	a classroom
les murs	the walls
un couloir	a corridor
un escalier	a staircase
une fenêtre	a window
un élève / une élève	a pupil
un banc	a bench
un arbre	a tree
des fleurs	flowers
l'ambiance	the atmosphere

PVA

j'aimerais voir	I would like to see
on doit éviter	they should avoid
un lieu heureux	a happy place
enfin	in the end

5 STEP BY STEP

Souvenirs

Jacques Lefranc a 75 ans. Il a habité toute sa vie dans les montagnes près de Genève. Martine Soulat a 70 ans. Elle vient d'un village près de Lille, dans le nord de la France. Ils parlent de la vie quand ils étaient jeunes.

dans les salles de classe, il y avait des lampes à gaz

il y avait un poêle . . . qui fumait beaucoup

on avait froid!

A Ecoutez

il n'y avait pas d'électricité

sur la table . . . il y avait une lampe à pétrole

quand j'allais me coucher, j'apportais une bougie dans ma chambre

pour nous réchauffer . . . nous faisions des feux de bois

il n'y avait pas de salle de bain

nous étions huit enfants dans la même chambre!

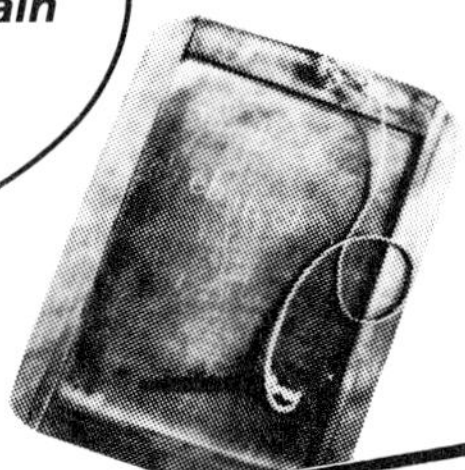

B TALKBACK

Racontez à un ami / une amie comment était la vie d'il y a soixante ans.

PVA

la vie	life
quand ils étaient jeunes	when they were young
une lampe à pétrole	an oil lamp
j'apportais une bougie	I carried a candle
un poêle qui chauffait mal	a stove which gave out little heat
qui fumait	which smoked
nous réchauffer	to keep ourselves warm
des feux de bois	wood fires
la cheminée	the fireplace
l'eau courante	running water
même	same
tous	all

C Lisez

quand j'étais jeune, il y a longtemps, il n'y avait pas d'électricité. Sur la table de la salle à manger, il y avait une lampe à pétrole. Quand j'allais me coucher, j'apportais une bougie dans ma chambre. Il n'y avait pas de salle de bain; il n'y avait pas d'eau courante. Pour nous réchauffer, nous faisions des feux de bois dans la cheminée. Je dormais dans la même chambre que tous mes frères et soeurs. Nous étions huit enfants dans la même chambre.

Quand j'étais jeune, on apprenait à écrire sur une ardoise avec un crayon d'ardoise. Pendant les cours, on écrivait beaucoup et on discutait rarement. Mes frères et moi, on allait à l'école à pied - c'était à trois kilomètres. Dans les salles de classe, il y avait des lampes à gaz et il y avait toujours un poêle qui chauffait mal et qui fumait beaucoup ... alors, il faisait très froid en hiver!

PVA

on apprenait	we learnt
une ardoise	a slate
un crayon d'ardoise	a slate-pencil
qui fumait	which smoked
dur / dure	hard

Du Passé

STEP BY STEP 5

D Copiez en complétant:

En ce temps-là...

Il n'y av___ pas d'électricité. On all___ à l'école à pied. C'ét___ souvent très loin. Pendant les cours, on écriv___ beaucoup et on discut___ rarement. Dans les salles de classe, il y av___ toujours un poêle. A l'école, il fais___ toujours froid.
La vie? C'ét___ très dur.

De nos jours ...

Il y a l'électricité. On va à l'école à pied, à vélo, par le train, en autobus, en voiture ... Pendant les cours, on discute beaucoup - ça se passe comme ça dans votre école? Il y a le chauffage central à l'école; il fait souvent trop chaud!

La vie? C'est plus confortable.

E **TALKBACK**

Comparez la vie d'aujourd'hui avec la vie d'il y a 100 ans.
Donnez d'autres exemples, si c'est possible.

Housseín Ismaël Waberi habite à Djibouti, dans le nord-est de l'Afrique. Il nous parle de son enfance et de sa vie aujourd'hui.

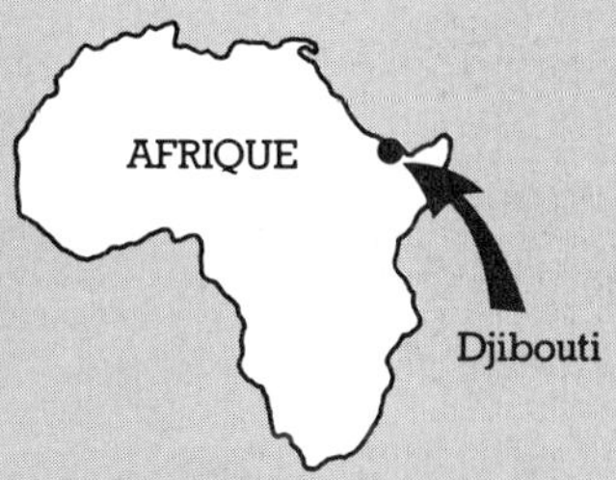

F **Lisez**

«Quand j'étais enfant, j'étais berger. Je participais à la vie communautaire en gardant les chèvres et les moutons. Ma mère faisait le beurre dans lequel elle conservait la viande séchée. Pour nourrir nos bêtes, nous allions de campement en campement au rythme des saisons. Nous courions dans l'immensité de la brousse, de pâturage en pâturage, où nous retrouvions des petits amis que nous avions quittés l'année précédente.

Aujourd'hui je vis en ville. La pluie a refusé d'arroser notre brousse, le soleil a mangé l'herbe et a désséché la terre. Le troupeau de nos pères a été décimé par la sécheresse. Je suis venu me réfugier en ville car la vie est devenue impossible en brousse.»

- Djibouti a toujours été un territoire semi-désertique
- Il n'y a jamais eu de forêts ni de fruits et légumes à Djibouti
- Les Djiboutiens ont toujours été bergers-nomades
- Depuis une quinzaine d'années, leur vie devient plus difficile, sinon impossible, avec le manque d'eau

PVA

berger	shepherd
les chèvres	goats
dans lequel	in which
séchée	dried
la brousse	the bush/scrub
de pâturage en pâturage	from pasture to pasture
je vis	I live
arroser	to water
. . . a désséché	. . . has dried up
le troupeau	the herd
décimé	decimated/reduced heavily
par la sécheresse	by drought

G **How has life in Djibouti changed since Houssein was a child?**
Write a short account in English.

H **Apprenez par coeur**

quand j'étais jeune	when I was young
il y a longtemps	a long time ago
en ce temps-là	at that time
de nos jours	nowadays
il y avait	there was
il n'y avait pas	there wasn't
il faisait très froid	it was very cold

Quand j'étais plus jeune

Au STUDIO 16, un groupe de jeunes nous raconte ce qu'ils faisaient quand ils étaient petits.

PVA	
ce qu'ils faisaient	what they used to do
ils étaient	they were
la danse folklorique	folk dancing
du sable	sand

A

Regardez ces photos et écoutez.

Que faisiez-vous quand vous étiez plus jeune?

On s'amusait bien à l'école. Le maître n'était pas sévère; il ne nous donnait pas beaucoup de devoirs.

Je dessinais beaucoup chaque après-midi. J'aimais ça.

Je chantais à la chorale.

On jouait de la flûte à bec et des percussions. On faisait beaucoup de musique.

Je faisais des sculptures en papier mâché.

Je jouais avec de l'eau et du sable.

On faisait de la danse folklorique.

B

TALKBACK

Demandez
Que faisais-tu quand tu étais plus jeune?

A 2 ans, tu avais un vélo?
A 3 ans, tu savais lire?
A 4 ans, tu allais à l'école maternelle?
A 5 ans, tu allais à l'école primaire?
A 6 ans, tu savais nager?
A 7 ans, tu habitais où?
A 8 ans, tu avais beaucoup de devoirs?
A 9 ans, tu jouais des percussions à l'école?
A 10 ans, tu jouais avec du sable?
A 11 ans, tu chantais à la chorale?
A 12 ans, tu aimais l'école?

Répondez, puis changez de rôle.

Oui, j'avais . . .
Oui, je savais . . .

Non, je n'avais pas de . . .
Non, je ne savais pas . . .

C

Quand j'étais plus jeune . . .

Complétez chaque phrase:

1 Je jou__ de la flûte à bec.
2 Je fais__ beaucoup de jeux en plein air.
3 Je n'av__ pas de devoirs à faire à la maison.
4 Le professeur racont__ des histoires et on se mett__ en cercle autour de lui.
5 On chant__ à la chorale.
6 On jou__ des percussions.
7 On fais__ la sieste après manger.
8 On pren__ des livres à la bibliothèque de la classe.
9 On fais__ de la danse folklorique.

D

Ecrivez un paragraphe: *Quand j'étais plus jeune.*
Voici quelques phrases pour vous aider:

quand j'avais (7) ans	j'aimais . . .
tous les matins	j'allais . . .
le soir	je jouais . . .
le week-end	je savais . . .
chaque semaine	je faisais . . .
pendant les vacances d'été	je passais . . .
chaque année	j'avais . . .
	on allait . . .
	on faisait . . .

E

Apprenez par coeur

on faisait de la danse	we used to dance
on jouait de la flûte à bec	we used to play the recorder
on s'amusait bien	we enjoyed ourselves
tous les matins	every morning
pendant les vacances d'été	during the summer holidays
chaque année	every year
chaque semaine	every week

THE IMPERFECT TENSE
L'IMPARFAIT

Ça durait?
Ça continuait?
C'était habituel?
Alors, c'est l'Imparfait.

ATTENTION!

quand j'ét**ais** plus jeune	when I was younger
j'all**ais** à pied à l'école	I used to walk to school
quand j'av**ais** sept ans,	when I was seven,
je jou**ais** de la flûte à bec	I played the recorder
il fais**ait** très froid	it was very cold
il n'y av**ait** pas d'électricité	there was no electricity

Quel temps faisait-il hier?

STEP BY STEP 5

A Regardez la météo d'hier.

M E T E O

METEO

- Première colonne: temps, à 14 heures
  (S: soleil; N: nuageux; C: couvert; P: pluie; B: brouillard)
- Deuxième colonne: température, à 14 heures

ALGER	N	28	LE CAIRE	S	30
ATHENES	S	28	LISBONNE	S	25
BARCELONE	P	22	LONDRES	C	17
BERLIN	P	15	MADERE	N	23
BEYROUTH	S	29	MADRID	S	25
BONN	C	16	MILAN	N	23
BRUXELLES	N	17	MOSCOU	S	19
CASABLANCA	S	26	OSLO	N	18
COPENHAGUE	P	13	RHODES	S	27
DAKAR	S	29	ROME	S	26
GENEVE	N	17	SEVILLE	C	28
HELSINKI	C	19	STOCKHOLM	N	20
ISTANBUL	S	26	TEHERAN	S	28
LAS PALMAS	C	22	TUNIS	S	28

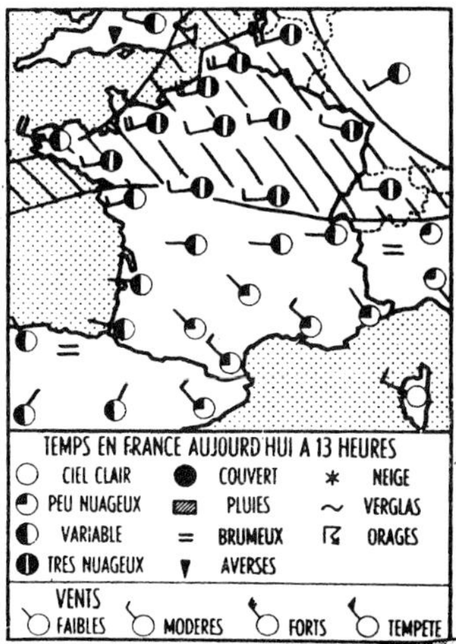

Paris

B TALKBACK

Maintenant discutez du temps qu'il faisait hier

Quel temps faisait-il hier à Rome/ à Copenhague/à Alger/au Caire?

Il faisait du soleil.

Le ciel était nuageux.

Il pleuvait.

Barcelone

Florence

Moscou

RAPPEL

il faisait du soleil	it was sunny
il faisait du brouillard	it was foggy
le ciel était couvert	it was overcast
le ciel était nuageux	it was cloudy
il pleuvait	it was raining
il neigeait	it was snowing

5 STEP BY STEP

Souvenirs de vacances

Eric et Simone regardent des photos.

A Ecoutez d'abord Eric . . .

B **Ecoutez encore une fois et écrivez les mots qui manquent.**

S16 Tu avais quel âge, là, Eric? Tu étais jeune, hein?

Eric Mais oui, j'___ cinq ans. Et à droite, c'est ma sœur. Elle ___ huit ans. Elle ___ les cheveux courts sur cette photo.

S16 Eh bien, vous voilà tous les deux. Tu te rappelles où vous étiez?

Eric Oui, nous étions à la plage. C'___ à St Malo. On y ___ chaque année quand nous étions petits, car ce n'___ pas trop loin de chez nous, et ma sœur et moi, nous adorions la mer. On ___ presque tout le temps à nous baigner. Oui, je me souviens que même quand il pleuvait, nous ___ dans l'eau, et même quand il ___ froid. Oui, l'eau ___ souvent froide là-bas! Mais ça ne ___ rien!

S16 Vous vous amusiez bien, alors?

Eric Ah oui. On s'___ bien.

S16 Merci, Eric.

C **Apprenez par coeur**

nous étions on était	we were
il pleuvait	it was raining
on y allait	we used to go there

D **Ecrivez en français:**

1 I was 12.
2 My sister was 16.
3 She had short hair.
4 We were on the beach.
5 We used to go there every summer.
6 When we were small we loved the sea.
7 When it rained we used to go to the cinema.
8 We enjoyed ourselves.

PVA

tu te rappelles?	do you remember . . .?
trop loin	too far
chez nous	our house
presque	almost
je me souviens	I remember
même	even
là-bas	there

E **TALKBACK**

Demandez

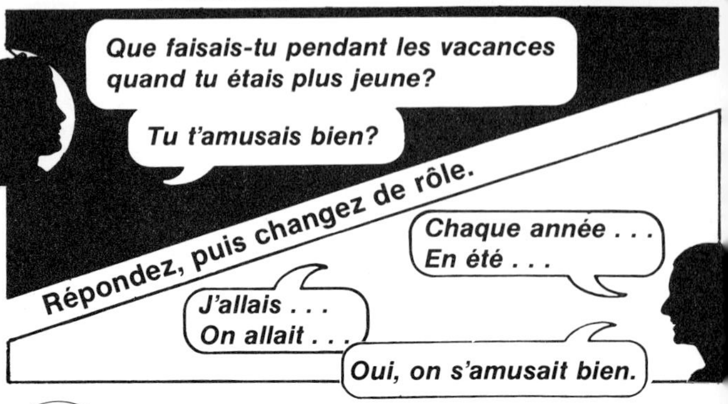

F **Ecoutez et lisez en même temps.**

S16 Alors, Simone. Quels sont tes souvenirs de vacances quand tu étais petite?

Simone Regardez cette photo. Ça, c'est moi au milieu. Là, j'avais six ans. Nous étions en vacances en Dordogne. On y allait avec mes parents et on emmenait ma petite cousine. Là, c'était la fenêtre de ma chambre.

S16 Et le temps? Quel temps faisait-il, en général?

Simone Là-bas, il faisait très chaud dans la journée et on mangeait dehors à l'ombre. Mais je me rappelle que quelquefois il pleuvait et il faisait du vent. Il y avait un vent très fort! C'était une maison assez vieille, c'était à la campagne. On s'amusait bien. On pouvait faire du cheval, on faisait du vélo et on allait se baigner à la plage . . . Ah oui, on s'amusait bien! On passait de bonnes vacances quand j'étais petite.

S16 Merci beaucoup, Simone.

PVA

au milieu	in the middle
on emmenait ma cousine	we took my cousin
dans la journée	in the daytime
dehors	outside
à l'ombre	in the shade
il faisait du vent	it was windy
une maison assez vieille	a fairly old house
faire du cheval	to go horse-riding

G TALKBACK

Regardez les photos encore une fois.
Posez ces questions:

Qu'est-ce qu'il y avait sur les photos?
Combien de personnes y avait-il?
Quel temps faisait-il?

Que portaient les enfants?
Qu'est-ce qu'ils faisaient?
Quel âge avaient-ils?

Répondez sans regarder les photos!

H

Maintenant écrivez une lettre. Racontez ce que vous faisiez quand vous étiez en vacances.

Cher / Chère / Chers

Say where you went for your holiday	La semaine dernière A Pâques A Noël Pendant le week-end L'été dernier Au mois de juin . . .	je suis allé / allée nous sommes allés / allées	au bord de la mer à la montagne à un hôtel dans une auberge de jeunesse faire du camping faire du vélo . . .	
Say what you did in the mornings	Le matin	je faisais je prenais je jouais je me baignais j'allais	on faisait on prenait on jouait on se baignait on allait	nous faisions nous prenions nous jouions nous nous baignions nous allions
			de la voile du vélo du cheval des promenades des tours en ville au volley-ball un bain de soleil	à la plage dans l'eau au restaurant . . .
Say what you did at lunch times	A l'heure du déjeuner A midi	nous allions nous prenions nous mangions nous buvions nous faisions	de la limonade de l'eau minérale des sandwiches au jambon dans un café au restaurant un pique-nique . . .	
. . . and in the afternoons	L'après-midi	nous faisions nous visitions nous nous baignions nous lisions	des livres/des revues des excursions des monuments dans la mer la sieste . . .	
Describe the weather	En général Heureusement Malheureusement	il faisait chaud / froid / mauvais / du soleil / du vent / beau il neigeait il pleuvait	mais quelquefois et souvent	
Describe the holidays		C'était Ce n'était pas	agréable super pittoresque formidable	ennuyeux très intéressant très cher
Sign off	C'est tout pour aujourd'hui Bon souvenir à ta famille/ta sœur/ton frère/tes parents	Ecris-moi vite A bientôt	Grosses bises Salut	

IMPRESSIONS DES ECOLES A LONDRES

STUDIO 16 a demandé à des assistants de français leurs impressions sur les écoles de Londres. Voici leurs réponses . . .

De gauche à droite: Ahmed Mezrag, Fatima Chaoui, Andrée Renaud, Radhi Ben Romdane

Comment avez-vous trouvé les écoles anglaises?

Fatima: J'ai été impressionnée par les efforts développés dans le département de langues pour intéresser les élèves au maximum. Il y a un grand nombre de cassettes, d'affiches, de livres qui rendent l'enseignement du français bien plus vivant.

J'ai été également frappée par le fait que les professeurs doivent surveiller les enfants dans les couloirs et pendant la récréation. Et j'ai été surprise de voir que lycéens et professeurs ne rentrent pas chez eux pour manger à midi, mais restent au lycée même.

Un cours de français dans une école anglaise

Ben: Les premières semaines dans mon école à Londres ont été très difficiles pour moi! Je ne savais comment demander aux élèves de rester tranquilles ou même d'être silencieux. Je croyais qu'il n'y avait aucune forme de discipline. Les élèves semblaient faire tout ce qu'ils voulaient. A mon avis les élèves sont trop familiers avec les professeurs. Cela m'a beaucoup surpris.

En Tunisie, les professeurs semblent avoir plus d'autorité, et ils sont plus respectés. Il y a des punitions en Tunisie, pas corporelles, bien sûr. Il y a des observations et des blâmes qui ont un très mauvais effet pour le dossier de l'élève et par conséquent pour ses résultats aux examens! Quelles punitions y a-t-il ici en Grande Bretagne?

PVA

impressionnée	struck
affiches	posters
qui rendent	which make
l'enseignement	the teaching
bien plus vivant	much more lively
surveiller	to supervise

PVA

je ne savais comment	I didn't know how to
je croyais	I thought
aucune forme de	no form of
des punitions	punishments
bien sûr	of course
des observations	reports
des blâmes	reprimands
le dossier	the report
quelles punitions?	what sorts of punishments?

PVA

le fleuve	the river
le paysage	the countryside
examens à passer	exams to sit
si peu d'espace	so little space
si peu d'examens	so few exams

dans le monde

en haut à gauche: En Tunisie
en haut à droite: Au Canada
à gauche: A Londres

Andrée: A Londres, j'ai trouvé beaucoup de différences entre le système britannique et canadien.

Adolescente, j'allais dans une école catholique qui se trouvait tout près du fleuve St-Laurent. Autour de l'école, il y avait un jardin, un lac, même une petite ferme et des champs, où étaient cultivés pommes de terre et maïs. C'était très beau.

Mais à l'école, nous avions beaucoup de travail à faire. Et nous n'avions pas le temps de nous amuser. Tous les soirs, je devais faire mes devoirs et apprendre mes leçons dans toutes les matières. A la fin de l'année, nous avions 22 examens à passer. C'était dur! Il y avait très peu de temps pour les loisirs.

Alors, en arrivant à Londres, j'ai été surprise de voir si peu d'espace autour des écoles. Et les élèves ont si peu d'examens à passer et si peu de travail à faire à la maison!

Ahmed: Les écoles anglaises m'ont fait très bonne impression. L'école anglaise a un aspect chaleureux et intime. J'ai l'impression aussi que l'école anglaise fait vraiment partie de la vie des élèves.

On voit souvent des élèves rester tard le soir pour répéter leur répertoire musical ou même préparer la prochaine pièce de théâtre.■

PVA

chaleureux	warm
intime	intimate, friendly
. . . fait vraiment partie de	. . . is really a part of
tard	late
répéter	to rehearse
la pièce de théâtre	play

A **Lisez**

B **TALKBACK**
Et vous? Que pensez-vous de ces opinions?
Comment est-ce dans votre école?

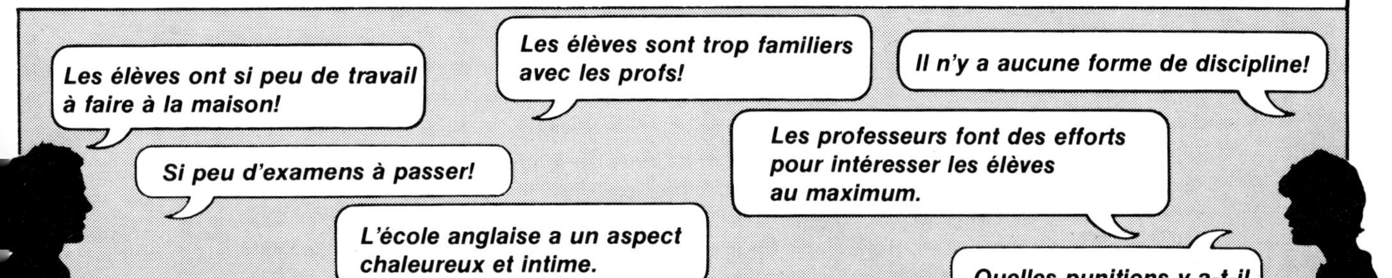

MON ENFANCE

Le Français dans le monde

Quels souvenirs avez-vous de votre enfance?

A **Ecoutez**
Whose feelings are these?

Living in a large family, I never felt lonely or unloved.

I have a vivid picture of many bright colours and dazzling sunshine.

Freedom and space were important to me when I was young.

I really miss my family and the warm weather all year long.

I feel nostalgic about my friends and the things we did.

Ben

Andrée

Ousmane

Sylvie

Fatima

B **Ecoutez encore une fois et lisez**

Les meilleurs souvenirs de mon enfance en Tunisie étaient avec mes copains, lorsqu'on faisait du scoutisme et de l'aventure. C'était si merveilleux que je voudrais bien les vivre encore et les revivre avec mes copains. C'est dommage que le temps passe si vite!

Ben

lorsque	when
les meilleurs souvenirs	the best memories
merveilleux	marvellous
c'est dommage	it's a shame

une très grande liberté	very great freedom
beaucoup d'espace	lots of space
apprécier	to appreciate

Andrée

De mon enfance, j'ai des souvenirs d'une très grande liberté à la maison et à l'extérieur. Il y avait beaucoup d'espace chez nous. Mes parents m'ont encouragée à apprécier la liberté, à choisir, à être responsable de mes actes.

Ousmane

L'image la plus nostalgique de mes souvenirs d'enfance, c'est l'image de « bain familial ». En Afrique, on comprend tout de suite ce terme de « bain familial » – cette multitude de frères, de sœurs, de cousins et de cousines. J'ai grandi à Dakar, une grande ville moderne et la capitale du Sénégal. Je n'ai jamais souffert de solitude ni de manque d'amour. Je n'étais jamais seul. Il y avait toujours des camarades de jeux, des gens autour de moi du matin au soir.

je n'ai jamais souffert de solitude	I have never suffered from loneliness
ni de manque d'amour autour de moi	nor from a lack of love around me

d'abord	first of all
la douceur du climat	the mild climate
je me rappelle	I remember
le chant des crapauds	the croaking of the toads
des libellules	dragonflies
des papillons	butterflies
je regrette	I miss
ce sentiment d'appartenir	that feeling of belonging

Sylvie

Quand je pense à mon enfance, je pense d'abord à la douceur du climat. La Martinique est une île où il fait beau toute l'année. Mais je pense surtout à ma famille – mes grands-parents, mes oncles, mes tantes et mes cousins et cousines. Je me rappelle aussi les piques-niques le dimanche au bord de la mer, le parfum des fleurs et le chant des crapauds la nuit. Mon grand-père m'apprenait à capturer des libellules et des papillons. Je regrette beaucoup ce sentiment d'appartenir à une grande famille.

J'ai, bien sûr, des souvenirs très heureux de mon enfance au Maroc. Ces souvenirs me sont très chers. Je n'ai qu'à fermer les yeux pour voir se dérouler dans ma mémoire tout le film de ces années passées – les maisons blanches de Rabat qui se détachent sur le fond bleu limpide du ciel, les haies de bougainvilliers et d'hibiscus, et ce soleil éclatant qui semble ne jamais être absent. Je me rappelle aussi les vacances d'été durant lesquelles j'allais passer toutes mes journées à la plage avec mes amis, emportant avec moi un panier à provisions. Au Maroc, on passe beaucoup de temps dehors, en plein air.

Fatima

les haies	hedges
de bougainvilliers	of bougainvillea (flowering shrub)
d'hibiscus	of hibiscus (flowering shrub)
ce soleil éclatant	that dazzling sun
un panier	a basket
dehors	outside
en plein air	in the open air
ensoleillé	sunny
me réjouit beaucoup	makes me very happy

C Répondez en français

1. Qui a grandi à Dakar au Sénégal?
2. Qui se rappelle ses vacances d'été sur la plage?
3. Qui faisait du scoutisme?
4. Qui se rappelle la douceur du climat dans son pays?
5. Qui aimait beaucoup la grande liberté et l'espace qu'elle trouvait chez elle?
6. Qui pense d'abord à l'image de «bain familial» africain?

D TALKBACK

Discutez avec un ami. / une amie.

Quels souvenirs as-tu de ton enfance?

Enregistrez vos pensées, si possible.

E Ecrivez dix phrases sur votre enfance.

F Apprenez par cœur

je me rappelle	I remember
des souvenirs	memories
je pense à mon enfance	I think of my childhood
d'abord	first of all
c'est dommage	it's a shame
j'ai grandi à	I grew up in
des frères et des sœurs	brothers and sisters
des oncles et des tantes	uncles and aunts
des cousines et des cousins	cousins
mes copains	my friends
je regrette beaucoup	I really miss

interview avec
Ana Palomo
une Française d'origine espagnole

Ana a 22 ans. Elle est née dans le sud de l'Espagne à Malaga. Quand elle avait quatre ans, sa famille a quitté l'Espagne pour aller habiter en France, car il n'y avait pas assez de travail en Espagne.

Elle nous parle de
- sa famille
- leur départ d'Espagne

A

Ecoutez l'interview sur STUDIO 16. On a posé ces questions:

- Où êtes-vous née exactement?
- Pourquoi est-ce que votre famille a quitté l'Espagne?
- Quel travail faisait votre père?
- Votre mère travaillait?
- Il y avait des difficultés?
- C'était difficile pour vos parents d'apprendre le français?
- Vous et vos frères, vous aviez des difficultés à l'école?
- Et vos parents maintenant? Que fait votre père?

B

Ecoutez encore une fois et prenez des notes en français.

le départ d'Espagne

1. née ... où ?
2. âge ... quand elle est venue en France ?
3. en Espagne ... le travail de son père ?
4. en Espagne ... le travail de sa mère ?

L'arrivée de la famille en France

5. les difficultés pour sa mère
6. les difficultés pour Jean, son frère aîné
7. les difficultés pour Ana et ses autres frères.

Ses parents

8. le travail de son père ...?
9. la vie en France ... ils sont contents ...?

Ecoutez l'interview encore une fois pour vérifier vos réponses.

Comparez vos notes avec celles d'un ami. / d'une amie.

C

Ecoutez et écrivez les mots qui manquent.

- Pourquoi est-ce que votre famille a quitté l'Espagne?
- Eh bien, quand j'étais jeune, nous habitions en ____ et il n'y ____ pas beaucoup de ____ à la campagne. Alors, mon père ne gagnait pas beaucoup d'argent. Nous ____ quatre enfants dans ma famille – mes ____ et moi.
- Alors, quel travail faisait votre père?
- Mon père ____ seulement ____ mois de l'année. Il ramassait les olives en ____ . . . et les ____. En ____, il faisait la moisson du blé et il ramassait les grappes de ____ pour faire du ____.
- Et votre mère travaillait?
- Ah oui. Ma mère gardait les chèvres et elle ____ pour les gens riches, c'est-à-dire, elle ____ les vêtements à la ____ parce que . . . en ce temps-là, il n'y avait pas de machines à laver.

D Lisez

DOSSIER
ANA PALOMO

Ana Palomo est née à Malaga dans le sud de l'Espagne. Mais elle a grandi dans le sud de la France. Sa famille a quitté l'Espagne quand elle avait quatre ans car son père ne gagnait pas beaucoup d'argent. Il a décidé de partir avec d'autres hommes du village pour trouver du travail en France. Sa mère est restée avec ses enfants pendant un an. Elle économisait l'argent que son père lui envoyait de France pour le voyage.

Les premières années ont été difficiles. Ses parents ne parlaient pas le français. Sa mère restait à la maison, elle ne rencontrait pas beaucoup de Français, et alors elle parlait rarement le français. Elle parlait espagnol avec sa soeur et les autres voisins du village.

Jean, le fils aîné, qui avait 14 ans, allait à l'école primaire avec des enfants de 10 ou 11 ans car il ne parlait pas français. Les autres élèves se moquaient de lui car il était trop grand et il ne parlait pas français. Après un an et demi, il savait parler couramment le français. Mais il avait presque 16 ans, alors il est allé travailler pour gagner de l'argent pour la famille. Il était apprenti-boulanger. Il travaille maintenant dans une usine de chaussettes.

Son père travaille dans une usine de matelas qui emploie tous les hommes du village. Il y a 120 ouvriers. C'est important pour un petit village. Il aime bien ses collègues et sa vie en France, mais il pense souvent à l'Espagne . . . Il est difficile d'oublier son pays natal, ses origines.

PVA

elle a grandi	she grew up
il ramassait les olives	he gathered olives
il faisait la moisson du blé	he harvested the corn
elle gardait les chèvres	she looked after the goats
elle économisait	she saved
mon frère aîné	my eldest brother
. . . se moquaient de lui	. . . made fun of him
couramment	fluently
il n'est jamais allé	he never went

apprenti-boulanger	a trainee baker
une usine de chaussettes	a sock factory
une usine de matelas	a mattress factory
un ouvrier	a workman
son pays natal	country of origin

E **Répondez aux questions d'un reporter qui travaille pour un magazine.**

* Ana est née où?
* Où a-t-elle grandi?
* Pourquoi est-ce que la famille a quitté l'Espagne?
* Est-ce que la mère d'Ana parlait français?
* Est-ce que le frère d'Ana était content à l'école?

F **Sans regarder le texte ni les questions, essayez d'écrire un petit article sur la vie d'Ana et sa famille.**

G **TALKBACK**

Demandez

Fous de la danse

Lisez l'histoire, puis répondez à ces questions en anglais:

1 Why are the four friends feeling fed up at the start of the meeting?
2 Unfortunately things continue to go wrong. What happens?
3 What do the friends plan to do next in their efforts to save the theatre?

Leila, Alpha, Alain et Florence sont élèves dans une école de danse.

Pour gagner de l'argent pour payer leur cours, ils ont distribué des tracts publicitaires pour Nadine. Nadine veut restaurer le Théâtre Impérial, un vieux théâtre qui est en ruines. Elle espère que beaucoup de gens vont venir à la réunion de ce soir . . .

VOUS AIMEZ LES SPECTACLES, LA MUSIQUE, LA DANSE?
VOUS VOUDRIEZ UN THEATRE PRES DE CHEZ VOUS?
Alors, aidez-nous à restaurer le Théâtre Impérial!
Nous avons besoin de votre argent, de votre temps, de votre bonne volonté.
Venez à une réunion à 21H le 27 novembre au Théâtre Impérial, rue Desmoines.
LE THEATRE IMPERIAL C'EST VOTRE THEATRE!

Tous les tracts ont été distribués. Maintenant c'était le 27 novembre – le jour de la réunion. Les quatre amis attendaient dans le théâtre. Pour la troisième fois, Alpha a demandé:

– *Leila, quelle heure est-il?*

– *Huit heures et demie,* a répondu Leila.

– *Hmm, il n'y a pas beaucoup de monde ici,* a dit Florence tristement.

– *Ah non! C'est dommage,* a ajouté Alain.

A neuf heures, il y avait 10 personnes dans la salle. Nadine avait l'air triste, mais elle a dit:

– *Bon, tant pis, on va commencer!* Et elle a crié, *Mesdames et messieurs, bonsoir et bienvenue...*

A ce moment-là, il a commencé à pleuvoir fort.

Malheureusement, il y avait un trou dans le toit et il pleuvait aussi dans la salle!

Une dame a dit:

– *Mais . . . il pleut . . . je suis mouillée!*

Elle s'est levée vite et elle est partie. Hélas! Trois autres personnes l'ont suivie. Nadine a recommencé:

– *Mesdames et . . .*

Soudain, Alain a vu une toute petite souris qui passait. Malheureusement, un jeune homme l'a vue aussi! Il a crié:

– *Aïe! Un gros rat!* Et il est monté sur sa chaise qui s'est cassée – CRAC! Alors, le jeune homme s'est sauvé avec sa famille.

– *Ah non!* a dit Nadine. *C'est un vrai désastre! Maintenant il ne reste que deux personnes. Alors, chers amis, merci et au revoir!*

– *Attendez un moment,* a dit Florence. *Nadine, tu veux faire du café pour tout le monde? J'ai une idée!* Et elle est sortie précipitamment avec ses trois amis.

Dix minutes après, ils sont retournés, et – quelle surprise! Ils portaient tous des pancartes.

– *Fantastique!* a dit la dame.

– *Demain,* a dit Leila, *nous allons jouer dans la rue.*

– *Mais venez aussi au Monoprix!* a crié la dame.

– *C'est possible?* a demandé Nadine.

Leila et Alpha marchaient sur les mains. Florence jouait de la trompette, et Alain jouait de la guitare et chantait . . .

Venez au théâtre, venez nous aider,
Bricoler ou peindre, ou bien nettoyer!
C'est votre théâtre, oui, c'est bien à vous.
Donc, pour le réparer, venez, aidez-nous!

Nadine et les deux invités étaient ravis et ils ont applaudi fort.

– *C'est formidable!* a dit le monsieur.

– *Oui, oui, bien sûr – je suis la patronne du Monoprix.*

– *Et moi, je travaille pour l'émission de radio «Ici Paris!»* a ajouté M. Melon. *Alors, on peut vous interviewer cette semaine?*

– *Oh oui, volontiers!* a crié Leila.

Et Nadine a dit:

– *Bravo, les jeunes – bravo et merci!*

A SUIVRE . . . voir la page 58

des tracts publicitaires	publicity leaflets
elle espère	she hopes
la réunion	meeting
nous avons besoin	we need
distribués	delivered
tristement	sadly
tant pis	never mind
pleuvoir	to rain
fort	hard/loudly
malheureusement	unfortunately
mouillée	wet
(il) s'est sauvé	(he) left in a hurry
il ne reste que deux personnes	there are only two people left
précipitamment	in a hurry
des pancartes	sandwich boards
(ils) marchaient	(they) were walking
bricoler	do-it-yourself
peindre	to paint
ou bien	or else
nettoyer	to clean
c'est bien à vous	it really belongs to you
ravis	delighted
patronne	boss
une deuxième strophe	a second verse

B **Regardez la chanson d'Alain. Inventez une deuxième strophe.**

Alerte à la bombe

TGV évacué

Vendredi soir après une alerte à la bombe à la gare de Lyon, le TGV de 21h50 a dû être évacué par précaution. Tous les voyageurs se sont retrouvés dans le hall avec leurs bagages. La police a fouillé les voyageurs et les compartiments. A 21 heures en effet, un appel téléphonique anonyme avait annoncé que le TGV allait exploser.

A

Lisez, puis complétez en anglais

On ____ evening, the high-speed train due to leave at ____ from the gare de Lyon in Paris, was evacuated due to a ____. Passengers had to go to ____ with their ____. They were ____ by the police. An ____ had been received at ____ saying that the bomb was about to go off.

B

Un journaliste a écrit son reportage sur ce qui s'est passé dans le TGV. Ses notes sont correctes?

Ecrivez *vrai* ou *faux*.

1. Alerte à la bombe gare de Nice
2. TGV de 22h40
3. Evacué mardi matin
4. Police a fouillé compartiments et voyageurs
5. Appel téléphonique -20h
6. annonce que TGV allait exploser

C

Lisez l'article, puis répondez en anglais:

1 What was the reason for pupils being absent last Monday?

2 What are their grievances? (Three are mentioned).

3 What do they want?

Pas assez de discipline

Lundi dernier, les 1000 élèves d'un lycée de St-Étienne en Auvergne ont fait grève pendant 24 heures car ils veulent plus de discipline. Ils en ont marre des bagarres et ne veulent pas voir leurs professeurs se faire attaquer pendant leurs cours. L'administration n'a pas pu rétablir l'ordre. C'est pourquoi les élèves ont décidé de prendre la situation en main.

D

Lisez l'article, puis copiez et complétez la fiche en français.

Nom.........................

Prénom......................

Age.........................

Domicile....................

Offense (donnez les détails)..

Jugement....................

100 KILOS DE COURRIER PERDUS

Un facteur de Rueil-Malmaison (Hauts-de-Seine) a été envoyé à la prison de Bois d'Arcy parce qu'il n'avait pas distribué 100 kilos de courrier pendant six mois.

M. Philippe Commin, 21 ans, employé des PTT a expliqué qu'il préférait faire la sieste au lieu de distribuer le courrier et qu'il jetait les lettres qu'il ne distribuait pas.

Après une enquête, on a trouvé le courrier dans des véhicules abandonnés et les PTT ont commencé à le distribuer.

PVA

le TGV (train à grande vitesse)	high-speed train
(le train) a dû être	(the train) had to be
. . . a fouillé	. . . searched
un appel	a call
ils en ont marre des bagarres	they've had enough of fights
se faire attaquer	to be attacked
rétablir	to restore
un facteur	a postman
. . . a été envoyé	. . . was sent
au lieu de distribuer	instead of delivering
une enquête	an inquiry
une fiche	a form
le tribunal	the court
domicile	home address
lutte	fight
une campagne vient d'être lancée	a campaign has just been set up
ce genre de délinquance	this type of delinquency
augmente	is on the increase
un foie	liver

Lutte contre l'alcoolisme

ne campagne contre l'alcoolisme es adolescents vient d'être lancée ans les écoles. C'est un problème rgent car ce genre de délinquance ugmente. Les médecins voient ouvent de jeunes garçons ou jeunes lles de moins de seize ans avec un oie déjà déformé par l'alcool.

E **Répondez en anglais**

1 Why has a campaign against alcoholism been set up?

2 Who is it aimed at?

étranger

Porte-avions américain contre sous-marin soviétique en mer du Japon

Washington - Le porte-avions américain KITTY-HAWK est entré en collision, mercredi soir 21 mars, avec un sous-marin soviétique à propulsion nucléaire dans le sud de la mer du Japon. Cela s'est produit vers 22h et les deux vaisseaux n'ont pas été endommagés. Le KITTY-HAWK, un porte-avions de 80000 tonnes, faisait des manoeuvres avec d'autres porte-avions coréens en mer du Japon sous la surveillance des Soviétiques. Ces incidents sont relativement fréquents entre les marines des Etats-Unis et de l'URSS.

La dernière collision s'était passée dans le nord de l'océan Indien où un destroyer américain et une frégate lance-missiles soviétique sont entrés en collision – sans dommages sérieux. Depuis 1972, Washington et Moscou ont décidé d'échanger des informations pour éviter des collisions plus graves.

F **Copiez et complétez en anglais:**

ACCIDENT REPORT

Date ____

Locality ____

Time ____

Vessel (1) ____

Nationality ____

Vessel (2) ____

Nationality ____

Damage caused ____

PVA

un porte-avions	an aircraft carrier
un sous-marin	a submarine
cela s'est produit	it happened
endommagés	damaged
coréens	Korean
une frégate	a frigate
sans dommages	without damage
éviter	to avoid

G **Donnez les renseignements suivants en anglais:**

Locality ____

Vessels involved ____

Damaged caused ____

STUDIO 16 INFOS RADIO

96 100 104 INFOS RADIO FM/MHz

700 800 900 1000 1200 1400 AM/KHz

Les infos de STUDIO 16

Un Boeing britannique détourné vers Taïwan

Grèves partout: grèves des transports à Paris et grèves des ferries

Grèves des professeurs dans dix départements

Chasse contre la Mafia

A **Avant d'écouter la première histoire, lisez ces mots:**

détourné	diverted
grèves partout	strikes everywhere
chasse contre . . .	hunt for . . .
un pirate de l'air	a hijacker
(il) a été arrêté	(he) was arrested
les membres de l'équipage	members of the crew
l'asile politique	political asylum

B **Ecoutez la première histoire, puis complétez ces notes:**

BOEING DETOURNE

Journey from ?
to ?

Details of hijack

How many passengers?

How many crew members?

Anyone hurt?

Who was the hijacker?

C **Ecoutez la deuxième histoire . . .**

GREVE DES TRANSPORTS

1 What were the reasons for the transport strike?
2 Which transport services were on strike?
3 Name different ways that commuters travelled to work.

PVA

les chemins de fer	the railways
les banlieusards	commuters
en patins à roulettes	on roller-skates
trop bas	too low

PVA

les syndicats	the unions
le nombre	the number
l'académie	the education authority

D — Et maintenant la troisième histoire . . .

GREVE DES PROFESSEURS

Combien de professeurs sont au chômage à . . .

1 Amiens?
2 Rouen?
3 Nantes?
4 Orléans-Tours?
5 Rennes?

PVA

(des) personnes soupçonnées	suspects

E — Et la dernière histoire . . .

LA MAFIA

1 What did the police set up?
2 Where was this?
3 How many arrests were made?

F — Ecoutez encore une fois les informations. Lisez ces notes d'une journaliste et comparez-les aux infos à la radio. Corrigez les notes.

Un Boeing de la compagnie américaine Panam qui relie New York à Pékin a été détourné ce vendredi vers Taïwan. Le pirate de l'air était japonais et il avait 27 ans. Les 17 membres de l'équipage sont blessés.

Aujourd'hui à Lyon, il y a une grève des transports – grèves des chemins de fer, des bus et du métro. Il y a aussi une grève des avions entre la Belgique et l'Allemagne. Les grévistes ont organisé des manifestations pour protester contre leurs mauvaises conditions de travail et des salaires trop bas.

Aujourd'hui, grève dans les hôpitaux de 12 départements. Les médecins organisent des manifestations pour protester contre le nombre d'infirmiers au chômage.

Chasse aux bandits dans le nord de la Corse. La police a arrêté 103 d'entre eux.

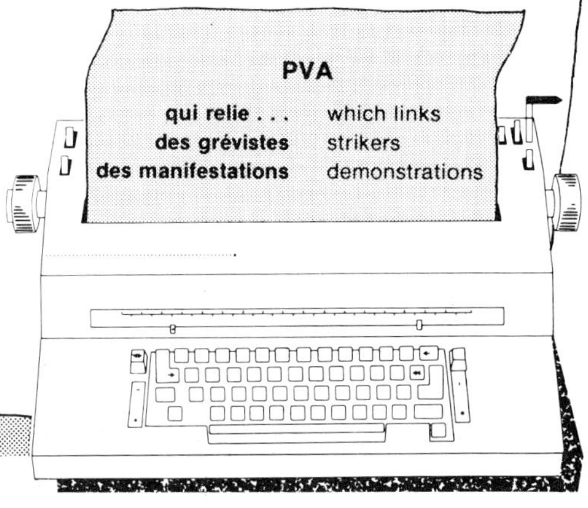

METEO

Vous êtes en voyage en France. Vous voulez savoir le temps et les températures dans ces régions.

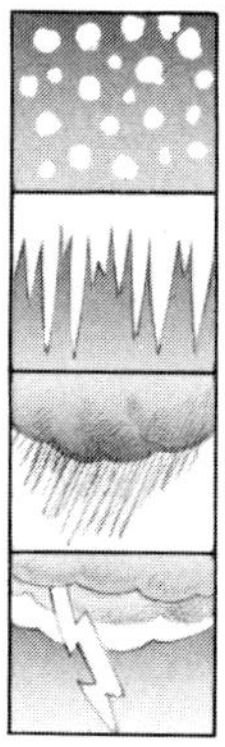

- des chutes de neige
- temps froid
- temps mauvais
- orages

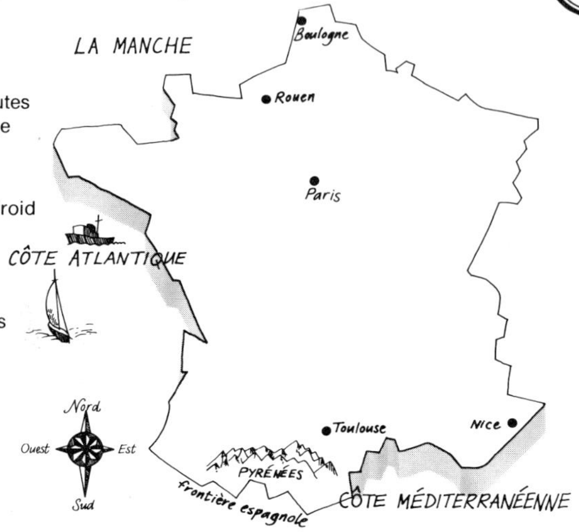

A

Ecoutez la météo. Répondez en anglais: Quel temps fait-il?

le matin				
le soir				

Quelles sont les températures?

à Boulogne	
à Rouen	
à Nice	
à Toulouse	
dans les Pyrénées	

B

Vous êtes dans le sud de la Suisse. Vous allez faire une promenade de deux jours en montagne.
Notez le temps

- ce matin
- ce soir
- demain

La Suisse

Le temps

aujourd'hui

Pour la Suisse romande: ensoleillé le matin, plus nuageux l'après-midi avec risque d'averses ou d'orages isolés. Températures prévues: 8 à 13 degrés au petit matin, 22 à 27 degrés l'après-midi. Vents de sud-ouest généralement assez faibles, mais rafales probables en cas d'orage. Sud des Alpes, beau, quelques orages isolés le soir, particulièrement en montagne.

demain

Nord: temps variable, très nuageux par moments. Pluies locales dimanche après-midi et lundi, en montagne surtout.

Sud: temps assez ensoleillé. Quelques orages vers le soir.

et hier

Genève, très nuageux, 22 degrés; Zurich, beau, 22 degrés; Locarno, peu nuageux, 24; Paris, couvert, 14; Londres, couvert, 12; Berlin, très nuageux, pluie, 21; Moscou, beau, 21; Budapest, peu nuageux, 25; Athènes, beau, 30; Rome, très nuageux, 26.

Est-ce que vous avez toujours l'intention de passer la nuit en montagne? Dites pourquoi.

C

You are on holiday in the Toulon area. You read in a newspaper about this violent storm.

Give the following details about the story:

- weather last night
- locality
- state of the town and its buildings
- casualties
- cause for concern

Nouveau déluge hier soir dans l'ouest du département à Toulon

Un violent orage a éclaté hier soir à Toulon dans l'ouest du département. La ville a été inondée en quelques minutes et les sapeurs-pompiers sont intervenus.

Des dizaines d'appartements et des caves commençaient à être inondés surtout dans les quartiers nord-ouest de Toulon. Trois plafonds de vieilles maisons se sont effondrés, sans victimes.

Il pleuvait toujours vers 23h, ce qui a rendu la situation plus grave.

PVA

(un) risque d'averses	showers likely
prévues	forecast
au petit matin	at dawn
(des) rafales	squalls
surtout	especially
peu nuageux	a little cloudy
un orage a éclaté	a storm broke out
la ville a été inondée	the town was flooded
les sapeurs-pompiers	the fire-brigade
des dizaines	'tens' (*like* 'dozens')
des caves	cellars
trois plafonds	three ceilings
de vieilles maisons	old houses
(ils) se sont effondrés	(they) collapsed

PAGE DE PUBLICITES

PVA

la planche à voile	windsurfing
un stage	a course
la basse saison	low season
l'enseignement	tuition
le prêt du matériel	loan of the equipment

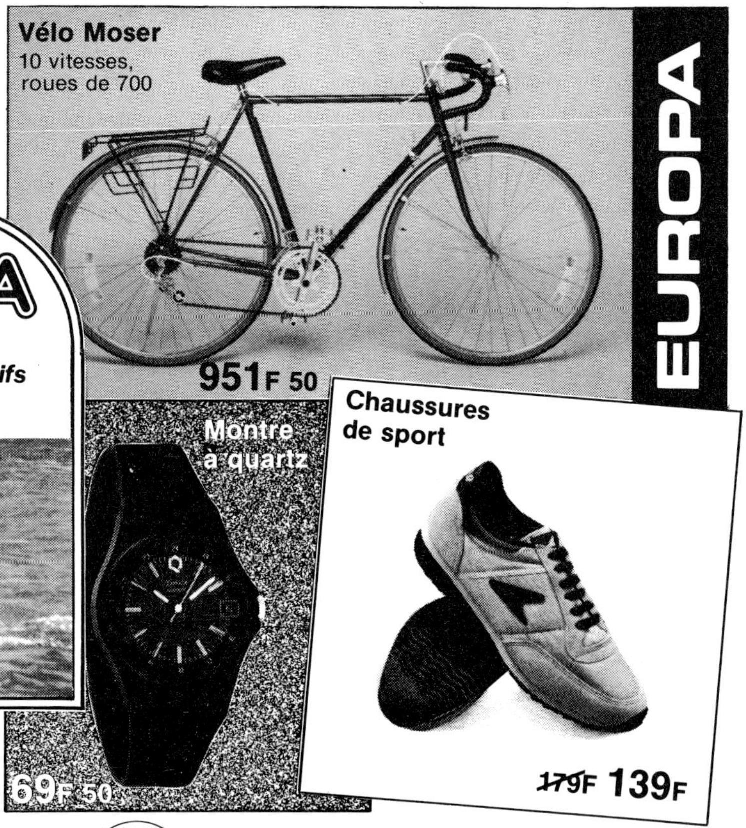

A **Ecoutez la première annonce. Choisissez la bonne réponse.**

1 L'UCPA organises courses in windsurfing in Aber Wrac'h in

a Scotland **b** Brittany **c** Switzerland

2 The courses are for young people between the ages of

a 6 and 30 **b** 14 and 35 **c** 16 and 35

3 The cost for one week during the low season is

a 1,850F **b** 1,300F **c** 1,999F

4 Three of the following are included in the price. Which three are they?

a tuition
b loan of the equipment
c pocket money
d accommodation
e full board
f travel

5 Before starting the course, you must be able to dive in and swim at least

a 500 metres **b** 50 metres **c** 5 metres

B **Lisez, puis écoutez la deuxième annonce.**

You want to buy the following items:

- a tennis racquet
- a bicycle
- a skateboard
- a watch
- sports shoes
- a football
- roller skates
- swimming trunks

Are they all mentioned in the advert?

C **TALKBACK**

Vous faites des achats.

vendeur
vendeuse

Vous désirez quelque chose, monsieur/mademoiselle?
Quelle taille? Quelle pointure?
De quelle couleur?
Ils sont confortables?
Ils vous vont très bien.
Ça vous plait?

client
cliente

Ah oui, je voudrais . . . J'ai besoin de . . .
En bleu, s'il vous plaît.
Je préfère . . .
En avez-vous de plus grands/petits?
Oui, ils sont très confortables.
Oui, d'accord, je prends ceux-ci.
Je n'aime pas les jaunes. Je préfère les rouges.

CRIME ou SUICIDE?

A Lisez cet extrait d'un journal:

Crime ou suicide?

C'est la question que se pose la police 24 heures après la découverte du cadavre d'un homme dans un immeuble, rue Saint-Martin à Toulon. Jean-Michel Tundana, 28 ans, musicien, a été trouvé mort dans le salon de son appartement hier matin, 16 mai, un pistolet à côté du corps. S'est-il suicidé ou a-t-il été assassiné? Personne n'a entendu de coups de feu. A-t-on employé une arme avec un silencieux? Un témoin a vu trois personnes sortir du bâtiment et monter dans une voiture.

Le mystère persiste.

PVA

que se pose la police	which the police are asking
la découverte	the discovery
un cadavre	a dead body
un immeuble	a block of flats
un pistolet	a gun
coups de feu	shots
un témoin	a witness
le bâtiment	the building

B Ecoutez un témoin, Christian Valère, qui vend des journaux au tabac du coin de la rue St-Martin. Il parle à notre reporter, Sylvie Beckermann.

Prenez des notes en français.

heure?
jeune femme – taille?
cheveux? Elle portait ......
temps?
voiture – couleur?
hommes – 1 taille? cheveux? il portait....?
– 2 taille? il portait....?
âge?

PVA

je vendais des journaux	I was selling newspapers
les cheveux courts	short hair
en face	opposite
un peu sombre	rather dark
un blouson	a jacket
une barbe	a beard
un manteau	an overcoat
marron	brown

C TALKBACK

A l'aide de vos notes, racontez l'incident.

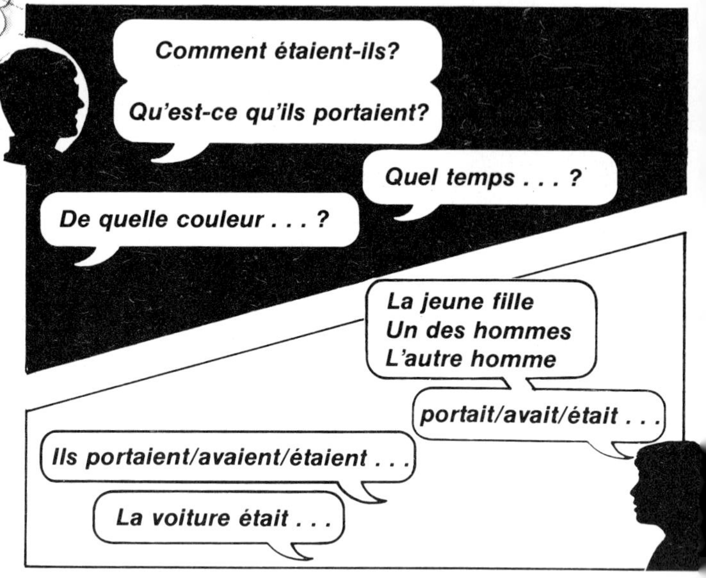

D Copiez en complétant le rapport de l'inspecteur Jouvet – l'inspecteur chargé de l'enquête.
Choisissez dans cette liste:

faisait	habitait	vendait
était	avait	portait
portaient	sortaient	

Commissariat de Toulon
Référence No. 0766589

Le 15 mai vers 21h, M. Christian Valère ____ au coin de la rue St-Martin. Il ____ des journaux dans son kiosque. Il a vu deux hommes et une femme qui ____ du Bloc A, rue St-Martin, l'immeuble où ____ M. Jean-Michel Tundana. Ils ____ des sacs plastiques. Un des hommes ____ un pistolet.

La jeune femme ____ les cheveux courts, elle ____ grande, et elle ____ un jean et un gros pull-over. Un des hommes ____ les cheveux bruns et assez longs. L'autre ____ des lunettes noires et il ____ (peut-être) une barbe. Il ____ un manteau noir ou marron. Tous les trois sont montés dans une voiture.

Il ____ froid et un peu sombre: le témoin, M. Valère, n'a pas bien vu la voiture, mais il croit qu'elle ____ rouge.

Jouvet

L'inspecteur chargé de l'enquête

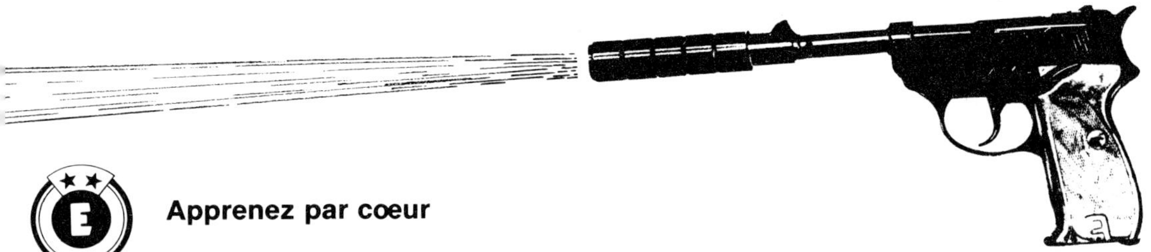

E Apprenez par coeur

il/elle était	he/she was
il/elle avait	he/she had
il/elle sortait	he/she was leaving
il/elle portait	he/she was wearing/ carrying
ils/elles étaient	they were
ils/elles avaient	they had
ils/elles sortaient	they were leaving
ils/elles portaient	they were wearing/ carrying
il avait 19 ans	he was 19
il était neuf heures	it was nine o'clock

F L'inspecteur Jouvet a interrogé un deuxième témoin, Madame Conte, qui travaillait hier soir dans l'immeuble comme femme de ménage. Lisez son témoignage. Puis répondez aux questions en anglais.

Vers neuf heures, je nettoyais le premier étage du Bloc A de la rue St-Martin lorsque trois jeunes gens sont entrés. Je leur ai dit bonsoir mais ils n'ont pas répondu. Ils semblaient pressés. Ils avaient des chaussures sales, pleines de terre et ils mettaient de la boue partout.

Un jeune homme portait de grosses bottes et un manteau noir ou marron. Il avait les cheveux blonds. Le plus grand portait des baskets et un jean. Le troisième était petit et il portait un blouson; il avait les cheveux longs. Ces trois jeunes hommes avaient dix-neuf ou vingt ans. Ils sont montés très vite au deuxième étage. Puis, je suis allée au Bloc B pour laver les escaliers et je n'ai pas vu les trois hommes descendre. Mais quand je sortais du Bloc A, j'ai remarqué qu'il y avait une voiture bleue qui était mal stationnée sur le trottoir.

Denise Conte

1 What was Madame Conte doing when the three people entered the building?
2 What did she notice about their shoes?
3 Where were the people going?
4 Did she see them leave the building?
5 What was she doing?
6 What did she notice about the car?

femme de ménage	cleaner
son témoignage	her statement
je nettoyais	I was cleaning
ils semblaient pressés	they seemed to be in a hurry
sales	dirty
pleines de terre	covered in earth
la boue	mud
partout	everywhere
des baskets	trainers
mal stationnée	badly parked
le trottoir	the pavement

G L'inspecteur Jouvet a comparé les deux témoignages. Complétez ses notes.

Suspects

1. Homme ? femme ? grand(e), cheveux [redacted], portait un [redacted], un gros [redacted] et des [redacted]
19 - 20 ans.

2) homme: portait un [redacted] noir ou [redacted] et de grosses [redacted]
lunettes noires
barbe (?)
19 - 20 ans

3) homme: petit, cheveux [redacted] et assez [redacted],
portait un [redacted]
19 - 20 ans

Voiture
Rouge ou bleue

Heure
21 h - 21 h 15

H Lisez cet extrait d'un journal.

Vous étiez témoin à cet incident. Ecrivez un rapport et racontez ce que vous avez vu. Décrivez le temps, les deux hommes, la femme et leur départ.

HOLD-UP à rue Balzac

VOL 200 000F
Deux hommes et une femme sont entrés hier dans une bijouterie de la rue Balzac à Lyon. Les bandits ont volé près de 200 000F de montres et de bijoux. Deux voleurs sont partis à moto et le troisième à bord d'une 2CV.

PVA

un vol	a robbery
une bijouterie	a jeweller's
une montre	a watch
une 2CV	a 2CV (type of Citroën car)

RAPPEL

Ça durait?
Ça continuait?
C'était habituel?

Alors, c'est l'Imparfait.

Vers 1 h 30 dans la nuit de mardi à mercredi, les gendarmes de la brigade de Vallon-Pont d'Arc ont réussi à mettre la main sur un trio de voleurs. Frédéric Michaux, 18 ans, sans profession, domicilié à Vallon, et ses complices, deux mineurs, tous déjà connus de la justice

MYSTÈRE AUX ANTILLES

GUADELOUPE

ANTILLES FRANÇAISES

Les Antilles . . . le soleil et la tranquillité pendant toute l'année.
L'hôtel Talako est situé sur la côte de la mer des Caraïbes à 4km de l'aéroport international du Raizet. De votre balcon, vous avez une vue sur la mer – la baie de Gosier. Pour le petit déjeuner, vous pouvez prendre du lait de coco et des fruits exotiques au buffet américain, et le soir, après les cocktails, un dîner typiquement français – ambiance, danse, musique. Si vous êtes sportif, il y a le tennis, le volley-ball, le ski nautique, le surfing.

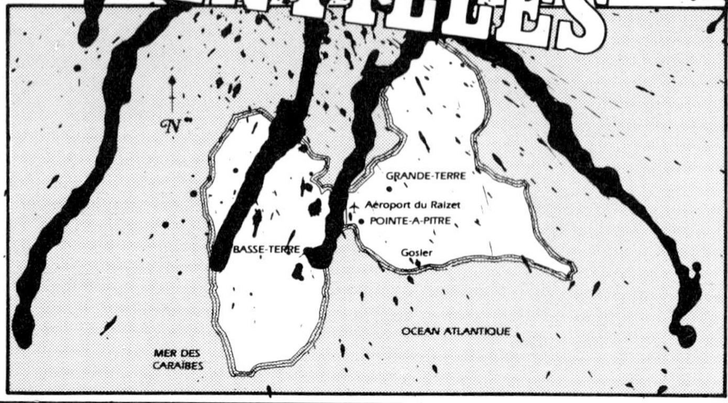

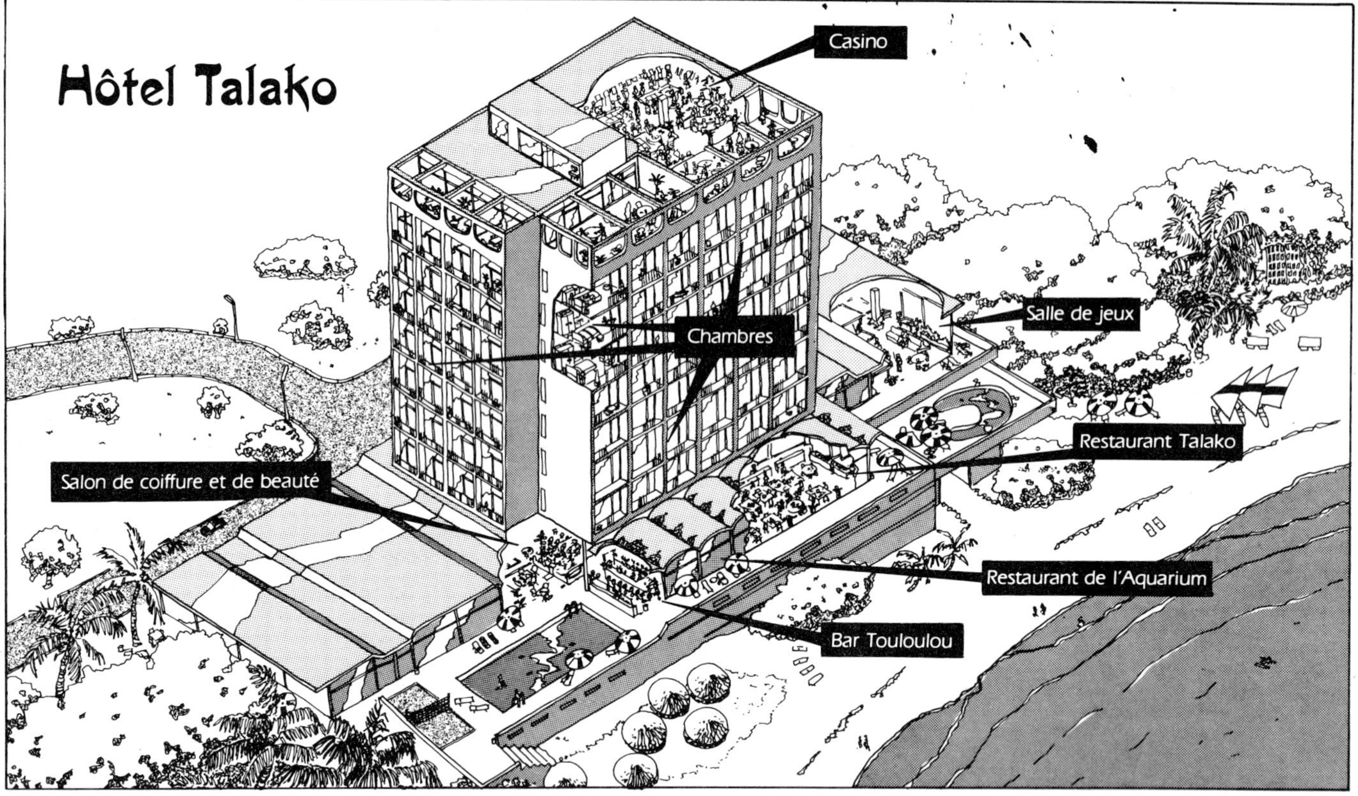

RESTAURANT TALAKO
climatisé
cuisine française
spécialitiés antillaises
soirées folkloriques
barbecue

BAR TOULOULOU
cocktails exotiques
steel band
au bord de la piscine et de la plage

CASINO
black-jack
roulette

SALLE DE JEUX
billards, baccara, roulette

RESTAURANT DE L'AQUARIUM
repas-rapides

SALON DE COIFFURE ET DE BEAUTE
manucure
maquillage
permanentes et brushings

CHAMBRES
climatisées, avec bain, radio, téléphone et balcon en bord de mer

	jan	fév	mars	avr	mai	juin	juil	août	sept	oct	nov	déc
TEMPERATURE DU JOUR EN °C	27	27	27	28	29	29	29	29	30	30	28	27
TEMPERATURE DE L'EAU EN °C	26	26	26	27	27	28	28	28	29	29	28	27
HEURES DE SOLEIL PAR JOUR	7	8	8	8	8	8	8	8	8	7	7	7

A trois heures hier après-midi dans l'hôtel Talako il y a eu **un meurtre**. Qui est l'assassin?

A Lisez

DIANE NEWMAN, 23 ans, chanteuse de reggae très célèbre. Son père habite la Guadeloupe et elle est très populaire dans ce pays.

BRIGITTE MOYET, 42 ans, femme d'affaires, passe ses vacances seule. Elle aime le calme. Elle ne parle à personne.

DAVID PORTIER, 38 ans, cherche un emploi. Il aime beaucoup la Guadeloupe où il a fait son service militaire.

SYLVETTE KAROUNI, 30 ans, coiffeuse, travaille en été à l'hôtel Talako et en hiver dans un salon de coiffure en ville.

HASSEN SHAMEKH, 55 ans, journaliste, fait des recherches sur la barrière de corail pour un journal scientifique.

MIGUEL CANALETA, 27 ans, garçon au Restaurant de l'Aquarium. Il travaille de 7h à 14h et de 20h à 24h tous les jours. Il admire beaucoup Diane Newman.

JOSEPH ROMAN, 24 ans, scénariste. Il dirige un film en ce moment en Guadeloupe. On le voit souvent en compagnie de Diane Newman.

Ce qu'ils faisaient

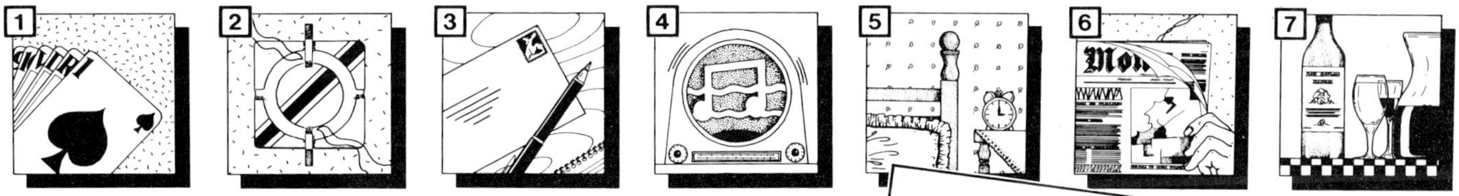

PVA

climatisé	air-conditioned
baccara	baccara(t) – a card game
brushings	blow-dry
maquillage	make-up
du lait de coco	coconut milk
ambiance	atmosphere
le ski nautique	water-skiing
un meurtre	a murder
la barrière de corail	the coral reef

B TALKBACK

Qui est l'assassin?

Player 1

Draw a plan of the six public rooms in the Hotel Talako. Label them.

Choose a room in which to put the victim (X). Leave the other rooms empty.

Ask your partner questions in French:

Où était Diane Newman/ David Porter . . .?

Elle/Il était avec qui . . .?

Qu'est-ce qu'il/elle faisait?

According to what your partner says in reply, put each suspect (a-g) in a room, and indicate what each one was doing (1-7).

The murderer/s is/are in the room with the victim.

Player 2

Draw a plan of the six public rooms in the Hotel Talako. Label them.

Put at least one suspect (a-g) in each room.

Choose an activity (1-7) for each suspect.

Reply in French to the questions you are asked.

Who is/are the murderer/s? Make a guess, then check with your partner.

C TALKBACK

Prenez le rôle de l'inspecteur. Posez ces questions:

inspecteur

Où étiez-vous hier à trois heures de l'après-midi?

Vous étiez avec qui?

Où alliez-vous après?

Que faisiez-vous?

Prenez le rôle d'un suspect.

suspect suspecte

Répondez, puis changez de rôle.

6 STEP BY STEP

PORTRAIT-ROBOT

A **Trouvez les deux portraits-robots qui correspondent aux descriptions.**

Comment était-elle?

La femme était jeune – à peu près 22 ans. Elle avait les cheveux bruns et frisés et assez longs. Elle portait un pull-over. Elle avait un grand nez et une grande bouche. Ses yeux étaient marron. Elle était souriante.

a

b

c

Comment était-il?

L'homme était plus vieux que la femme. Il avait peut-être 30 ans. Il avait une barbe et une moustache. Il avait les cheveux blonds. Son visage était rond et il avait le nez cassé comme un boxeur.

d

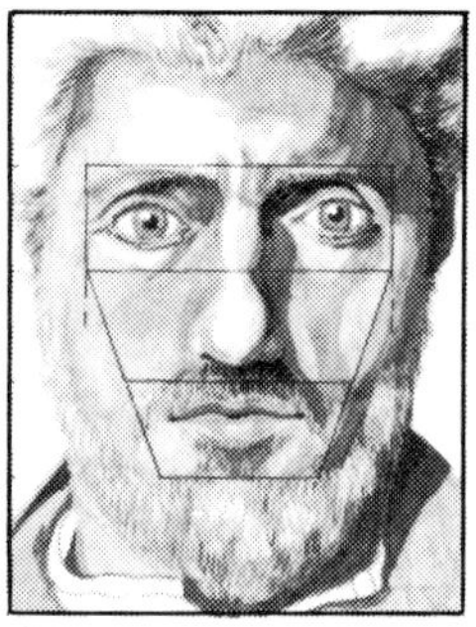
e

f

B

TALKBACK

La police cherche une cambrioleuse. Il y a un témoin qui a vu une femme sortir de la maison où a eu lieu le cambriolage. Interrogez le témoin. Notez les réponses et dessinez un portrait-robot.

PVA

un portrait-robot	a photofit picture
les cheveux frisés/bouclés	curly hair
un cambrioleur	a burglar
une cambrioleuse	
le cambriolage	the burglary
les cheveux raides	straight hair
les cheveux roux	red hair

inspecteur

C'était une femme ou un homme?

Quel âge avait-elle à peu près?

Est-ce qu'elle était grosse ou mince?

Est-ce qu'elle était grande ou petite?

Est-ce qu'elle avait les cheveux bouclés, raides, blonds, bruns, ou roux?

Qu'est-ce qu'elle portait? De quelles couleurs?

Est-ce qu'elle avait l'air triste ou gai?

Comment était son visage?

Est-ce qu'elle avait les yeux bleus, bruns ou verts?

Prenez le rôle du témoin. Faites un dessin du cambrioleur, puis répondez aux questions.

C'était . . .

Elle avait . . .

Elle était . . .

Elle avait les cheveux . . .

Elle portait . . .

Elle avait l'air . . .

Elle avait les yeux/le visage . . .

témoin

Comparez vos dessins!

C **Ecrivez votre description de la femme.**

Checker-Chart

THE IMPERFECT TENSE

je faisais
tu faisais
il faisait
elle faisait
on faisait
nous faisions
vous faisiez
ils faisaient
elles faisaient

j'avais
tu avais
il avait
elle avait
on avait
nous avions
vous aviez
ils avaient
elles avaient

j'étais
tu étais
il était
elle était
on était
nous étions
vous étiez
ils étaient
elles étaient

A j'adorais, j'aimais, j'allais, je m'amusais, j'apportais, j'arrivais

B je me baignais, je buvais

C je chantais, je criais, je connaissais, je courais, je cultivais

D je dessinais, je devais, je donnais, je dormais

E j'économisais, j'écrivais, je m'endormais, j'entrais

F je fumais

G je gagnais, je gardais

H j'habitais

J je jouais

L je lisais, je livrais

M je mangeais, je mettais, je montais

N je nettoyais

P je parlais, je partais, je passais, je pensais, je portais, je pouvais, je prenais

Q je quittais

R je ramassais, je regardais, je rencontrais, je rentrais, je retrouvais

S je savais, je semblais, je sortais, je souriais

T je travaillais

V je vendais, je visitais

il y avait
c'était
il faisait
il pleuvait
il neigeait

RAPPEL

The Imperfect tense is used for

1	USED TO	j'allais à pied à l'école ma mère faisait le beurre	I used to walk to school my mother used to make butter
2	WAS/WERE DOING	il portait un jean ils sortaient de l'immeuble	he was wearing jeans they were leaving the building
3	DESCRIBING PEOPLE, THINGS, SITUATIONS IN THE PAST	elle était jeune il avait une moustache la voiture était rouge il faisait froid	she was young he had a moustache the car was red it was cold

SI ON SORTAIT?

fixer un rendez-vous

Maryse Lacombe a téléphoné à son ami, Jean-Paul, pour fixer un rendez-vous avec lui.

A **Maryse et Jean-Paul vont sortir ce soir ensemble. Ecoutez leur conversation et notez les réponses.**

Où est-ce qu'ils vont aller?

Qu'est-ce qu'ils vont voir?

PVA

fixer un rendez-vous	to make a date
on pourrait aller	we could go
un vieux film	an old film
un film muet	a silent film
séances	performances
ne quitte pas	hold on/don't hang up

B **Ecoutez la conversation encore une fois. Jean-Paul note les détails essentiels du rendez-vous.**
Complétez ses notes.

Rendez-vous avec . . .
au café
Ce soir à H
Un film de
Cinéma
Film commence à

C **Link-up**

Ecoutez la conversation encore une fois. Trouvez des expressions françaises pour . . .

D **TALKBACK**

Regardez les notes.
Vous voulez fixer un rendez-vous.
Posez les questions et répondez comme si vous parliez au téléphone.
Ecoutez la conversation encore une fois, si nécessaire.

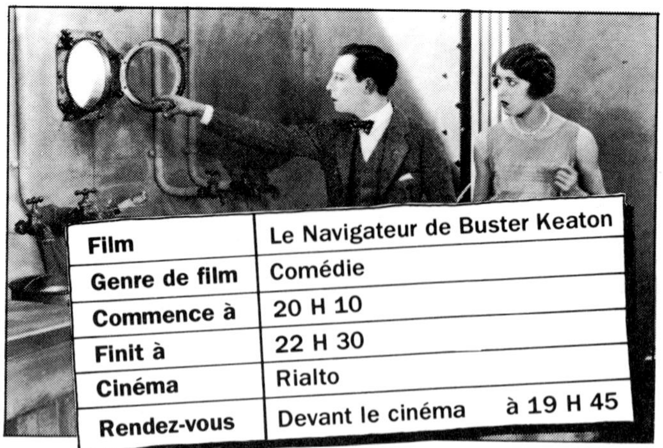

Film	Le Navigateur de Buster Keaton
Genre de film	Comédie
Commence à	20 H 10
Finit à	22 H 30
Cinéma	Rialto
Rendez-vous	Devant le cinéma à 19 H 45

1 Shall we go out together?
2 I haven't got much to do
3 We could go to the cinema
4 Are you doing anything this evening?
5 What's on?
6 See you this evening
7 What time does the film start?
8 Performances every evening
9 To have a drink
10 Where is it on?

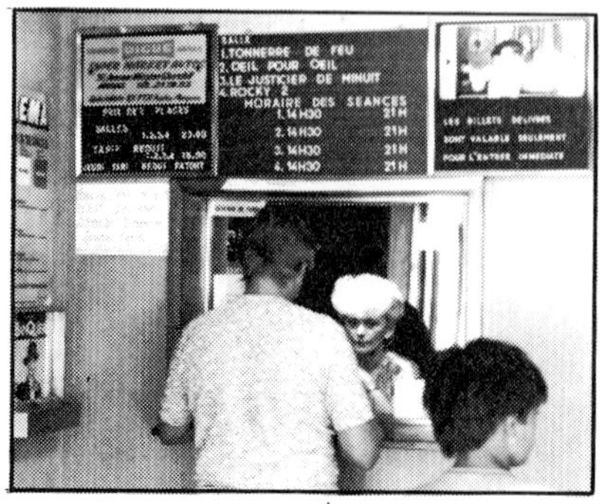

a Tu fais quelque chose ce soir?
b A ce soir
c Qu'est-ce qu'on joue?
d Je n'ai pas grand'chose à faire
e Si on sortait ensemble?
f Où est-ce que ça passe?
g Séances tous les soirs
h A quelle heure commence le film?
i Prendre quelque chose
j On pourrait aller au cinéma

E Apprenez par coeur

Si on sortait ensemble?	Shall we go out together?
Si on allait au cinéma?	Shall we go to the cinema?
Qu'est-ce qu'on joue?	What's on?
A quelle heure commence le film?	What time does the film start?
A quelle heure finit le film?	What time does the film end?
D'accord/Entendu	OK/Agreed then
J'aimerais bien y aller	I'd really like to go
Je ne l'ai pas vu	I haven't seen it
Où est-ce qu'on se retrouve?	Where shall we meet?
Tu connais le Café Central?	Do you know the Café Central?
A tout à l'heure	See you later

F TALKBACK

Posez des questions en français

Ask what's on at the cinema
Ask what time the film begins
Ask what time it ends
Ask where the film is showing
Ask where to meet, and when
Say you agree
Say you'll see them later

Choisissez une des annonces et répondez.

HORAIRES DES CINEMAS: Séances tous les soirs à 21h. Dimanches et fêtes, matinées à 14 h 30 et 17 h.

MAD MAX, AU-DELA DU DOME DU TONNERRE. 1 h 45. Film d'aventures australien. Un film très attendu où Tina Turner fait ses débuts de comédienne. † **La Boite à films.**

GREYSTOKE, LA LEGENDE DE TARZAN. 2 h 15. Film d'aventures anglo-américain. Une adaptation fidèle du roman **«Tarzan of the Apes»** d'Edgar Rice Burroughs. † **Le Grand Rex.**

BIRDY. 2 h. Drame psychologique américain. Grand Prix spécial du Jury de Cannes 1985. †**Paramount Odéon.**

UN CRIME POUR UNE PASSION (Dance with a stranger). 1 h 40. Drame psychologique anglais. La véritable histoire de Ruth Ellis. †**Ciné Beaubourg Les Halles.**

RESERVER DES PLACES

Le Général est un film très célèbre et populaire. Et le cinéma Forum n'est pas trop grand. Maryse téléphone au Forum pour réserver deux places pour ce soir.

A

Ecoutez et notez les détails suivants, en français ou en anglais.

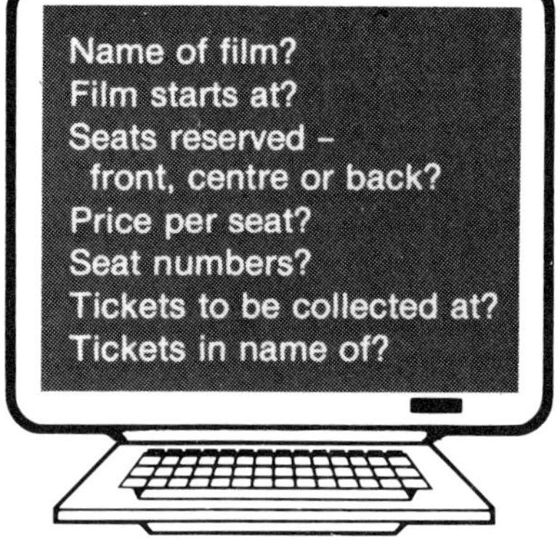

B TALKBACK

Au téléphone, Maryse épelle son nom de famille: L A C O M B E.
Epelez votre nom en français. (Si vous ne connaissez pas toutes les lettres, vérifiez-les avec votre professeur.)

C TALKBACK

Imaginez que vous travaillez au cinéma Gaumont. Prenez des réservations pour le film *Le jour d'après*.

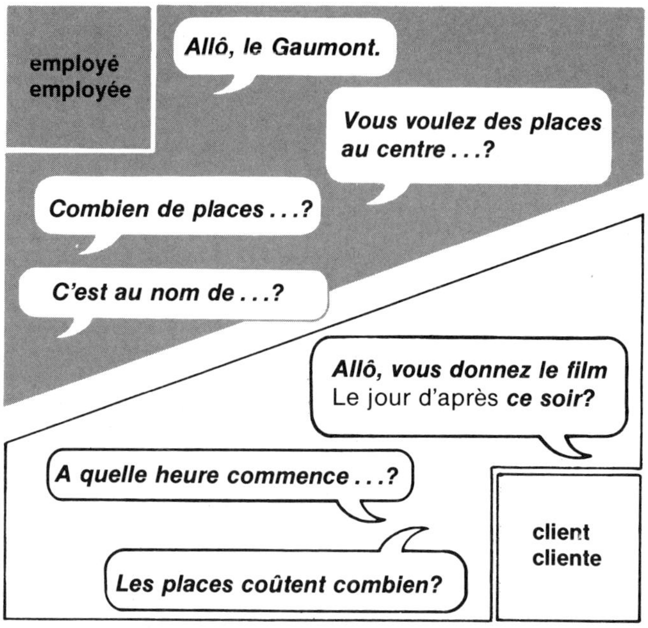

Ecoutez la conversation plusieurs fois, si nécessaire.

Choisissez vos loisirs

A Lisez ces annonces, puis copiez en complétant le tableau.

1

2

4

3

5

	Activité?	Où?	Quand?
1	?	?	?
2	?	?	?
3	?	?	?
4	?	?	?
5	?	?	?
6	?	?	?
7	?	?	?
8	?	?	?

du 6 au 11 juin

EXPOSITION de VIEILLES PHOTOS

à la Galerie Sainte-Croix

Ouverte de 10H à 21H

6

Concert de MUSIQUE DE CHAMBRE

Mardi soir
à l'église Saint-Germain-des-Prés
Commence à 21h

7

Match de hockey sur glace
à la patinoire de Chamonix

21h

ECOSSE – CHAMONIX

Match amical international

8

B TALKBACK

Choisissez trois ou quatre activités.
Téléphonez à un ami / une amie pour lui proposer de vous accompagner.

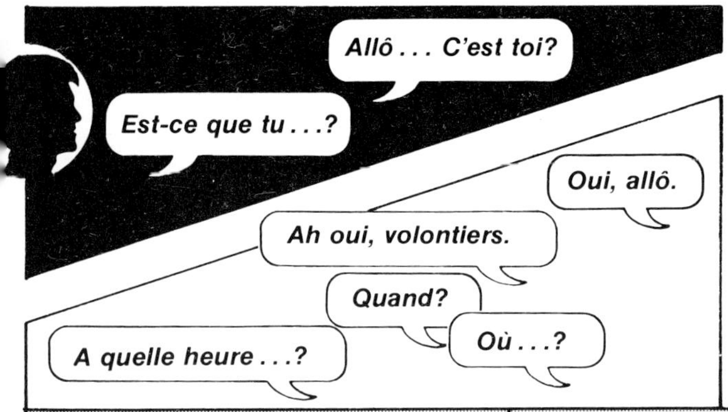

Activité	Quand?	Où est-ce qu'on se retrouve?
Concert de rock – Taxi Girl	samedi, 20h30	Maison pour Tous, Rennes
Match de volley – Tournoi de Paris	dimanche, 20h	Stade Lefèvre, Toulon
Concours de natation – 500 mètres	mercredi, 14h30	Piscine couverte, Place Charras
Cinéma – Les Monstres de la Mer	vendredi soir, 19h	Cinéma Rivoli
Zoo	samedi, 10h	Bois de Vincennes

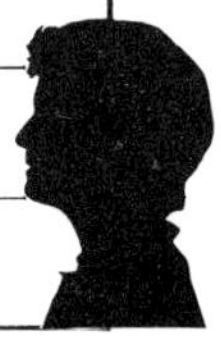

C

Maintenant écrivez à votre ami / amie pour confirmer le rendez-vous.

Cher / *Chère* ....

Je t'envoie un petit message pour confirmer notre rendez-vous.

Nous avons bien décidé d'aller .... n'est-ce pas?

Alors, j'ai vérifié que *le match* / *le film* / *la boum* / .... commence à _h_ *dimanche prochain.* / *ce soir.* / *demain soir.* / ....

On se retrouve / *Tu peux m'attendre* / *Alors, je te vois* — *a _h_* / *vers _h_* / *entre _h_ et _h_* — *en face de la piscine?* / *devant le guichet?* / *au coin de la rue?* / *entre le café et le stade?* / *près de la gare?*

Le stade / *Le cinéma* — *est à _ mètres de ...* / *est juste à côté de ...* / *n'est pas loin de ...*

Ça te va? J'espère que oui. Si tu n'es pas d'accord, alors ....

Amitiés,

PVA

une randonnée à vélo	a bike ride
la pêche à la truite	trout-fishing
inscriptions sur place	registration on the spot (open competition)
à partir de	from
le tournoi	tournament

Je peux laisser un message?

A **Lisez ces messages, puis notez les détails essentiels dans votre agenda.**

Agenda	MAI
LUN 21	
MAR 22	
MER 23	
JEU 24	
VEN 25	
SAM 26	
DIM 27	

GALLET

Le cabinet du dentiste GALLET
vous rappelle votre rendez-vous
pour le 22 mai à 16 h 30

POSTES ET TÉLÉCOMMUNICATIONS **TÉLÉGRAMME**

ARRIVE AEROPORT LYON DIMANCHE 11H50.
VIENS ME CHERCHER SVP. MERCI.
CHRISTOPHE.

COL 1 PARIS(10E) 11H50.

TELEX

NNNN

Bravo!

Vous avez gagné le concours organisé par le CINEMA REX

Vous avez une place gratuite pour le film A L'EST D'EDEN le lundi 21 mai à la séance de 20H35

3 heures, jeudi 24

Paul,
je suis venue te voir
pour t'apporter tes livres.
Viens ce soir boire un verre
à la maison et tu peux
prendre tes livres
Salut!
A tout à l'heure.
Dominique

Monsieur et Madame Nontron
ont la joie de vous inviter au mariage de leur fille
Isabelle
avec
Robert Belin
à l'église St-Jean de Montauban
samedi le 26 mai à 16 heures
Après la célébration, on vous invite au restaurant PAPILLON à Montauban.

PVA

gratuite	free
en face de	opposite
je passais	I came round
(elle) a oublié	(she) forgot/left behind
une boum	a party

Mercredi

Isabelle
On va à la piscine cet après-midi
à 3 heures. Tu viens?
Je te rencontre en face de l'église
à 2h.30
D'accord?
A tout à l'heure,
Jeanne

B **Vous allez voir un ami. Il n'est pas là. Laissez un message.**

- Say where you propose to go
- Say when
- Say where you are meeting
  . . . and at what time
- Sign off

C

Ecoutez ces cinq conversations téléphoniques, puis écoutez encore une fois et écrivez les mots qui manquent.

- Monsieur Bertault est là?
- Non, je regrette, il est sorti.
- Alors, je peux laisser un message? La ____ est réparée. Il peut venir la chercher au ____ à partir de ____ avant ____ heures . . .

- Je peux parler à Ahmed?
- Non, il n'est pas là . . .
- Dites-lui qu'on ne se retrouve pas au club de ____ après-midi. Il ____ aller directement ____ gymnase Pompidou à ____ heures . . .

- C'est Madame Serran?
- Non, c'est son fils, Robert.
- Ta mère a oublié son ____ dans ma ____ ce matin. Dis-lui qu'elle peut venir le chercher tout de suite mais avant la fermeture du magasin à ____ heures . . .

- Nazhia est là?
- Non, elle est sortie . . .
- On va se retrouver cet après-midi ____ à ____ heures. On espère qu'elle va venir avec nous . . .

- Je peux parler à Véronique?
- Oh non, je regrette, elle n'est pas là. Elle est chez le coiffeur . . .
- Il faut lui dire que Martine et Alain organisent une boum à ____ vendredi soir à ____ heures. Elle est invitée. Rendez-vous à ____ à ____ heures et ____ . . .

D

TALKBACK

Maintenant racontez les cinq messages:

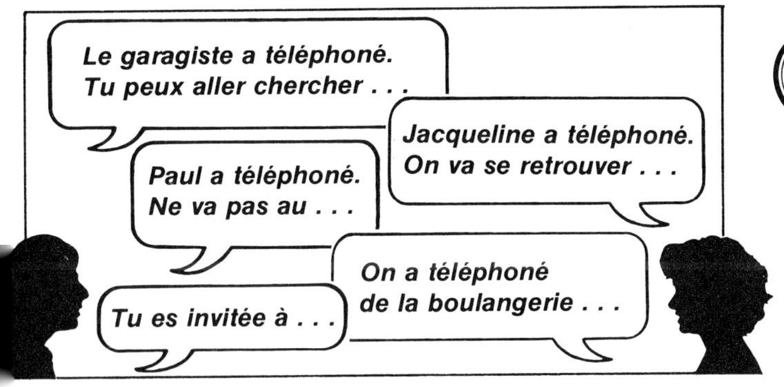

E

TALKBACK

Vous téléphonez à vos quatre amis. Malheureusement ils sont tous sortis.

Quand?	Où est-ce qu'on se retrouve?	A quelle heure?

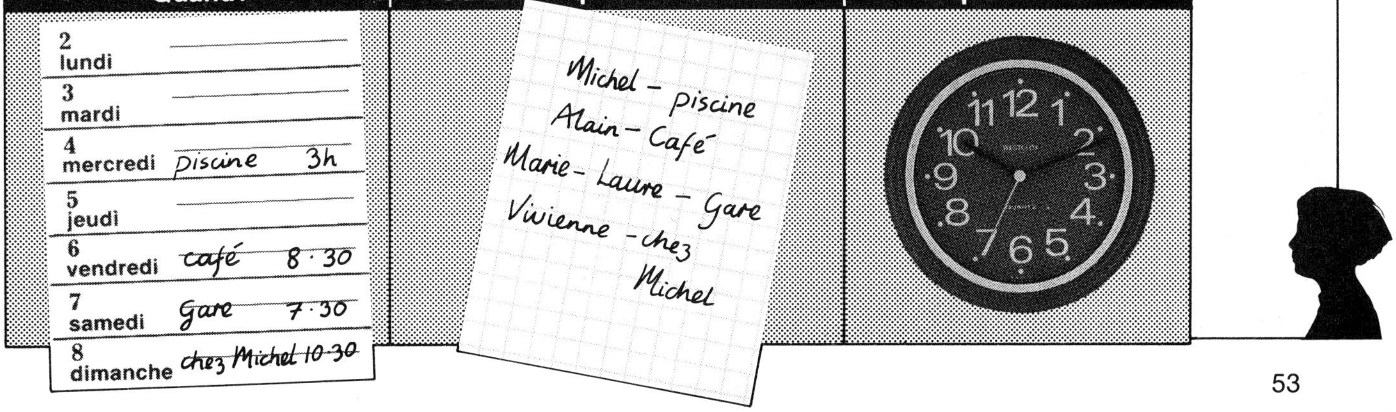

F

Ecrivez vos quatre messages pour confirmer les rendez-vous.

G

Apprenez par cœur

Je peux parler à . . .?	May I speak to . . .?
Je peux laisser un message?	Can I leave a message?
Il est sorti	He has gone out
Il/Elle peut venir les chercher	He/She can come and pick them up
Elle est invitée	She is invited
On va se retrouver	We are going to meet
Il faut y aller directement	You must go straight there

au cinéma

Vous aimez le cinéma?

LE BON, LA BRUTE, LE TRUAND

1966

Réalisation: Sergio Leone
Avec Clint Eastwood, Eli Wallach, Lee van Cleef

Aux Etats-Unis, pendant la guerre civile, trois criminels s'associent pour mener une grande «chasse au trésor», indifférents aux combats qui se déroulent autour d'eux.

Couleur
Durée: approx. 142 mins

CASABLANCA

1943

Réalisation: Michaël Curtiz
Avec Humphrey Bogart, Ingrid Bergman

Pendant la deuxième guerre mondiale, des réfugiés arrivent au Maroc en quête de visas pour Lisbonne, dans l'espoir d'une relative liberté.

Noir et blanc
Durée: approx. 98 mins

LA PANTHERE ROSE

1964

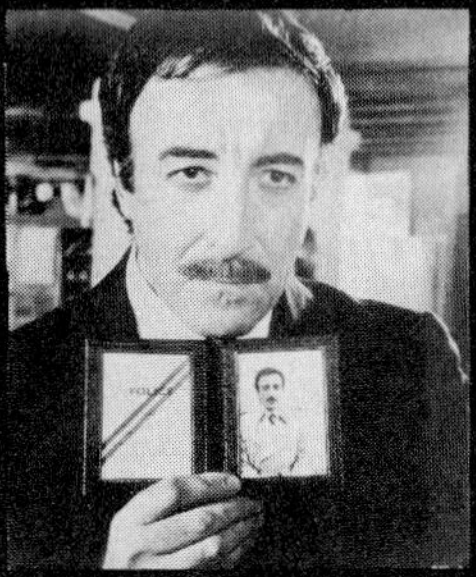

Réalisation: Blake Edwards
Avec Peter Sellers, David Niven, Capucine, Robert Wagner, Claudia Cardinale

L'inspecteur Clouseau est chargé de protéger une princesse hindoue, propriétaire d'un fabuleux diamant rose que désire un cambrioleur.

Couleur
Durée: approx. 109 mins

A L'EST D'EDEN

1954

Réalisation: Elia Kazan
Avec James Dean, Julie Harris, Raymond Massey et Richard Davalos

James Dean, l'idole de toute une génération. Un fils contre son père, un frère contre son frère dans une âpre bataille pour l'amour.

Couleur
Durée: approx. 112 mins

A Lisez les résumés de ces quatre films, puis répondez aux questions en anglais.

1 Which film involves a police inspector who is given the job of protecting a Hindu princess and a marvellous jewel?
2 Which film is about a treasure hunt in the USA during the American civil war?
3 Which film is set during the Second World War and deals with refugees seeking visas for Portugal?
4 Which film is about inter-family relationships and struggles?

PVA

réalisation	directed by
une âpre bataille	a bitter battle
la deuxième guerre mondiale	the Second World War
en quête de	in search of
l'espoir	hope
une chasse au trésor	treasure hunt
qui se déroulent	which take place
hindoue	Hindu
un cambrioleur	a burglar

B Pour vous aider à comprendre, copiez en complétant:

1 Le film *Casablanca* se déroule
a aux Etats-Unis
b au Maroc
2 Dans le film *Le Bon, la Brute, le Truand* Clint Eastwood est
a acteur
b réalisateur
3 *La Panthère Rose* a été réalisé par
a Sergio Leone
b Blake Edwards
4 *A l'Est d'Eden* a été réalisé en
a 1954
b 1943
5 *A L'Est d'Eden* raconte l'histoire d'un fils
a contre un inspecteur
b contre son père
6 Dans le film *Casablanca,* les réfugiés cherchent
a des visas et la liberté
b une princesse et un diamant
7 L'inspecteur Clouseau est chargé de protéger
a une princesse
b un inspecteur
8 Des quatre films, le film le plus long est
a *Casablanca*
b *Le Bon, la Brute, le Truand*

C Quels genres de films préférez-vous?
Lisez

COMEDIES

MONTY PYTHON SACRE GRAAL!
† Paramount Odéon

UNE NUIT A CASABLANCA des Marx Brothers
† Ciné Beaubourg Les Halles

FILMS MUSICAUX

FAME
† Républic Cinémas

NEW YORK, NEW YORK
† La Boîte à Films

GIMME SHELTER
† Berlitz

DESSINS ANIMES

LES 12 TRAVAUX D'ASTERIX
† Trianon

LES ARISTOCHATS
† Paramount Maillot

FILMS FANTASTIQUES

ALICE AUX PAYS DES MERVEILLES
† Le Hollywood Boulevard

LES OISEAUX de Hitchcock
† La Bastille

SUPERFEMME
† Calypso

AVENTURES

LAWRENCE D'ARABIE
† Le Grand Rex

LES AVENTURES DE CAPITAINE BLOOD
† Panthéon

FILMS D'ESPIONAGE

JAMES BOND 007 CONTRE DR NO
† Studio Cujas

DRAMES PSYCHOLOGIQUES

A L'EST D'EDEN
† Cinoche

FILMS D'EPOUVANTE

LES DENTS DE LA MER
† Galaxie

LES VAMPIRES DE SALEM
† Ciné Ivry

FILMS POLITIQUES

LE CHAGRIN ET LA PITIE
† Domino

GRANDS SPECTACLES

LES DIX COMMANDEMENTS
† Pathé Clichy

SATYRICON
† Les Images

FILMS DE GUERRE

LES BERETS VERTS
† Le Grand Pavois

LES SENTIERS DE LA GLOIRE
† Olympic

FILMS D'HORREUR

L'EXORCISTE
† La Gaieté

FILMS POLICIERS

ATLANTIC CITY
† Scala

SCARFACE
† Concordia

FILMS DE SCIENCE-FICTION

LA GUERRE DES ETOILES
† Brooklyn

LE RETOUR DU JEDI
† Studio 43

L'EMPIRE CONTRE-ATTAQUE
† Delta

TRAGEDIES

MACBETH
† Bergère

WESTERNS

IL ETAIT UNE FOIS DANS L'OUEST
† La Pagode

COMEDIES DRAMATIQUES

ANNIE HALL
† Le Cosmos

JULES ET JIM
† Saint Michel

D Quel genre de film est-ce?

A l'Est d'Eden est ____
La Panthère Rose est ____
La Guerre des Etoiles est ____
Le Bon, la Brute, le Truand est ____
Casablanca est ____
Mickey et Donald est ____

une COMEDIE — un WESTERN — un DESSIN ANIME — un film de GUERRE — un film de SCIENCE-FICTION — un drame PSYCHOLOGIQUE

E Au STUDIO 16, deux jeunes – Jean-Luc et Christine – discutent du cinéma et de leurs films préférés.
Ecoutez

PVA

des vedettes	stars
récemment	recently
comment était ...?	what was it like?

F TALKBACK
Quels genres de films préférez-vous?

Posez ces questions

Quels genres de films préfères-tu?
Vas-tu souvent au cinéma?
Pourquoi?
Tu as des vedettes préférées?
Tu es allé/allée au cinéma récemment?
Qu'est-ce que tu as vu?
Comment était le film?
Et les acteurs/actrices?

Répondez, puis changez de rôle.

Je préfère . . .
Je vais . . .
J'aime . . .
J'ai vu . . .
Je n'ai pas aimé . . .
J'ai aimé . . .
Le film était . . .
Parce que . . .
Les acteurs/actrices étaient

au cinéma

Cinéma

AUTANT EN EMPORTE LE VENT (A., v.o.) UGC Biarritz, 8e (723-69-23); Montparnasse Pathé, 14e (320-12-06).

LES AVENTURES DE ROBIN DES BOIS (Angl., v.f.) Berlitz. 2e (742-60-33); Quintette, 5e (633-79-38).

BAD BOYS (A., v.o.) Rex, 2e (236-83-93); Paramount Montparnasse, 14e (329-90-10).

CARMEN (Esp., v.o.) Forum Orient Express, 1er (233-43-26); UGC Opéra, 2e (261-50-32); Studio de la Harpe, 5e (634-25-52); Ambassade, 8e (359-19-08).

CERTAINS L'AIMENT CHAUD (A., v.o.) Parnassiens, 14e (329-83-11); 14 Juillet Beaugrenelle, 15e (575-79-79).

LE DERNIER TANGO A PARIS (It., v.o.) UGC Gobelins, 13e (336-23-44); Gaumont Sud, 14e (327-84-50); Gaumont Convention, 15e (828-42-27); Gambetta, 20e (636-10-96).

L'EDUCATION DE RITA (Angl., v.o.) Denfert, 14e (321-41-01).

MERLIN L'ENCHANTEUR (A., v.f.) Miramar, 14e (320-89-53); Studio de l'Etoile, 17e (380-42-05).

MONTY PYTHON ET LA VIE DE BRIAN (Angl., v.o.) Cluny Palace, 5e (354-07-76); Paramount Odéon, 6e (325-59-83); Marignan, 8e (359-92-82); Publicis Champs-Elysées, 8e (720-76-23); Parnassiens, 14e (329-83-11).

ONIBABA (Jap., v.f.) Parnassiens, 14e (329-83-11); St-André des Arts, 6e (326-48-18).

POUR UNE POIGNEE DE DOLLARS (It., v.f.) Capri, 2e (508-11-69); Gaumont Halles, 1er (297-49-70); UGC Opéra, 2e (261-50-32).

LE RETOUR DU JEDI (A., v.o.) Berlitz, 2e (742-60-33); Rex, 2e (236-83-93); UGC Opéra, 2e (261-50-32); Ciné Beaubourg, 4e (271-52-36); Saint-Germain Village, 5e (633-63-20); UGC Danton, 6e (329-42-62).

LE ROCK DU BAGNE (A., v.f.) Maxéville, 9e (770-72-86).

LA VEUVE JOYEUSE (A., v.o.) Rotonde, 6e (633-08-22).

LE VOLEUR DE BICYCLETTE (It., v.o.) Fauvette, 13e (331-56-86); Images, 18e (522-47-94); UGC Normandie, 8e (359-41-18).

A ★ Link-up

Légende-ciné

1 t.l.j.
2 t.l.s.
3 mat.
4 mer.
5 dim.
6 lun.
7 jeu.
8 ven.
9 tél.
10 15 h
11 v.o.
12 v.f.
13 mar. au sam.

a lundi
b matinée
c mercredi
d jeudi
e vendredi
f téléphone
g dimanche
h tous les soirs
i tous les jours
j version française
k version originale
l 15 heures
m de mardi au samedi

B ★★ TALKBACK

Lisez les petites annonces.

Racontez à un ami / une amie

- **le pays d'origine de chaque film**
- **dans quelle langue le film passe**

Autant en emporte le vent *est un film américain. C'est en anglais.*

Les aventures de Robin des Bois . . .

ectacles cinéma spectacl

Lisez ces résumés.
Trouvez les titres des films.

1 Dessin animé

Un enchantement pour tous, grands et petits. Le grand dessin animé de Walt Disney avec le grand magicien . . .

2 Comédie

Une grande comédie classique américaine avec Jack Lemmon, Tony Curtis et Marilyn Monroe. Les deux hommes se déguisent en femme, mais l'un d'eux tombe amoureux de Marilyn . . .

3 Science-fiction

Toute la saga comprend trois films monumentaux. *L'Empire contre-attaque* est la deuxième partie de l'histoire. Ce film est le troisième et dernier épisode.

4 Western

Un des westerns 'spaghetti' les plus célèbres. Ce film a révolutionné tous les westerns. Avec Clint Eastwood. Réalisé en Italie par Sergio Leone.

5 Film musical

Le roi du rock et roll se trouve en prison! Mais il continue à chanter et il encourage les autres prisonniers à faire la même chose. Un classique d'Elvis Presley.

6 Amour

Film à grand spectacle. D'après le roman de Margaret Mitchell – réalisé par Victor Fleming. Cette histoire d'amour et de passion a réussi à toucher trois générations! Avec Clark Gable et Vivienne Leigh.

PVA

d'après	based on
. . . a réussi	. . . has succeeded
à toucher	in moving

Fous de la danse

SUITE DE LA PAGE 35

A

Lisez l'histoire, puis répondez à ces questions en anglais:

1 Why do Leila, Alpha, Florence and Alain go to the recording studio?
2 Where do they listen to the radio programme?
3 After the programme, there are several offers of help. How many?

> Nadine veut restaurer le Théâtre Impérial, un vieux théâtre qui est en ruines. Leila, Alpha, Florence et Alain sont quatre élèves dans une école de danse et ils aident Nadine à intéresser le public au problème du théâtre.

Depuis une semaine, les quatre amis jouaient, dansaient et chantaient – devant les magasins, dans les stations de métro, devant les banques et même devant le commissariat! Ils avaient distribué des centaines de tracts, ils avaient parlé à des centaines de personnes.

Il était maintenant neuf heures moins dix, le 4 décembre, et ils revenaient des studios de l'émission de radio *Ici Paris!* Et voici Nadine qui les attendait dans le théâtre . . .

– *Alors!* a demandé Nadine. *Ça s'est bien passé?*

– *Oh, oui, formidablement!* a répondu Leila. *Mais écoutez . . . il y a une radio par ici, n'est-ce pas? On va écouter l'émission – ça passe à neuf heures!*

Nadine a allumé le poste tout de suite et ils ont attendu.

– STUDIO 16, il est neuf heures.

– Allô, bonsoir et bienvenue à Ici Paris! – l'émission qui est pour vous, les gens de Paris, et c'est Michel Melon au micro. Ce soir, je vous présente quatre jeunes gens qui travaillent actuellement – pour Paris! Leila Mouloudji, voulez-vous nous expliquer ce que vous faites?

– Eh bien, dans notre quartier, il y a un vieux théâtre – le Théâtre Impérial. Nous voudrions le restaurer, pour pouvoir monter des spectacles.

– Et Alpha Diallo, pourquoi faites-vous ça quand il y a d'autres théâtres ici à Paris?

– Il y a d'autres théâtres, bien sûr, mais pas dans notre quartier – le quartier de Belleville. Le Théâtre Impérial, c'est notre théâtre à nous!

– Bon. Et Florence Roque, qu'est-ce que vous voulez recevoir – de l'argent?

– De l'argent, oui, bien sûr! Mais beaucoup de personnes ne peuvent pas donner d'argent. Cependant, ils peuvent donner du temps, par exemple. Nous avons besoin de gens pour bricoler, pour peindre, pour nettoyer . . .

– Et Alain Levallon, vous avez besoin d'autres choses aussi?

– Oh, oui, il nous faut des meubles, et du matériel – il y a des trous dans le toit, par exemple.

– Bon, vous avez entendu, vous, les gens de Belleville! Au Théâtre Impérial, on a besoin de vous! Et maintenant, voici le numéro de téléphone . . .

Trois minutes après, le téléphone a sonné. C'était une restauratrice qui offrait une centaine de chaises. Tout de suite après, un marchand de tapis proposait quatre tapis presque neufs.

Dix minutes après, deux jeunes peintres sont entrés avec une échelle, des pots de peinture et des brosses.

– *Salut! Novomaison à votre service!*
Et ils ont commencé à peindre le mur.

Finalement, deux jeunes sont venus avec des morceaux de bois, des tuiles et des clous.

– *Nous sommes apprentis réparateurs de toits. Nous avons entendu l'émission. Notre patron nous a donné le matériel. Nous voulons bien travailler ici le soir.*

Ensuite, cinq personnes sont arrivées avec des seaux, des balais et des torchons.

– *Nous travaillons dans l'usine à côté. Nous avons entendu l'émission à la radio. Nous pourrions travailler ici deux heures chaque soir.*
Et ils ont tous commencé à balayer.

– *Mais, c'est incroyable !* a dit Nadine.

– *C'est super!* a ajouté Florence.

– *C'est un miracle!* a crié Alain.

– *Je prépare du café?* a suggéré Alpha.

A SUIVRE . . . voir la page 66

PVA

depuis une semaine	for a week
le commissariat	the police station
des centaines	hundreds
ça s'est bien passé?	did it go all right?
. . . a allumé le poste	. . . put the radio on
actuellement	right now
monter	to put on
le quartier	the neighbourhood

des balais	brooms
des torchons	dusters
nous pourrions	we could
balayer	to sweep
des morceaux de bois	pieces of wood
des tuiles	tiles
des clous	nails
apprentis réparateurs de toits	apprentice roofers
incroyable!	unbelievable!

cependant	however
il nous faut	we need
des meubles	furniture
du matériel	materials
une restauratrice	a restaurant owner
un marchand de tapis	a carpet seller
presque neufs	nearly new
une échelle	a ladder
des seaux	buckets

B **Pour combien de personnes Alpha doit-il préparer du café?**

C **A vous maintenant!**
Lisez encore une fois l'interview à la radio. Puis, en groupes de cinq, prenez les rôles: Michel Melon, Leila, Alpha, Florence et Alain.
Enregistrez votre propre émission *Ici Paris!*

Allô, bonsoir et bienvenue à . . .

OPINIONS OPINIONS courrier

Au service de nos auditeurs

Et cette fois-ci nous parlons des problèmes des jeunes et de leurs loisirs.

Je m'ennuie après l'école

Cher STUDIO 16,
Chaque mercredi, j'ai le même problème. J'ai 16 ans et j'ai une petite soeur de six ans, Marie-Claire. Naturellement ma soeur et moi, nous sommes libres le mercredi toute la journée, car il n'y a pas classe.

Nos parents travaillent toute la semaine et ils ne sont pas là pour s'occuper de Marie-Claire le mercredi. C'est moi qui dois la garder.

J'aime bien ma petite soeur, mais elle et moi, nous avons des goûts tout à fait différents. Si je vais voir mes amis, elle s'ennuie. Si elle veut aller à la piscine avec ses amis, moi, je m'ennuie.

Est-ce que vous avez des suggestions?

Charles (Nantes)

Cher Charles,
C'est une grande responsabilité de garder toute la journée un enfant de six ans. Et bien sûr, vous avez des loisirs différents et vous voulez avoir des heures de libre. Est-ce que vos parents connaissent Le club de mercredi, organisé par la Maison des Jeunes et de la Culture? C'est un club pour les enfants de six à 13 ans. Les enfants sont surveillés toute la journée et le repas de midi est fourni. Et ils s'amusent bien!

Il y a un grand choix de loisirs et de sports pour eux. Il y a également la possibilité d'y rester seulement l'après-midi, si les enfants le préfèrent.

On organise des excursions et des activités de toutes sortes. On a préparé un programme intéressant pour les vacances aussi. Je vous envoie leur programme. J'espère que ça va vous aider.

STUDIO 16

Problème de mercredi

Cher STUDIO 16,
J'ai 15 ans et j'habite à Cannes. Mon problème, c'est que je m'ennuie – et en particulier après l'école, le soir. Je n'ai ni frères ni soeurs. A mon école, je m'amuse bien. J'ai beaucoup de copains et de copines. On bavarde, on se raconte des histoires, on fait des jeux – enfin, on s'amuse bien . . . à l'école!

Mais après l'école, le soir, je n'ai rien à faire. Mes amis habitent très loin de chez moi et je n'ai pas de vélo. Tous les soirs, je reste devant la télévision. C'est ennuyeux. Je ne sors presque jamais.

J'aime beaucoup jouer au tennis de table et au volley-ball mais je n'en ai jamais l'occasion. Mes parents sont sympathiques. J'ai de bons rapports avec eux.
Qu'est-ce que je peux faire?

Joëlle (Cannes)

Chère Joëlle,
A ton âge, sortir seule peut être un problème. Mais comme tu habites à Cannes, tu as de la chance! Il y a deux Maisons des Jeunes et de la Culture à Cannes. On peut faire toutes sortes de sports, et il y a plusieurs activités le soir.

Je t'envoie un de leurs programmes. Pourquoi ne pas fixer un rendez-vous avec une amie à la MJC pour faire un match de tennis de table ou de volley? Comme tu vois dans le programme, le ping-pong est gratuit le mercredi après-midi.

Je suis certain qu'il n'y a pas de raison de t'ennuyer chez toi, non plus! Pourquoi ne pas inviter un ou deux copains chez toi pour passer une soirée ensemble? Tes parents le permettent, je suppose, puisque tu dis que tu as de bons rapports avec eux.

Bonne chance, alors, Joëlle!

STUDIO 16

PVA

car	as/for
s'occuper de/garder	to look after
des goûts	interests
elle s'ennuie	she gets bored
je m'ennuie	I get bored
(ils) connaissent	(they) know
surveillés	supervised
le repas	the meal
fourni	provided
également	also

PVA

ni . . . ni . . .	neither . . . nor
on bavarde	we chat
on se raconte	we tell each other
l'occasion	the opportunity
j'ai de bons rapports	I get on well
tu as de la chance!	you're lucky!
je t'envoie	I'm sending you

A Répondez en anglais

1 Charles has a particular problem. On which day of the week?
2 Why does the problem only occur on this day?
3 What exactly is the problem?
4 What does STUDIO 16 suggest?

B Répondez en anglais

1 Has Joëlle any brothers or sisters?
2 Is she bored at school?
3 Why doesn't she visit her friends after school?
4 Which sports does she like best?
5 What does STUDIO 16 suggest?
6 Why do you think Joëlle's parents will agree to her friends coming round to the house?

C Vous allez passer des vacances à Deauville avec des amis. Vous allez rester huit jours. Vous désirez quelques renseignements. Choisissez dans cette liste:

- une liste des terrains de camping de la région
- un programme des événements sportifs
- le programme de la MJC
- une liste des stages de planche à voile
- des brochures sur la Normandie

Copiez en complétant cette lettre au Syndicat d'Initiative de Deauville.

Syndicat d'Initiative
Deauville
FRANCE

Madame/Monsieur,

Je voudrais passer *trois semaines / deux semaines / une semaine* avec *mes parents / des amis / mon frère* à ______.

Nous avons l'intention de *rester dans un hôtel / camper / louer une villa* du 10 au 18 août.

Voulez-vous être assez aimable pour m'envoyer les renseignements suivants:

....

....

....

....

Je vous prie d'agréer, Madame/Monsieur, l'expression de mes sentiments distingués,

(*signature*)

m.j.c maison pour tous

le 16 Avril

Chers Parents,

Le Club du Mercredi - Période Scolaire, étend ses activités du Mercredi après-midi au Mercredi Toute la Journée avec le repas du Midi sur la Base Plein-Air "Le Petit Lac" - OPERATION MERCREDI VACANCES, à NANTES.

MERCREDI VACANCES a ouvert ses portes le Mercredi 18 Avril pour les loisirs de vos enfants de 6 à 13 ans.

Cette animation fonctionne de 8 H le matin à 18 H 30 le soir avec le repas du Midi fourni par la CAISSE DES ECOLES de la VILLE DE CANNES.

La participation est fixée à 20,00 Francs par Mercredi, comprenant :
- le ramassage,
- le repas,
- l'animation.

PS. Pour les enfants ne souhaitant venir que l'après-midi comme auparavant, un ramassage se fera à la MJC du Grand Jas à 13H30 précises (celui amènera les enfants à Mandelieu).

Pour tous renseignements et inscriptions - MJC du Grand Jas
12, Bd. du Riou

PROGRAMME FIN AVRIL

MERCREDI 18 : Journée au PETIT LAC - Mercredi Vacances
SAMEDI 21 : Piscine au Parc Montfleury
MERCREDI 25 : Journée au PETIT LAC - Mercredi Vacances
SAMEDI 28 : Sortie PLEIN-AIR - chasse au Trésor.

affiliée à la f.r.m.j.c · agréée par le secrétariat d'état à la jeunesse aux sports et aux loisirs

m.j.c. maison pour tous du grand jas

TENNIS DE TABLE

INITIATION, PERFECTIONNEMENT
ENTRAINEMENT A LA COMPETITION
MATCHES AMICAUX

MERCREDI DE 18H à 20H.

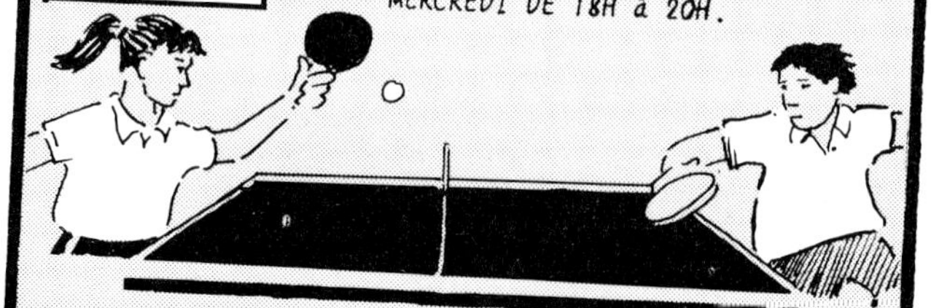

PING - PONG LIBRE - MERCREDI DE 14H A 16H
VENDREDI DE 17H A 19H
SAMEDI DE 14H A 19H

Cotisation annuelle - 150,00 Francs.

D Sans regarder C, écrivez une lettre au Syndicat d'Initiative de Nice. Vous allez passer quinze jours dans la région niçoise cet été. Demandez des renseignements sur la région.

- promenades en bateau
- événements sportifs
- location de vélo

PVA

quelques renseignements	some information
les terrains de camping	camping sites
des stages de planche à voile	windsurfing courses
location	rental

AIMEZ-VOUS LIRE?

Voici sept différents genres de lecture.

ENCORE TROIS MORTS

Par la porte du drugstore, un homme a été projeté à l'extérieur. *Il était mort.*
Un deuxième homme a été projeté de la même façon dans la poussière de la rue. Puis, après lui, un troisième!
– Encore trois morts, a dit le patron du bar.

APRES L'IMMENSE SUCCES D'ORIENT-EXPRESS 1
(PLUS de 800.000 EXEMPLAIRES VENDUS)

voici
ORIENT-EXPRESS 2

Roman de
Pierre-Jean Rémy

Paris, Venise, Vienne, Bucarest, Istanbul . . .
Amours et intrigues à bord le grand train du luxe et du plaisir

LA GUADELOUPE

Il existe en Guadeloupe toutes sortes de possibilités pour vos loisirs.

Il y a des sports nautiques, du yachting, la pêche sous-marine, le golf, le tennis et bien sûr, le plaisir de la baignade dans une mer tiède toute l'année.

Il existe toutes les catégories d'hôtels: des hôtels de grand standing international jusqu'aux villages de vacances et auberges typiques où l'on sert des spécialités créoles et françaises.

Il existe aussi une vie nocturne animée autour des cinémas, des boîtes de nuit et des deux casinos de Pointe-à-Pitre et Saint-François.

Protégée par une barrière de corail, chaque île est entourée d'une ceinture de plages splendides, ombragées et couvertes de sable fin. Trois plages sont réservées aux naturistes.

LE CHATEAU DESERT

Les élèves sont partis

Il y avait du bruit
Maintenant il n'y en a pas
Il y avait le bruit des pas
Maintenant il n'y en a pas
Là où il y avait des gosses dans la cour
Maintenant il y a des pigeons

J'entre dans le bâtiment de mille classes

Là où il y avait le bruit des gosses
Il y a le bruit de mes pas
Un bâtiment qui était une fois plein de vie
Maintenant est comme . . .
. . . Un château désert!

PVA

encore trois	another three
la poussière	the dust

PVA

la pêche sous-marine	underwater fishing
la baignade	swimming
tiède	warm
vie nocturne	nightlife
animée	lively
des boîtes de nuit	night clubs
une barrière de corail	a coral reef
île	island
sable fin	fine sand
naturistes	naturists/nudists

PVA

(des) exemplaires	copies

PVA

il n'y en a pas	there isn't any
le bruit des pas	the sound of footsteps
des gosses	kids
le bâtiment	the building
mille classes	a thousand lessons
une fois	once

A **Link-up**

Trouvez . . .

- un poème
- une publicité pour une voiture
- une bande dessinée fantastique
- un extrait d'un roman western
- une brochure touristique
- un article sur l'histoire du rock américain
- une publicité pour un roman à suspense

B **Choisissez un des extraits qui vous intéresse.**

Expliquez-le en anglais à un ami / une amie qui ne comprend pas le français.

PVA

une publicité	an advert
une bande dessinée	a strip cartoon
un roman	a novel
un récit	a piece of writing
intitulé	entitled

OPINIONS

DYANE 6

Une cousine de la 2 CV 6.
Plus sophistiquée par son habillement et ses accessoires, elle marque bien sa personnalité!
Elle aussi aime voyager, rouler, partir, mais elle y met une petite note d'élégance.
Oui, elle est élégante, mais pratique. La roue de secours est placée sous le capot, le hayon arrière facilite le chargement. En option, la Dyane 6 possède une banquette arrière rabattable qui en fait un véritable break.
La Dyane 6: le charme de la simplicité!

LE BOOM DES FIFTIES

Ex-chanteur de «Country and Western», déjà plus tout jeune (il avait 30 ans), **Bill Haley** a signé en 1954 son premier contrat d'enregistrement.

Pour ce disque, il a choisi le titre «Rock around the clock». C'était une musique pleine de punch – simple et fraîche! Elle a éclaté comme une bombe. Elle a donné envie de danser! Le disque est resté *une année entière* numéro 1 au Hit Parade!

En 1954 aussi, **Elvis Presley** a enregistré «That's all right, mama». A l'âge de 19 ans, Elvis possédait tout ce qu'il fallait pour devenir une star. Il était beau, jeune, timide, sauvage et tendre.

Plus de trente ans après, Elvis reste un personnage de légende et le symbole de toute la génération Rock.

PVA

rouler	to drive
pratique	practical
la roue de secours	the spare wheel
le capot	the bonnet
le hayon arrière	the hatchback
le chargement	loading
rabattable	folding
un break	an estate (car)

PVA

déjà plus	no longer
un contrat d'enregistrement	a recording contract
pleine de	full of
elle a éclaté	it exploded
elle a donné envie (de)	it made people want (to)
devenir	to become

PVA

sauver	to save
détruire	to destroy
(il) file	(it) travels
la vitesse	speed
glissant	gliding

Ecrivez un récit ou un poème en français, intitulé . . .

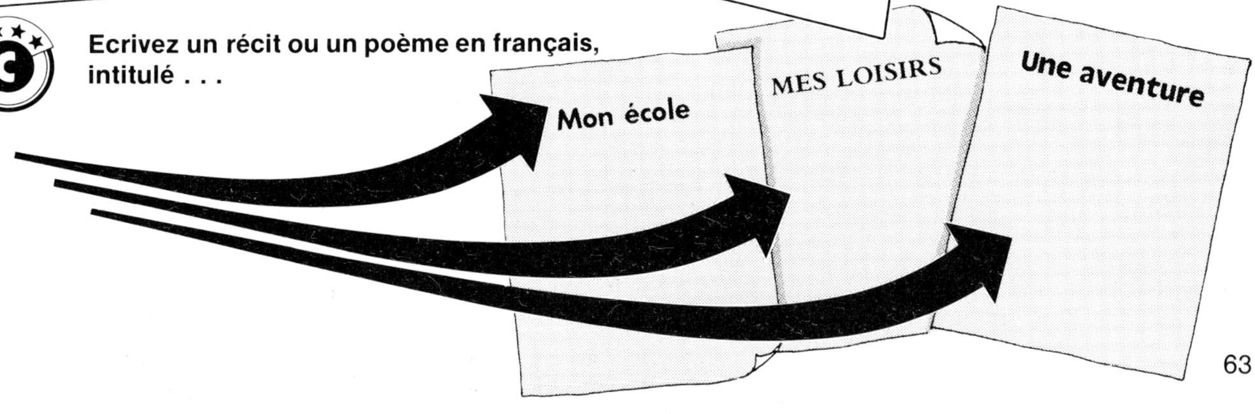

OPINIONS

Dans le journal

a

ETRANGER

Moscou propose l'interdiction totale des armes chimiques

Une mesur...

Contacts entre Paris et Pretoria

La glace est rompue entre le nou... veau gouvernement français et l... ...fricain: ... A.I...

b

PIZZERIA du MOULIN ENCHANTE
à CONDAC - ☎ 31.04.97
* NOUVELLE DIRECTION - NOUVELLE CARTE *

OUVERT
Jeudi: midi et soir
Vendredi: midi et soir... jusqu'à l'aube
Samedi: soir... jusqu'à l'aube
Dimanche: midi et soir
Et... sa discothèque ! ☎ **31.26.34**

c

TENNIS DE TABLE

Secretin, médaille d'or du double mixte

Le Français Jacques Secretin, associé à la Soviétique Valentina Popova, a remporté samedi la finale du double mixte des championnats d'Europe de tennis de table à Moscou.

Ils ont battu les Tchécoslovaques Jindrich Panpsky et Marie Hrachova en deux manches, 21-14, 21-19.

d

ANNONCES

ANIMAUX

LA PERSONNE ayant trouvé «Médor», petit chien noir, sur le parvis du Palais des Festivals, le 18-4, est priée de téléph. au 61.47.86, récompense.

e

Le programme d'aujourd'hui

TF1	**10.15 ANTIOPE 1** **10.45 SALUT LES PETITS LOUPS** Teddy Boy, Sport billy, Entre-Loups, Tout doux Dinky et Arok le Barbare.
A2	**6.45 TELEMATIN** Les journaux à *7.00, 7.30* et *8.00.* **8.30 POUR LA VIE** Feuilleton australien. 24ème épisode:
FR3	**10.30 TENNIS.** En eurovision. Open de tennis de Monte-Carlo. **14.55 ASSEMBLEE NATIONALE**
LA 5	**8.15 K 2000** Série U.S. *en redif.* Et à **15.05** **9.05 LES HOMMES D'ARGENT** 3è épisode *en redif.* Et à **12.35** et **16.00**
TV 6	**14.00 SIX TONIC** Clips **17.00 SYSTEME SIX**
CANAL+	**7.05 METEO** **7.07 TOP 50** **En redif.** **7.30 METEO**

f

g

Soufflé glacé aux fraises

350 g de fraises, 4 blancs d'oeufs, 250 g de sucre en poudre, 250 g de crème fraîche très froide, 4 dl de crème de cassis.

Passez les fraises à la moulinette, mélangez-les à la crème de cassis. Passez au chinois.

Préparez la crème Chantilly : battez la crème très froide jusqu'à ce qu'elle ait doublé de volume.

Préparez le sirop : sur feu doux, faites fondre le sucre recouvert d'eau à hauteur en mélangeant sans cesse.

Montez les blancs en neige ferme. Ajoutez-leur le sirop tiède, tout en continuant à les

h

• Météo : des orages

Temps lourd et nuageux avec des foyers orageux nombreux à craindre, même en soirée. Ces derniers pourront être localement accompagnés de grêle et de rafales de vent. Vents de secteur sud-ouest modérés, et temporairement forts sous les orages.

Températures minimales 15 à 18, maximales 25 à 29°.

Du jeudi 12 au samedi 14 juillet, alternance d'éclaircies et de passages nuageux.

Températures : Angoulême 15 - 28; La Rochelle 16 - 22; Royan 16 - 20; Poitiers 14 - 29; Limoges 19 - 29; Bordeaux 17 - 29; Cognac 15 - 27; Périgueux 12 - 32; Gourdon 19 - 33;

i

Quelle figure contient le plus grand nombre de triangles?

j

Night-clubs - Discothèques

CLUB 06. — Tous les soirs jusqu'à l'aube. Casino des Fleurs, 5, rue des Belges, tél. 68.00.33. Restaurant 06.

CLUB DU « 10 ». — Deuxième salle, night-club, discothèque, piano de la pizzeria, bar, restaurant « 10 ». Vendredi, samedi, dimanche, fériés, à partir de 23.00, rue Teisseire. Rés. 39.24.67.

GALAXY - NIGHT-CLUB DU CASINO (Palais des Festivals). — A partir de 23.00. Fermé le lundi. Tél. 38.12.11.

DANSE

AUJOURD'HUI

● MONTE-CARLO

Salle Garnier. — 15.00 et 21.00 : « Printemps des arts de Monte-Carlo ». Grand ballet classique de Moscou. Au programme : « Roméo et Juliette », de Prokofiev et « Nathalie », de Guiroviets et Karafa.

DEMAIN

● MONTE-CARLO

CINÉMAS

● NICE

LES ARCADES (20, av. J.-Médecin). — ARCADE 1 : **Julia et les hommes**, 14.10, 16.10, 18.05, 20.05, 21.50. — ARCADE 2 : **Second Chance**, 14.15, 16.15, 18.10, 20.00, 21.50. — ARCADE 3 : **Le Juge**, 14.15, 16.05, 18.00, 19.45.

ROCK

DEMAIN

Link-up

Quelle partie du journal est-ce qu'ils veulent lire?
Lisez et identifiez.

France-Soir

SUD-OUEST
Grand Quotidien Républicain Régional d'Informations

1 Je m'intéresse au tennis de table. Je voudrais savoir les résultats du Championnat d'Europe, double mixte.

2 Demain je vais faire une longue promenade à vélo. Je dois savoir quel temps il va faire.

3 J'aime sortir le soir. Qu'est-ce qu'il y a à faire ce soir? Où sont les distractions?

4 J'aime beaucoup lire les bandes dessinées. Elles sont faciles à lire et divertissantes.

5 Quand je prends un journal, je regarde tout de suite les titres. J'aime m'informer vite sur ce qui se passe dans le monde – les actualités internationales.

6 J'aime bien faire la cuisine. J'ai un petit restaurant de campagne. J'aime essayer toutes les nouvelles recettes de cuisine.

7 J'ai perdu ma chienne! Quelqu'un l'a peut-être trouvée devant le Palais des Festivals à Cannes. J'ai mis une annonce dans NICE-MATIN. Je vais regarder.

8 J'aime visiter de nouveaux restaurants. Et j'aime en particulier la cuisine italienne.

9 Et moi, je suis fana de jeux – mots croisés, jeux de chiffres, jeux d'images.

10 Dans le journal, je regarde d'abord les programmes de télé pour voir ce qu'il y a à la télé ce soir.

nice-matin
LE PREMIER QUOTIDIEN D'INFORMATIONS DU SUD-EST ET DE LA CORSE

La Suisse

Le Monde

Libération

LE FIGARO

L'opinion
VENDREDI 27 FEVRIER 1995 · NUMERO : 7.134
Quotidien National d'Information

PVA

je m'intéresse	I am interested
savoir	to know
les distractions	entertainments
divertissantes	entertaining/amusing
tout de suite	straight away
les titres	headlines
ce qui se passe	what is happening
les actualitiés	news
essayer	to try
les recettes	recipes
je suis fana de jeux	I'm a games fanatic
mots croisés	crosswords
chiffres	numbers
images	pictures

TALKBACK

Et vous? Qu'est-ce que vous aimez lire dans un journal?
Et pourquoi?
Demandez

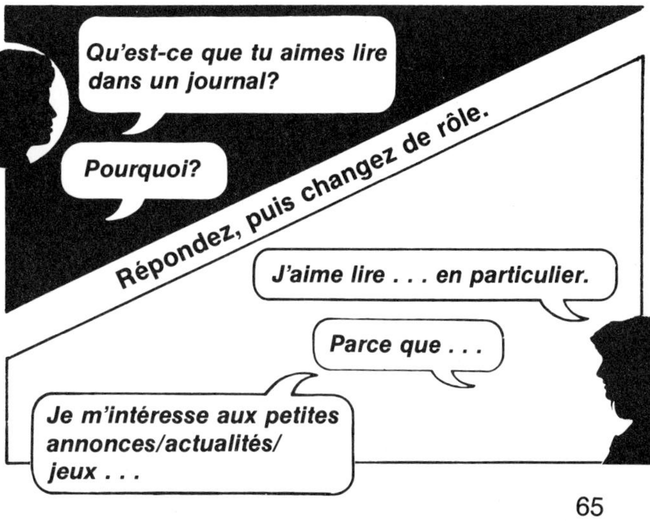

Fous de la danse

SUITE

A **Lisez l'histoire, puis répondez à ces questions en anglais:**

1 Why is Leila sad at the beginning of the story?
2 What is the first act in the show?
3 What does Fabienne offer the four friends for now . . . and for later?

Leila, Alain, Alpha et Florence ont aidé Nadine à faire de la publicité pour restaurer le Théâtre Impérial. A la suite d'une émission de radio, beaucoup de gens sont venus à l'aide du théâtre, et maintenant le jour de la grande ouverture approche.

THEATRE IMPERIAL
Belleville
GRANDE OUVERTURE
3 janvier à 21h 00
SPECTACLE FANTASTIQUE
avec
la merveilleuse FABIENNE
le célèbre DANY DUCLOS
le groupe étonnant CONFUSION
la fantastique école de danse ANANAS
Animateur MICHEL MELON
Billets 40F 50F 60F

C'était le 2 janvier, la veille de la grande ouverture. Au Théâtre Impérial, tout était presque prêt. Le toit était réparé, les murs étaient peints en bleu et blanc, et le plancher était couvert d'un beau tapis rouge. Les chaises aussi étaient peintes en bleu et rouge.

Alain était en train de recoudre les rideaux, tandis que Florence vérifiait les lumières. Alpha regardait la liste d'artistes.

A la suite de l'émission de radio, plusieurs grandes vedettes s'étaient proposées gratuitement: Dany Duclos, comédien;

Dany

Confusion, le nouveau groupe rock; et la célèbre vedette, Fabienne, chanteuse, danseuse et comédienne. En plus, toute la classe de l'école de danse Ananas préparait un numéro. Michel Melon, le présentateur d'*Ici Paris*, allait être l'animateur.

Fabienne

Seule Leila était un peu triste.

– *Je suis contente pour Nadine, bien sûr, mais . . . demain, tout sera fini pour nous. Quand nous travaillions pour Nadine, nous recevions assez d'argent pour payer nos cours de danse. Mais maintenant, elle n'a plus besoin de nous . . .*

Le soir du 3 janvier, à huit heures et demie, tous les billets étaient vendus et la salle était presque pleine. Tout le monde était là – y compris les familles des quatre amis, bien sûr!

A neuf heures, Nadine a fermé les portes et Michel Melon est entré en scène.

– *Mesdames et messieurs, bienvenue au Théâtre Impérial, merci d'être venus, et maintenant – que le spectacle commence!*

D'abord, toute la classe de l'école de danse Ananas a dansé et chanté «Venez au théâtre, venez nous aider . . . » Ensuite, Michel a présenté le comédien, Dany Duclos.

– *Vous ne savez pas ce qui m'est arrivé en venant au théâtre ce soir . . .?* a-t-il commencé.

Après, Confusion a chanté une chanson spéciale, «Belleville Blues». Et puis, la personne que tout le monde attendait – Fabienne! Elle a chanté trois chansons et à la fin, les spectateurs ont applaudi pendant cinq minutes. Finalement, Fabienne a levé la main et a demandé le silence.

– *Merci, messieurs, dames,* a-t-elle dit. *Merci, vous êtes bien gentils. Maintenant, j'ai quelque chose à vous dire. Vous ne savez peut-être pas que moi aussi, je suis de Belleville – il y a longtemps, j'étais pauvre et inconnue . . . Eh bien, messieurs, dames, il y a quatre jeunes personnes qui ont fait beaucoup pour ce théâtre et pour ce quartier, en faisant de la publicité pour le Théâtre Impérial. Avec le peu d'argent qu'ils ont reçu, ils ont payé leurs cours de danse. Mais maintenant leur travail ici est fini. Florence, Leila, Alpha, Alain – venez ici! Vous n'avez plus de problème! C'est moi qui vous paie les cours maintenant!*

– *Oh, ce n'est pas possible!* a crié Florence.

– *Vous êtes trop gentille, madame,* a dit Alpha.

– *Comment vous remercier?* a demandé Leila.

– *Mais, vous allez chanter avec moi maintenant!* a répondu Fabienne. *Et, qui sait après? J'ai toujours besoin de chanteurs et de danseurs nouveaux!*

Avec ça, l'orchestre a commencé à jouer, et tout le monde – artistes et spectateurs – a chanté ensemble «Venez au théâtre . . .», la chanson du Théâtre Impérial, la chanson des quatre amis.

FIN

B Arrangez les lettres pour trouver six sortes d'artistes:

T E D V E E T

D T N O M E C E

A T N T E R U M A

S U N E E S A D

S U T M N E C T

H A U N T S E E C

T E D V E E T

V E D E T T E

PVA

l'ouverture	the opening
animateur	host
la veille	the day before
presque prêt	almost ready
peints	painted
le plancher	the floor
recoudre	to mend
les rideaux	the curtains
tandis que	while
. . . s'étaient proposées	. . . had volunteered
gratuitement	free
la célèbre vedette	the famous star
un numéro	a 'number'
le présentateur	the presenter
elle n'a plus besoin de nous	she doesn't need us any more
vendus	sold
. . . est entré en scène	. . . came on to the stage
que le spectacle commence!	let the show begin!
inconnue	unknown
le peu d'argent	the small amount of money
c'est moi qui vous paie les cours	I'm paying for your classes
remercier	to thank

C En groupes, préparez une affiche pour votre spectacle idéal. Mettez les noms et les descriptions de vos vedettes préférées. N'oubliez pas la date, l'heure et le prix des billets.

Puis, soyez l'animateur / l'animatrice et annoncez vos artistes!

Mesdames et messieurs, bienvenue . . .

Voici d'abord . . .

Je vous présente . . .

Enfin, c'est le tour de . . .

Le Français dans le monde

interview avec Véronique Tadjo

Véronique Tadjo vient de la Côte d'Ivoire en Afrique.

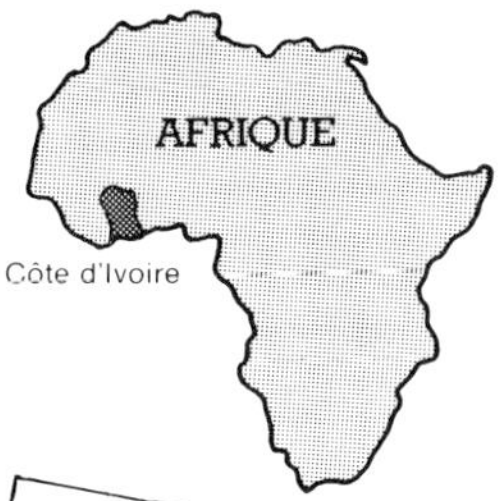

A **Ecoutez Véronique. Au STUDIO 16, elle nous parle . . .**

- de sa famille
- de sa vie à Londres
- de son livre

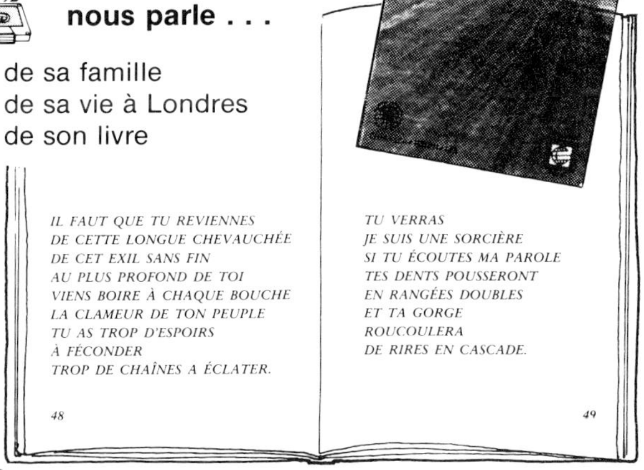

IL FAUT QUE TU REVIENNES
DE CETTE LONGUE CHEVAUCHÉE
DE CET EXIL SANS FIN
AU PLUS PROFOND DE TOI
VIENS BOIRE À CHAQUE BOUCHE
LA CLAMEUR DE TON PEUPLE
TU AS TROP D'ESPOIRS
À FÉCONDER
TROP DE CHAÎNES A ÉCLATER.

48

TU VERRAS
JE SUIS UNE SORCIÈRE
SI TU ÉCOUTES MA PAROLE
TES DENTS POUSSERONT
EN RANGÉES DOUBLES
ET TA GORGE
ROUCOULERA
DE RIRES EN CASCADE.

49

PVA

je n'ai qu'un frère	I've only one brother
assez rare	quite unusual
la famille étendue	the extended family
faire des recherches	to do research
dont	of whom/amongst whom
on se rencontre	we meet
régulièrement	regularly
la plupart de mon temps	most of my time
comme je l'ai dit	as I've said
un genre de journal	a kind of diary
des pensées	thoughts
ce qu'on pense	what you think
des nouvelles	short stories
une vision	a view
. . . s'intitule	. . . is called
à vol d'oiseau	'as the crow flies'
vue à vol d'oiseau	bird's-eye view
au début	at first
j'ai eu du mal à m'adapter	I found it hard to settle
on sent	we feel
'Latérite'	laterite (red clay found in tropical climate)

B **Ecoutez encore une fois, puis complétez en anglais:**

Véronique Tadjo comes from the Ivory Coast in West Africa. Her mother is ____ and her father is from the Ivory Coast. Her family is small – she has only ____. At Abidjan university, she taught ____. In London, she often sees Frédéric Grah-Mel. They meet regularly and ____.

She spends most of her time doing research and ____. She began her book before she left home to come to ____. The title of the book – *A vol d'oiseau* – conveys the idea of ____.

In her book, she talks about her life in London which was ____ at first, because she found it hard to settle. But gradually you can tell from her book that, as she settles down, she is happy to be in London and to meet ____.

C **Commencez un petit journal comme le journal de Véronique. Tous les jours, écrivez ce qui s'est passé dans la journée et, si possible, ce que vous en pensez.**

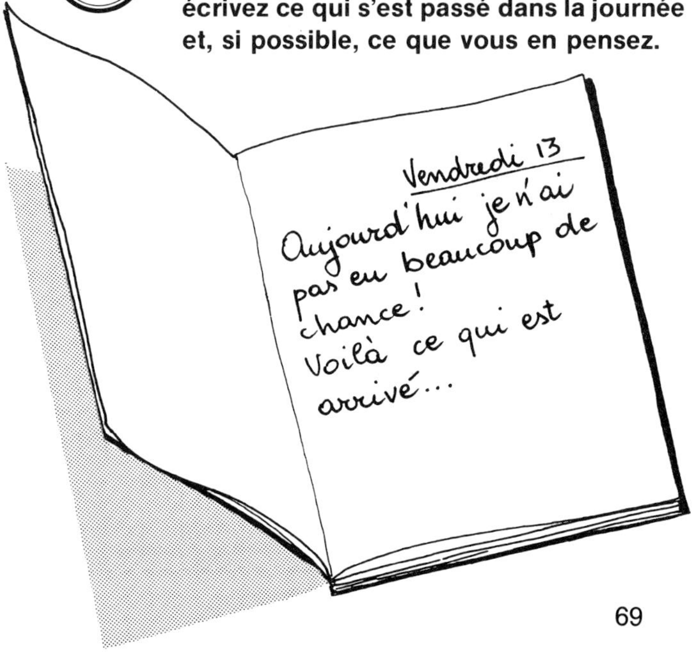

Résumé des TALKBACKS

Programme 3

Enregistrez si possible tous vos TALKBACKS!

QUE PENSEZ-VOUS DE L'ECOLE?

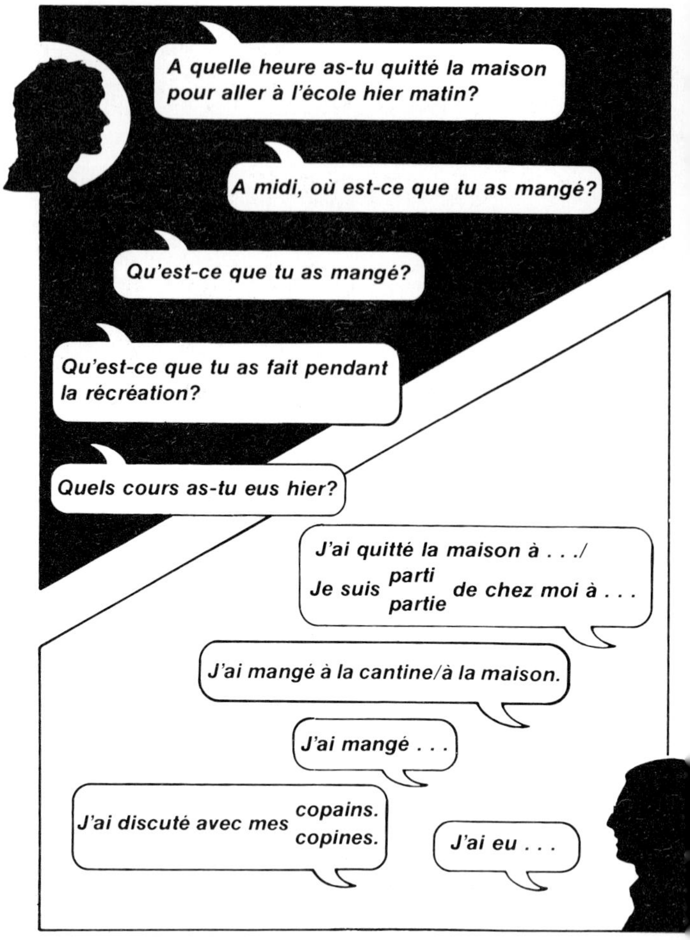

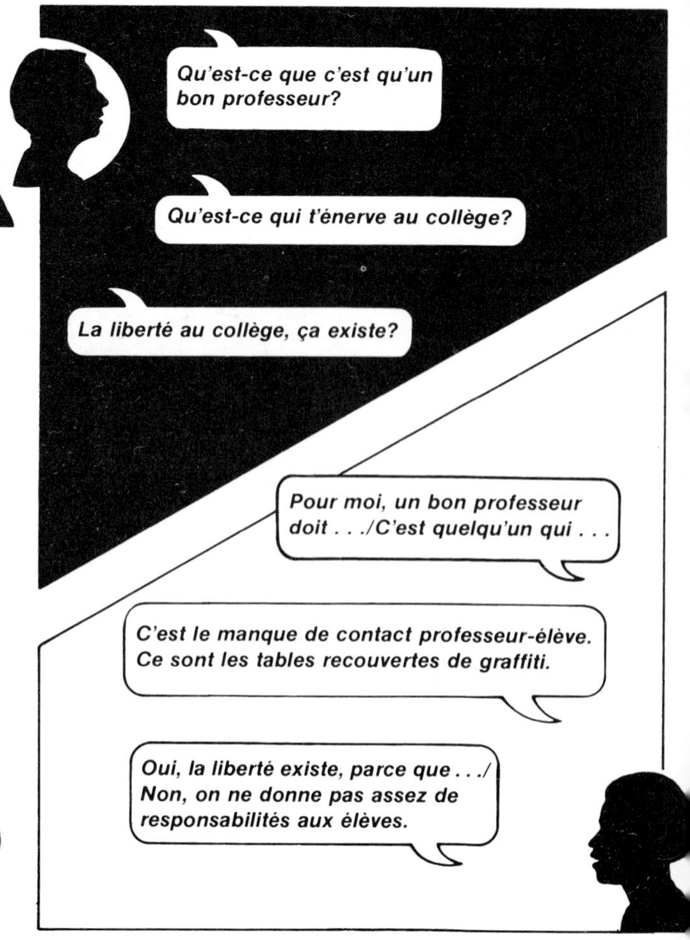

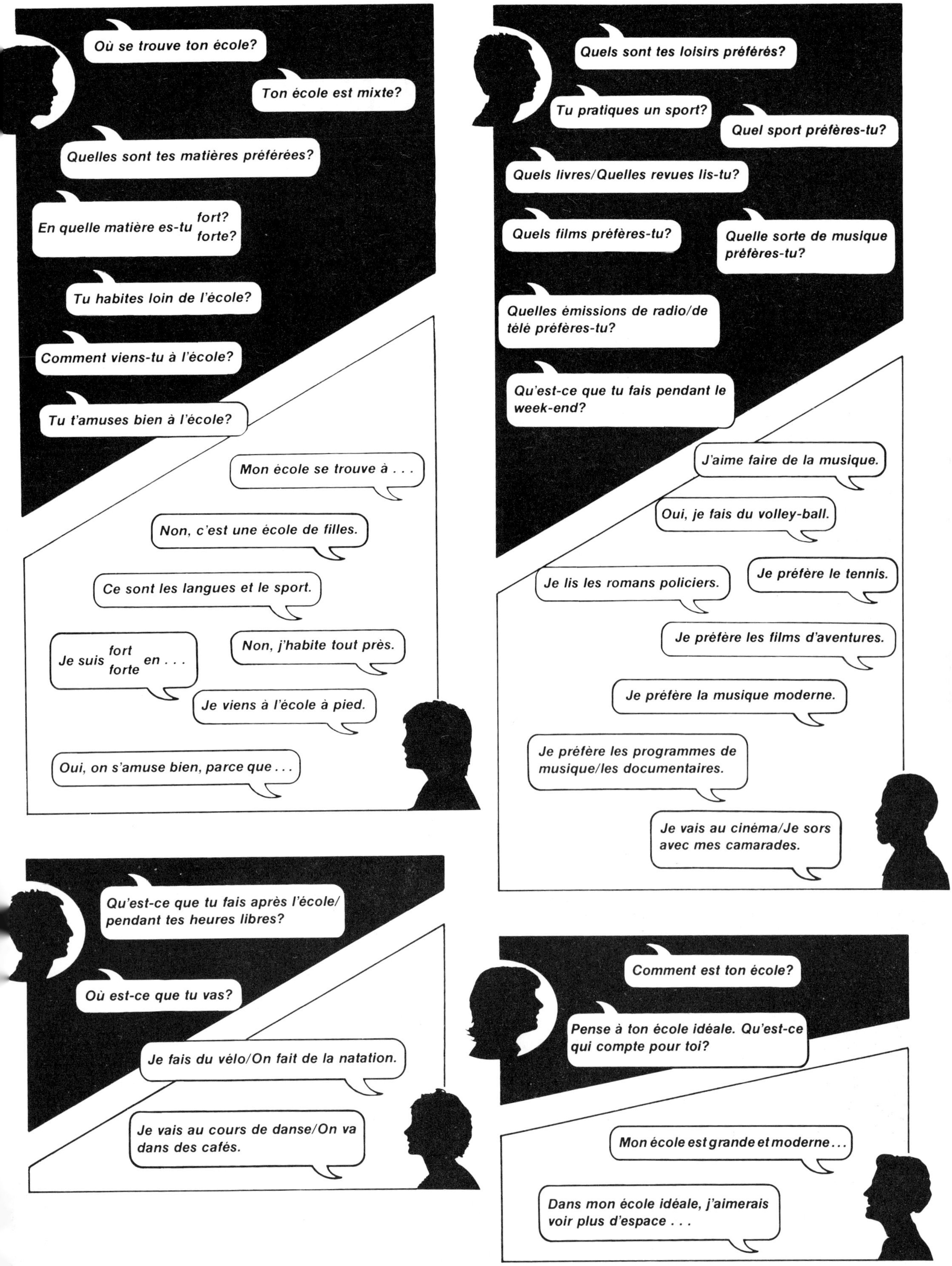
Où se trouve ton école?
Ton école est mixte?
Quelles sont tes matières préférées?
En quelle matière es-tu fort? forte?
Tu habites loin de l'école?
Comment viens-tu à l'école?
Tu t'amuses bien à l'école?
Mon école se trouve à . . .
Non, c'est une école de filles.
Ce sont les langues et le sport.
Je suis fort forte en . . .
Non, j'habite tout près.
Je viens à l'école à pied.
Oui, on s'amuse bien, parce que . . .
Quels sont tes loisirs préférés?
Tu pratiques un sport?
Quel sport préfères-tu?
Quels livres/Quelles revues lis-tu?
Quels films préfères-tu?
Quelle sorte de musique préfères-tu?
Quelles émissions de radio/de télé préfères-tu?
Qu'est-ce que tu fais pendant le week-end?
J'aime faire de la musique.
Oui, je fais du volley-ball.
Je lis les romans policiers.
Je préfère le tennis.
Je préfère les films d'aventures.
Je préfère la musique moderne.
Je préfère les programmes de musique/les documentaires.
Je vais au cinéma/Je sors avec mes camarades.
Qu'est-ce que tu fais après l'école/pendant tes heures libres?
Où est-ce que tu vas?
Je fais du vélo/On fait de la natation.
Je vais au cours de danse/On va dans des cafés.
Comment est ton école?
Pense à ton école idéale. Qu'est-ce qui compte pour toi?
Mon école est grande et moderne . . .
Dans mon école idéale, j'aimerais voir plus d'espace . . .

5 STEP BY STEP

A deux ans, tu avais un vélo?
A trois ans, tu savais lire?
A quatre ans, tu allais à l'école maternelle?

Non, je n'avais pas de vélo/je n'en avais pas.
Non, je ne savais pas lire.
Oui, j'allais à l'école maternelle/j'y allais.

Quel temps faisait-il hier?

Il faisait froid/Il pleuvait.

Que faisais-tu pendant les vacances quand tu étais plus jeune?
Tu t'amusais bien?

Chaque année, on allait au bord de la mer.
Oui, on s'amusait bien.

Quels souvenirs as-tu de ton enfance?

Je me rappelle . . ./Quand je pense à mon enfance, je pense d'abord au/à la/aux . . .

Quelle est ta langue maternelle?
Quelles autres langues parles-tu?
Quels autres pays as-tu visités?

Ma langue maternelle est . . .
Je parle . . .
J'ai visité . . .

au cinéma

Quels genres de films préfères-tu?
Vas-tu souvent au cinéma?
Tu as des vedettes préférées?
Tu es allé/allée au cinéma récemment?
Qu'est-ce que tu as vu?
Comment était le film?

Je préfère . . .
Oui, j'y vais . . ./Non, je n'y vais pas souvent.
Oui, j'aime . . .
J'y suis allé/allée . . ./Non, je n'y suis pas allé/allée récemment.
J'ai vu . . .
C'était intéressant/drôle/triste/ . . .

OPINIONS

Qu'est-ce que tu aimes lire dans un journal?
Pourquoi?

Je m'intéresse aux actualités/jeux . . .
J'aime lire . . . en particulier, parce que . . .

PRENEZ CES ROLES

Faites des achats

vendeur
vendeuse

Vous désirez quelque chose, monsieur/mademoiselle?

Ah oui, je voudrais . . ./j'ai besoin de . . .

Quelle taille/Quelle pointure?

38/40/. . .

Et de quelle couleur?

En bleu/rouge/. . .

Ça vous plaît?

Je n'aime pas le bleu – je préfère le rouge.

client
cliente

Décrivez les trois suspects

inspecteur

Comment étaient-ils?
Qu'est-ce qu'ils portaient?
Quel âge avait-il / avait-elle à peu près?
Elle était grande ou petite?

Il y avait . . . personnes.
La jeune femme / Un des hommes / L'autre homme — portait . . . / avait . . . / était . . .
Tous les trois portaient/avaient/étaient . . .

témoin

Interrogez les suspects

inspecteur

Où étiez-vous hier à trois heures de l'après-midi?

J'étais dans le salon.

Vous étiez avec qui?

J'étais avec . . .

Que faisiez-vous?

Je prenais du thé.

Où alliez-vous après?

On allait au cinéma.

suspect
suspecte

Fixez un rendez-vous

Si on sortait ensemble/
Si on allait au cinéma?

Oui, d'accord.

Qu'est-ce qu'on joue au cinéma?

On joue un film d'horreur.

A quelle heure commence le film?

Ça commence à . . . heures.

Et à quelle heure finit le film?

A . . . heures.

Où est-ce que ça joue?

Au Gaumont.

Où est-ce qu'on se retrouve?

On se retrouve au/à/à la . . .

Et à quelle heure?

A . . . heures.

Réservez des places

A quelle heure commence le film ce soir?

Ça commence à . . . heures.

Je peux réserver des places?

Oui, combien de places voulez-vous?

. . . places.

Vous voulez des places au premier rang, au centre ou au fond?

Au . . ., s'il vous plaît. Les places coûtent combien?

. . . francs. Alors, je vais noter la réservation. C'est au nom de qui?

C'est au nom de . . .

Téléphonez à une amie

Je peux parler à (Nicole)?

Non, je regrette, elle est sortie.

Je peux laisser un message?

Oui, bien sûr.

On va . . . On se retrouve . . .

A quelle heure?

A . . . heures.

Bon, d'accord.

TEST YOUR PROGRESS 3

SPEAKING TEST

Revise the *Résumé des Talkbacks* (pages 70-73) before doing this test. Then do the test either with your teacher or by recording your answers on cassette.

Talking about school

A **In French:**

1 Say whether you like school or not. Give reasons.
2 Say what your school is like.
3 Say which are your favourite subjects.
4 Say which subjects you are good at.
5 Say how you get to school.

Ask the following questions in French:

6 Do you like school?
7 Which are your favourite subjects?

After school and at weekends

B 1 Say where you go and what you do after school.
2 Say where you go and what you do at weekends.

When you were younger

C Say three things you used to do when you were younger.

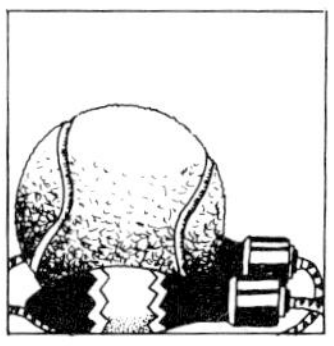

Phoning the cinema

D **You are going to the cinema tonight with a friend. You phone the cinema. . .**

1 Ask what's on tonight.
2 Ask what time the film starts.
3 Ask what time the film finishes.
4 Ask how much the tickets cost.
5 Reserve two seats at 30 francs.
6 Give your name, then spell it out.

Phoning a friend

E 1 Ask to speak to your friend.
2 Ask if you can leave a message.
3 Say which film is showing tonight at the Rex Cinema.
4 Say what time it starts.
5 Say where you will meet and when.

Talking about an incident

Go over the answers with your teacher. Ask about anything you found difficult.

F **You saw this robbery yesterday.**

1 Say what the weather was like.
2 Say where you were going.
3 Say how many people there were.
4 Say what they looked like.

TEST YOUR PROGRESS

LISTENING TEST

Read through the questions and write down the numbers for your answers.

Now listen to the test. It is the last item recorded on the Programme 3 cassette. Stop the tape after each section and replay it if necessary.

Replay the whole test for a final check.

A **You are going to hear two teenagers, Lisianne Pillet and Daniel Roche. Lisianne is talking about school and Daniel about his hobbies.**

Listen carefully and answer the questions in English, giving as many details as you can. Listen to the tape twice.

Lisianne

1 Type of school?
2 Number of pupils?
3 Journey to school?
4 Subjects – likes and dislikes?
5 Opinion about teachers?
6 Views about school?

Daniel

7 Spare-time activities?
8 Types of reading preferred?
9 Sports played?
10 Cinema – does he go often? Give two reasons for your answer.
11 Types of films enjoyed?

B **You are Alex. Sylvain is phoning you to arrange to go out. Listen to this telephone conversation and make brief notes *in French* giving details of your plans.**

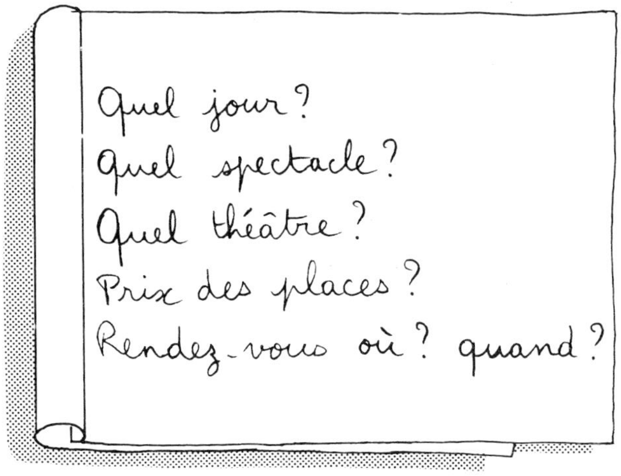

INFOS

C **Listen to this news item about a strike. Answer the questions below in English.**

1 Who is on strike?
2 Where is the strike?
3 What are the two reasons given for the strike?

D **Listen to the weather forecast. Answer the questions below in English.**

1 Where is the weather cloudy?
2 What is the weather like on the Atlantic Coast?
3 What is the forecast for the Pyrenees and the Alps?
4 If you were planning to go for a walk on Sunday, when would you set off?

Go over the answers with your teacher. Ask about anything you found difficult.

TEST YOUR PROGRESS

READING TEST

Answer the questions in English.

A **You and a friend have decided to go out. Read these adverts and jot down in English what's on this week.**

exemple:

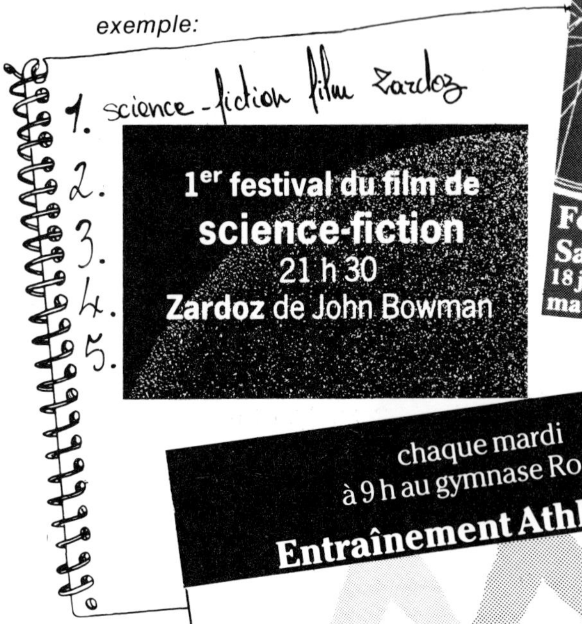

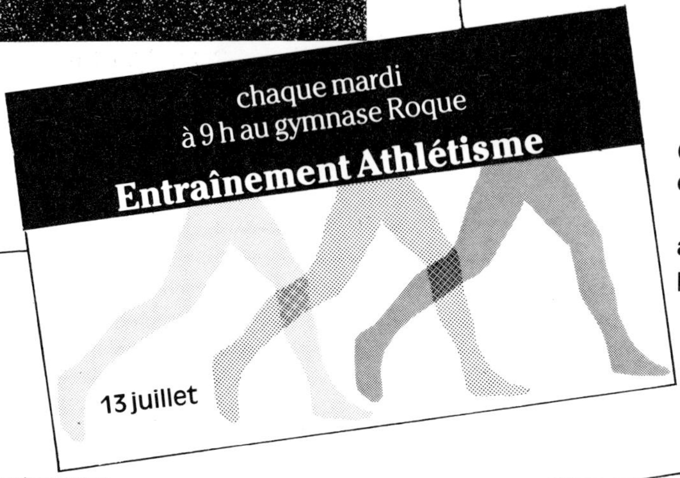

Choose two of the above events and write down:

a where they are taking place
b and at what time

Place	Time
a ____________	b ____________
a ____________	b ____________

Dans le journal

B **Read these two newspaper accounts of accidents:**

UNE BOMBE EXPLOSE A PARIS

PARIS – un restaurant situé au 31 rue de Petit-Musc à Paris (4e) a pratiquement été détruit mercredi soir à 22 h 30 par l'explosion d'une bombe placée sous une voiture immatriculée en République Fédérale d'Allemagne. La voiture a été entièrement détruite. La police a reçu trop tard un appel téléphonique anonyme leur indiquant une explosion imminente. Douze personnes ont été blessées.

COLLISION DE TRAIN 24 MORTS

EGYPTE – 24 personnes sont mortes et 47 blessées dont trois grièvement lors d'une collision de trains vendredi soir à 23h à une dizaine de kilomètres du Caire. Ce genre de catastrophe est le troisième de l'année en Egypte.

Find the following details from both newspaper stories.

1 Day?
2 Time?
3 Place of accident?
4 Type of accident?
5 Casualties?

Give further details if you can.

C **Read this newspaper article:**

LE CAFE DU COMMERCE

Lundi entre trois heures et six heures du matin, des cambrioleurs ont visité le Café du Commerce de Mont-de-Marsan. L'un d'eux s'est fait volontairement enfermer pendant la fermeture et pouvait ainsi ouvrir la porte à ses amis. Une fois à l'intérieur, les cambrioleurs ont forcé des flippers et ils ont pris des centaines de pièces de cinq francs. Les cambrioleurs avaient faim et ils ont mangé et bu sur place avant de disparaître au petit matin. C'est la concierge qui devait prévenir le propriétaire, cambriolé pour la troisième fois.

Now complete this English version.

On ____ morning between ____ and ____ , burglars broke into the Café du Commerce at Mont-de-Marsan. One of them deliberately arranged to get locked in so that he could ____. Then they ____ the pinball machines and stole ____. Before leaving, they ____. It was the ____ who discovered the break-in. This was the ____ time that the café had been burgled.

D **You have received this letter:**

Je suis vraiment désolé mais je ne peux pas aller au cinéma avec toi demain soir. Ma grand-mère est à l'hôpital – elle est très faible, elle a 79 ans.
En plus, demain, c'est son anniversaire et toute la famille doit aller la voir. C'est une réunion familiale.
J'espère que tu n'es pas trop déçu.
Si on sortait ensemble la semaine prochaine? Veux-tu me téléphoner samedi matin? Comme ça, on peut se fixer un rendez-vous.
Salut,

Frédéric

Answer the following in English:

1 What is Frédéric writing to cancel?
2 Why?
3 What does he suggest instead?

Go over the answers with your teacher. Ask about anything you found difficult.

TEST YOUR PROGRESS

WRITING TEST

Write your answers in French. Read through what you have written for a final check.

TÉLÉ-MÉMO
Date
Heure
En votre absence
M. Christine
TÉLÉ-MÉMO
Date
Heure
En votre absence
M. Gérard
Message
Marque et Modèle déposés

A **You are staying with a French friend. The telephone rings. You answer it. It is for your friend, but she has gone out.**

It is Christine. She is going to the stadium on Wednesday at 6pm to watch a volleyball match. She wants your friend to meet her at the station at 5.15pm.

1 Write down this message in **note form** in French.

You take another call.

This time it is Gérard. He and Françoise are going to the disco at the youth club on Saturday evening. They want your friend to meet them at the café at 6pm.

2 Write down this message in **note form** in French.

B **Read this letter, then write the missing paragraph in French (60-80 words).**

Cher Alain,

Je te remercie pour la carte d'anniversaire qui est très jolie. Pour mon anniversaire, j'ai eu un vélo Raleigh avec dix vitesses. Pas mal, hein! Excuse-moi de ne pas avoir répondu plus vite, mais j'ai beaucoup de devoirs à faire et de leçons à apprendre à l'école. Tu me demandes comment est mon école. Alors, ...

? ? ? ?

J'espère que tu vas bien. Moi, ça va. S'il te plaît, veux-tu m'envoyer une photo de ta famille? Merci d'avance.

Salut,

Jesus

Say whether you like your school or not. Give reasons.
Say what your school is like.
Say which subjects you are good at and which subjects you are not good at.
Say how you travel to school.

C **Imagine you are a witness to a robbery. You have to write a report for the French police describing what you saw.**

Write the following in French:

- how many people there were
- what they were wearing
- what they looked like
- what the weather was like
- what you were doing

Go over the answers with your teacher. Ask about anything you found difficult.

STUDIO 16

Programme 4

Liberté, égalité

AT A GLANCE
Programme 4

WHAT YOU LEARN TO DO

L'égalité — Page 82

- Various people talk about sexual equality in the French-speaking world
- The role of women – different views
- Equality at home – equal rights
- How self-reliant are you? Try our quiz
- Rules and regulations – dos and don'ts

What you learn to do:
- ▶ understand recorded discussions about equality
- ▶ say whether or not you agree with various views expressed
- ▶ give your own views on sexual equality
- ▶ understand young people talking about their families
- ▶ talk about your family situation
- ▶ read and explain rules and signs
- ▶ pick out key regulations from a notice

Step by step 7 — Page 90

Les jeunes en voyage

- A magazine programme about travel – Pierre and Philippe have a car accident in Barcelona

What you learn to do:
- ▶ understand a radio report about an accident
- ▶ describe an accident
- ▶ understand a telephone conversation on a bad line
- ▶ ask and answer questions about an accident
- ▶ write a letter describing an accident

GRAMMAR FOCUS
- ● use of the perfect and imperfect tenses

Flash

- Some radio adverts about things people have lost or found

What you learn to do:
- ▶ understand radio adverts
- ▶ say what you have lost or left behind
- ▶ ask questions about lost items
- ▶ write a letter to a hotel enquiring about a lost cassette recorder

GRAMMAR FOCUS
- ● preceding direct object pronouns
- ● the perfect tense

Actualités

- Several French news items

What you learn to do:
- ▶ talk about a news item
- ▶ write a description of an incident
- ▶ have a go at presenting the news yourself

GRAMMAR FOCUS
- ● the use of the imperfect and perfect tenses

Checker-charts — Page 96

- A reference list of verbs in the perfect tense
- See at a glance how to ask and answer questions using the perfect tense
- A reference list of some useful reflexive verbs in the perfect tense
- Examples of the use of the imperfect and perfect tenses – for reference

What you learn to do:
- ▶ revise and use some important verbs in the perfect tense
- ▶ revise reflexive verbs in the perfect tense
- ▶ understand the differences between the imperfect and perfect tenses

GRAMMAR FOCUS
- ● regular and irregular verbs in the perfect tense
- ● preceding direct object pronouns – ***le, la, les; y, en***
- ● reflexive verbs in the perfect tense
- ● use of imperfect and perfect tenses

Infos — Page 100

Page de publicités

- Holidays with a difference

What you learn to do:
- ▶ read and understand holiday adverts
- ▶ say which holiday you would choose (and why)

Infos radio

- French news items, including:
  the effects of the exceptionally cold weather
  scented rubbers banned in France
  nudism in Greece

What you learn to do:
- ▶ listen to and understand radio news items
- ▶ take notes on what you hear
- ▶ recount the main points of the news
- ▶ write a news report

Infos journal

- French newspaper reports on:
  Christ as a woman
  beaches threatened by oil pollution
  a computer error

What you learn to do:
- ▶ read and understand news items
- ▶ clarify items in English for a friend

Sports — Page 106

Sports sur seize

- Our radio sports programme presents:
  the Olympic Games for the handicapped
  the round-the-world yacht race
  the Acropolis rally

Infos planche à voile

- Windsurfers wanted!

What you learn to do:
- ▶ understand sports reports on the radio
- ▶ talk about sports you play or would like to play
- ▶ have a go at writing a sports report
- ▶ understand details from a radio job advert

L'EGALITE

L'égalité des sexes

Les chances sont égales pour les femmes et les hommes?

L'égalité des sexes existe
- devant la loi?
- dans la famille?
- dans l'emploi?

l'égalité	equality
égales?	equal?
la loi	the law
l'emploi	work, employment
à mi-temps	part-time
s'occuper (de)	to look after

A

Ecoutez d'abord les opinions de quelques personnes dans la rue. Etes-vous d'accord ou pas d'accord?

Les femmes ont beaucoup de liberté de nos jours. Elles peuvent faire ce qu'elles veulent.

Les femmes ont encore beaucoup de difficultés. Les hommes sont plus libres. L'égalité n'existe pas encore.

Le travail à mi-temps est pratique et idéal. Il y a beaucoup d'hommes qui préféreraient travailler à mi-temps.

C'est la femme qui doit s'occuper des enfants. C'est un rôle vraiment important. On doit être payé pour faire cela.

Beaucoup de femmes travaillent à mi-temps. Ce travail est souvent considéré comme inférieur et moins important.

Mais ce sont les hommes qui font le travail important.

Les enfants sont la responsabilité des hommes et des femmes.

B

Lisez, puis écoutez

Moi, je veux bien trouver un job, mais mon mari ne me laisse pas chercher du travail...

Moi, je travaille à mi-temps et ma femme travaille à mi-temps aussi...

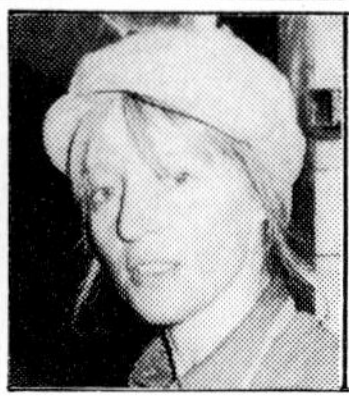

Je crois que ça change maintenant et les hommes partagent les responsabilités...

Egalité? Ah non, l'égalité n'existe pas encore. Regardez tous ces emplois importants...

A mon avis, la femme ne doit pas travailler à l'extérieur...

Mais quand même, en réalité, ce sont les hommes qui ont les emplois les mieux payés...

(il) ne me laisse pas chercher	(he) doesn't let me look for
(ils) partagent	(they) share
un chirurgien / **une chirurgienne**	a surgeon
un dactylo / **une dactylo**	a typist
les mieux payés	the best paid

C

TALKBACK
Lisez chaque phrase.
Etes-vous d'accord ou pas d'accord?

* Les femmes sont très libres
* Les chances sont égales dans l'emploi
* Le travail à mi-temps est inférieur
* Les hommes et les femmes doivent s'occuper des enfants également
* Les hommes font le travail qui est vraiment important
* S'occuper des enfants? C'est un travail qui doit être payé
* Tout est plus difficile pour les femmes
* Les hommes ont plus de responsabilités que les femmes

D

TALKBACK
Ecoutez les opinions données dans l'exercice B, si nécessaire.
Quel est votre avis?

Voici quelques jeunes femmes et trois jeunes gens de différents pays francophones.
Ils vont nous parler de l'égalité des sexes dans leurs pays.

E **Ecoutez les présentations**

F **Ecoutez et lisez**

Est-ce que l'égalité des sexes existe dans votre pays?

Au Maroc

Au Maroc, l'égalité des sexes n'existe pas du tout! Même dans le statut, même dans les faits, ça n'existe pas. La femme passe après le mari, après les enfants, après l'âne, s'ils en ont un! La femme n'existe pratiquement pas dans la vie marocaine. C'est la religion, peut-être. La religion musulmane n'est pas très favorable à la femme. *Olivier*

En Guadeloupe

Oui, c'est ça. Alors, en Guadeloupe, la femme reste toujours plus ou moins inférieure à l'homme. Elle a, en théorie, tous les droits – par exemple, pour trouver un emploi. Mais en réalité, elle a plus de difficultés à trouver un emploi au même salaire qu'un homme. Donc, l'homme pense qu'il domine. Il pense que c'est bien lui qui doit porter la culotte, comme on dit! Mais ça doit changer. *Nicole*

Au Ghana

Moi, personnellement, je suis pour l'égalité des sexes. Mais chez moi, au Ghana, ça n'existe pratiquement pas. La femme a le rôle de s'occuper de la maison, disons, de faire la cuisine, et tout ça. Elle se croit inférieure à l'homme, peut-être parce qu'elle dépend de lui financièrement. C'est l'homme qui travaille. *Charles*

En Belgique

En Belgique, en principe, les femmes et les hommes sont égaux devant la loi. Ils ont les mêmes chances de trouver un emploi. Mais il y a toujours des différences. *Daniel*

En Suisse

Eh bien, c'est un peu comme en Belgique. Il y a toujours des différences. En Suisse, il y a beaucoup de cantons et les lois sont différentes d'un canton à l'autre. Par exemple, en Suisse romande, la femme a beaucoup plus de droits qu'en Suisse alémanique.

Mais ça change de plus en plus. Du point de vue du salaire, il y a encore toujours une différence, mais la tendance est, quand même, d'aller vers une égalité. *Christine*

pas du tout	not at all
le statut	law
dans les faits	as things really are
l'âne	the donkey
s'ils en ont un	if they have one
musulmane	muslim
plus ou moins	more or less
la culotte	the trousers
comme on dit	as they say
égaux	equal
un canton suisse	a Swiss canton or county
Suisse romande	French-speaking Switzerland
Suisse alémanique	German-speaking Switzerland
de plus en plus	more and more

G

TALKBACK

Pouvez-vous parler un peu de la situation dans des pays que vous connaissez?

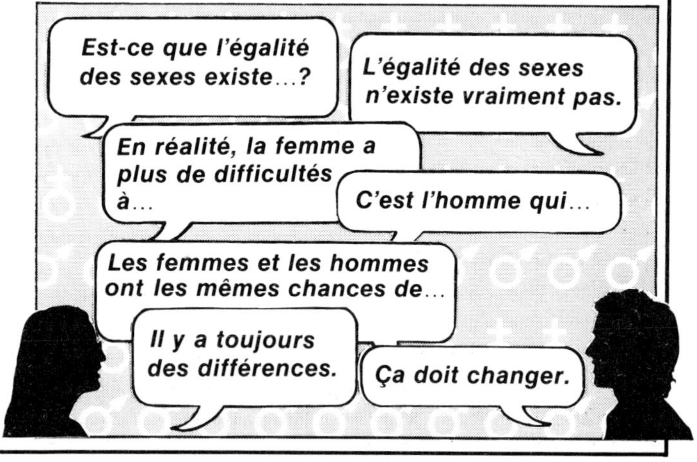

LE ROLE DE LA FEMME

Qu'est-ce que vous pensez du rôle de la femme dans la société? A votre avis, est-ce qu'elle doit garder le côté traditionnel – donc, rester à la maison, s'occuper des enfants, faire le ménage? Ou bien est-ce qu'elle doit travailler à l'extérieur?

A

Ecoutez les opinions d'Aline, de Jean-Daniel, de Charles et de Sakina. Ils ont tous des opinions différentes sur le rôle de la femme.

Aline *Jean-Daniel* *Charles* *Sakina*

Pas de discrimination dans l'emploi!

Femmes et hommes doivent avoir les mêmes droits à la formation, à la qualification, à la promotion. Pour un travail égal ou *comparable*, les salaires doivent être égaux.
A l'avenir, aucune mesure ne pourra avantager l'un ou l'autre sexe – sauf grossesse ou maternité.

Pas d'embauche sexiste!

Nous recherchons

~~UN~~ RESPONSABLE DU PERSONNEL

Ce poste convient à un ~~homme~~ dynamique

Les offres d'emploi mentionnant le sexe: *c'est interdit.*

Les refus d'embauche en raison du sexe: *c'est illégal.*

Sauf dans quelques cas très rares: par exemple, pour les acteurs et les mannequins.

B

Ecoutez encore une fois. Qui a dit ça?

C'était Aline

"Women should choose whether they want to go out to work."
"Women should stay at home and look after children."
"Both parents should share in bringing up children and work part-time."
"Women know all about bringing up children, cooking and cleaning."
"Children need their parents in the first two years."
"If both parents wish to work, then they shouldn't have children."

interdit	forbidden/not allowed
pas d'embauche sexiste	no sexism when taking on staff
ce poste convient à	this job suits/would suit
les mêmes droits	the same rights
sauf	except
(la) grossesse	pregnancy
(la) loi	law
témoignage	report/statement

♀

C Lisez

TEMOIGNAGE

A mon avis, c'est la femme qui doit choisir si elle veut rester à la maison ou si elle veut travailler à l'extérieur. Si elle a des enfants, elle peut toujours s'arrêter de travailler pendant deux ou trois ans et puis, peut-être, reprendre son travail après.
Je crois que l'enfant a plus besoin de sa mère pendant les deux premières années.
Aline

A mon avis, c'est la femme qui est obligée de rester à la maison pour s'occuper de l'enfant. Si tous les deux veulent travailler, alors pas d'enfants!
Charles

Moi, j'estime que les deux parents doivent s'occuper de l'enfant. Ils doivent trouver un travail à mi-temps tous les deux, si c'est possible. Ou la femme peut aller au travail, et c'est le père qui s'occupe de l'enfant. Moi, je ne veux pas être privé de mon enfant.
Jean-Daniel

SEXISTE?
Un de nos lecteurs nous écrit...

Cher STUDIO 16

Je ne suis pas d'accord avec l'avis de Charles. Il dit que la femme doit rester à la maison pour s'occuper des enfants puisque c'est son rôle. Quelle audace! Chaque femme a le droit de décider de son futur... mais en réalité, c'est très difficile. Si elle veut rester à la maison pour garder son enfant, c'est bien. Si elle veut être plus indépendante, alors à ce moment-là, elle a parfaitement le droit de faire ce qu'elle veut.
Sévérine Robert

D **TALKBACK**
Et vous, que pensez-vous du rôle de la femme?

Pour moi
A mon avis
J'estime que
Je crois que

la femme doit / ne doit pas...
la femme veut / ne veut pas...
l'homme doit / ne doit pas...
les deux parents doivent / ne doivent pas...

s'occuper des enfants
reprendre son travail
travailler à l'extérieur
rester à la maison
trouver un travail à mi-temps

Je suis d'accord.
Je ne suis pas d'accord.
Tu n'es pas d'accord?
Tu as dit que...
Quel est ton point de vue, alors?
Pourquoi tu as dit ça?

JEU DE LOGIQUE

L'accident
Julien, sept ans, se fait renverser par un taxi en rentrant de l'école avec son père. Le chauffeur l'amène à l'hôpital. Le docteur diagnostique une mauvaise fracture. Il faut opérer Julien tout de suite. Mais le chirurgien dit: 'Je ne peux pas l'opérer. C'est mon fils.' Pourtant le chirurgien n'est pas le père de Julien.

Comment expliquez-vous ça?

Solution
Le chirurgien est la mère de Julien.

L'EGALITE CHEZ VOUS

Vous pouvez sortir quand vous voulez? Qui fait le ménage chez vous?

Quatre jeunes gens vont nous parler de leur situation familiale. C'est Ana, notre reporter sur STUDIO 16, qui a posé les questions.

A **Lisez ces questions d'abord.**

Est-ce que tu as des frères et sœurs?

Est-ce que vous êtes tous élevés de la même façon?

Vous avez la même permission pour sortir?

Qui fait le ménage?

Est-ce que tu as plus ou moins de liberté que ta sœur – ou c'est pareil?

PVA

de la même façon	in the same way
c'est pareil	it's the same
tandis que	whereas/while
on se partage les tâches	we share the chores
il s'occupe de (sa chambre)	he looks after (his room)
à peu près pareil	about the same
je suis fils / fille unique	I am an only child
ma belle-mère	my stepmother

B **Maintenant, écoutez les interviews.**

C **Ecoutez encore une fois et prenez des notes en anglais:**

- ★ family – brothers? sisters? ages?
- ★ free to go out?
- ★ housework
- ★ other details

D **Apprenez par cœur**

Je peux sortir quand je veux	I can go out when I like
Je dois demander l'autorisation	I have to ask for permission
Je m'occupe de ma chambre	I look after my own room
J'ai plus / moins de liberté que...	I have more / less freedom than...
Je sors quand je veux – ma sœur aussi	I go out when I want – so does my sister
Ce n'est pas pareil	It's not the same
Moi, je trouve que c'est pareil	It's the same

L'EGALITE

Cher STUDIO 16

J'écoute régulièrement votre émission. Mais cette semaine dans *L'égalité chez vous*, j'ai remarqué une chose: vous ne parlez que des familles avec les deux parents.

Moi, je suis fils unique et mes parents sont divorcés. J'habite maintenant avec mon père, ma belle-mère et ses deux enfants. Mon père est très strict avec moi. Je ne peux pas sortir quand je veux, tandis que, à mon avis, le fils et la fille de ma belle-mère sont plus libres que moi. Ils n'ont pas besoin de demander l'autorisation de sortir. Je passe mes week-ends chez ma mère et là, je peux faire ce que je veux. Je suis beaucoup plus libre.

Après l'école, je dois souvent faire les courses, tandis que les deux autres vont voir leurs amis. C'est injuste!

André

PVA

une boum	a party
cela vous gêne?	does it embarrass you?
au lieu de	instead of
à votre goût	to your liking
avec eux	with them
une indépendance d'esprit	independent mind
ne soyez pas égoïste	don't be selfish
parfois	sometimes
vous manquez de confiance	you lack confidence
n'ayez pas peur	don't be afraid

et maintenant

E TALKBACK

Discutez de votre situation familiale.

JEU-TEST

Etes-vous indépendant? indépendante?

Comptez-vous sur vous-même?

Avez-vous confiance en vous?

Faites ce Jeu-test pour le savoir!

1 De temps en temps, êtes-vous content(e) d'être seul(e) sans la compagnie de vos amis?

2 Si vous invitez des copains à aller avec vous à une boum et qu'ils ne peuvent pas y aller, y allez-vous seul(e)?

3 Quand vous achetez des vêtements, aimez-vous avoir l'avis de quelqu'un?

4 Cela vous gêne de sortir d'un magasin sans avoir rien acheté?

5 Lavez-vous et repassez-vous vos propres vêtements?

6 Suivez-vous la mode au lieu de vous habiller comme vous voulez, à votre goût?

7 Si vous voulez ou ne voulez pas faire quelque chose mais que vos amis ne sont pas d'accord, faites-vous comme la majorité?

8 Aimez-vous la compagnie des amis de vos parents? Aimez-vous parler avec eux?

9 Quand le professeur pose une question en classe, aimez-vous répondre?

10 Quand vous allez en vacances, faites-vous votre valise vous-même?

11 Soulignez-vous votre nom quand vous signez?

Comptez 2 points par OUI à:
1... 2... 5... 8... 9... 10
et 2 points par NON à:
3... 4... 6... 7... 11

Si vous avez plus de 20 points...
Vous montrez une indépendance d'esprit réelle. Vous êtes capable de régler vos problèmes tout(e) seul(e) sans l'aide des autres.
Vous avez un tempérament de leader, de chef, et vous avez intérêt à rechercher des postes, des emplois à responsabilité. Mais attention! Ne soyez pas trop égoïste et renfermé(e) sur vous-même!

Si vous avez de 12 à 18 points...
Vous connaissez vos limites. Vous vous entendez bien avec les gens, mais vous savez garder votre indépendance, ce qui est parfois très utile.
Vous pouvez compter sur vous-même pour aborder les problèmes de la vie de tous les jours. Tous les emplois dans lesquels vous pouvez avoir des contacts avec les gens et avoir une certaine responsabilité doivent vous plaire.

Si vous avez moins de 12 points...
Vous êtes vraiment trop dépendant(e) des autres. Vous manquez de confiance en vous. Essayez de prendre vos décisions vous-même. Ne comptez pas trop sur les autres – vous pouvez avoir de mauvaises surprises. N'ayez pas peur d'avoir vos opinions personnelles; ne faites pas toujours comme tout le monde.
Les emplois dans l'administration sont peut-être faits pour vous.

ON A LE DROIT?

A

Link-up
Pendant votre séjour en France, vous faites les actions suivantes:

a

b

c

d

e

f

g

1

2

3

4

5

6

7

Cherchez le panneau correspondant à chaque situation.

B

Expliquez à un ami / une amie en anglais ce que veulent dire les panneaux.

PVA

l'arrière-port	inner harbour
(le) stationnement	parking
prière de...	please...
en laisse	on the lead
(ils) veulent dire	(they) mean
l'immeuble	block of flats

C

Apprenez par cœur

C'est interdit	It's forbidden/not allowed
Il est interdit de...	
Est-ce qu'on peut pêcher ici?	Can I fish here?
Est-ce qu'on a le droit de...?	Am I allowed to...?
Défense de (fumer)	No (smoking)

D

TALKBACK
Demandez

Est-ce qu'on peut...?

Est-ce qu'on a le droit de...?

marcher sur la pelouse
jouer au volley-ball
rouler
pêcher
fumer
se baigner
voir le film
stationner ici
se promener avec le chien
faire du skateboard

Répondez, puis changez de rôle

Non, il est interdit de... / on n'a pas le droit de...

L'EGALITE

E Que veut dire...?

1 You are in a nature reserve. You see this sign.

VOUS ETES DANS LA RESERVE NATURELLE DES AIGUILLES ROUGES

ne cueillez pas les fleurs
restez sur les sentiers
chiens interdits
(même en laisse)
soyez propres

*BITTE NICHT DIE BLUMEN PFLÜCKEN
*BLEIGEN SIE BITTE AUF DEN WEGEN
*HUNDE SIND VERBOTEN
*BITTE DEN PARK SAUBER LASSEN

*VIETATO COGLIERE I FIORI
*RESTATE SUI SENTIERI
*PROIBITO AI CANI
*LASCIATE I LUOGHI PULITI

- What does this sign tell you to do?
- Can you find the words in German and Italian for:
  a) flowers?
  b) dogs?

2 What do you need in order to park here?

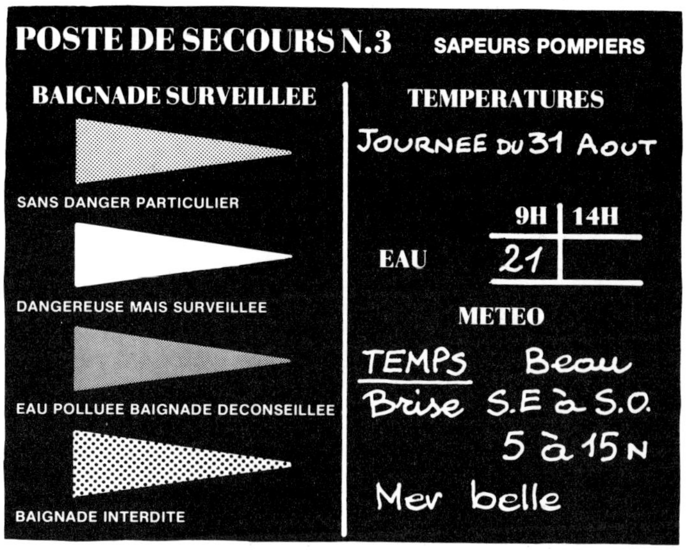

3 This notice is to be found on the beach.

- What are the bathing conditions like today?
- What is the temperature of the sea?

F

Vous êtes en vacances avec votre famille dans un appartement que vous avez loué dans le sud de la France à Cannes.

Lisez le règlement intérieur de l'immeuble:

REGLEMENT INTERIEUR
Pour tous les occupants de l'immeuble Eden Park

● *IL EST INTERDIT:*

1 – de secouer tapis, vêtements, torchons etc. par les fenêtres, ou aux balcons après 8 heures du matin

2 – d'étendre du linge aux fenêtres, balcons et terrasses

3 – de déposer dans les entrées, couloirs, sous-sols et devant les portes d'entrée: voiture d'enfant, bicyclette, moto, scooter, bateau

4 – de stationner les véhicules en dehors des parkings

5 – de faire des travaux ou des réparations à l'intérieur des appartements avant 9 heures du matin et après 19 heures du soir

6 – de laisser les enfants faire du bruit, causer du désordre dans les parties communes intérieures et extérieures de l'immeuble (garages, caves, jardins et parkings)

7 – de laisser en liberté des animaux dans les parties communes de l'immeuble

● L'ascenseur est interdit aux enfants non accompagnés.

● Après vingt-deux heures, évitez:

8 – les bruits (rentrée tardive, émissions de radio et de télévision, tout appareil électrique bruyant)

9 – de déplacer des meubles, de porter des chaussures à talons bruyants

You want to:
park the car
exercise the dog
leave the bikes somewhere safe
dry some washing
shake out the tablecloth after meals
let the younger children go out to play
come in late and watch a late night film on TV

Explain to your friend in English which rule applies for each activity and what that rule means.

S16

SAMEDI 11.30
LES JEUNES EN VOYAGE

MAGAZINE pour les jeunes qui aiment voyager et visiter d'autres pays

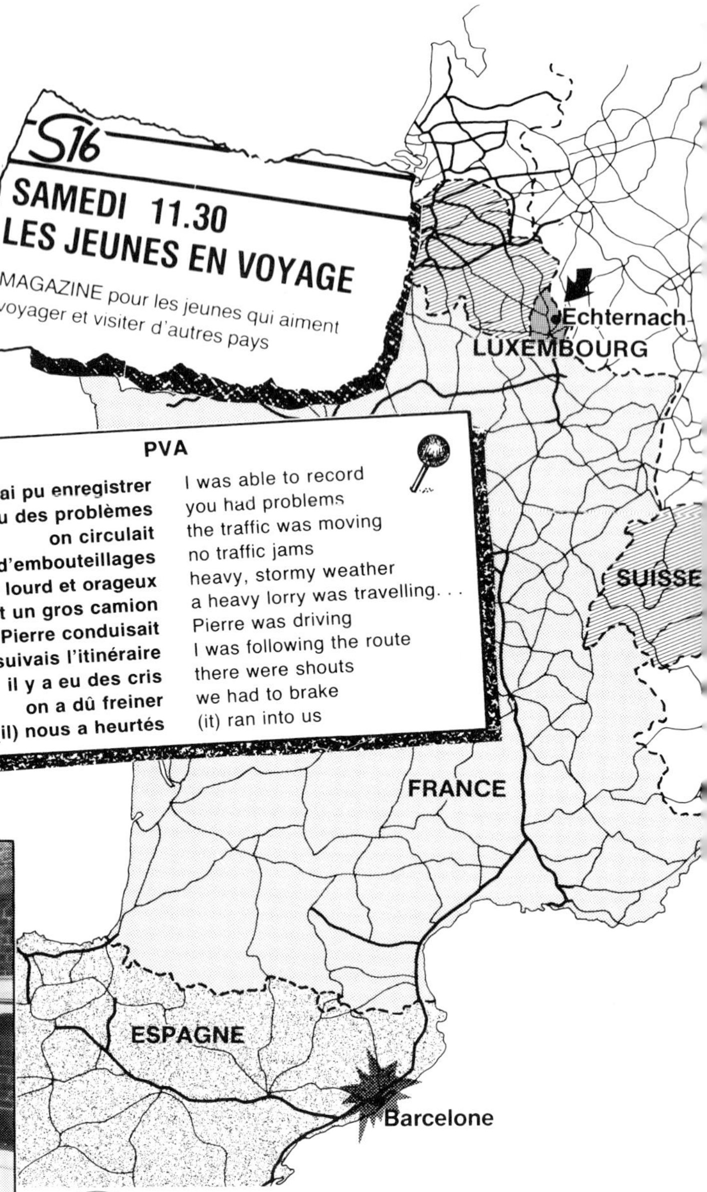

Notre reporter, Sandrine Merly, est à Barcelone, en Espagne. Elle nous donne le rapport d'un accident.

PVA

j'ai pu enregistrer	I was able to record
vous avez eu des problèmes	you had problems
on circulait	the traffic was moving
pas d'embouteillages	no traffic jams
un temps lourd et orageux	heavy, stormy weather
. . . roulait un gros camion	a heavy lorry was travelling. . .
Pierre conduisait	Pierre was driving
je suivais l'itinéraire	I was following the route
il y a eu des cris	there were shouts
on a dû freiner	we had to brake
(il) nous a heurtés	(it) ran into us

A **Ecoutez**

B **Vous avez compris l'essentiel?**

Maintenant écoutez encore une fois l'interview avec Pierre et Philippe à Barcelone. Vérifiez les détails de leur accident avec un ami / une amie en anglais. Ecoutez plusieurs fois, si nécessaire.

WHERE	did the accident take place?
WHEN	did it take place?
WHERE	were Pierre and Philippe going?
WHY	did they have to stop suddenly?
WHAT	crashed into them?
WHO	was injured?

C Pour la compagnie d'assurances, il faut dessiner deux plans de la scène de l'accident. Le premier dessin doit montrer la position des véhicules avant l'accident, le deuxième montre les véhicules après l'accident.
Dessinez les deux plans. Ecoutez encore une fois, si nécessaire.

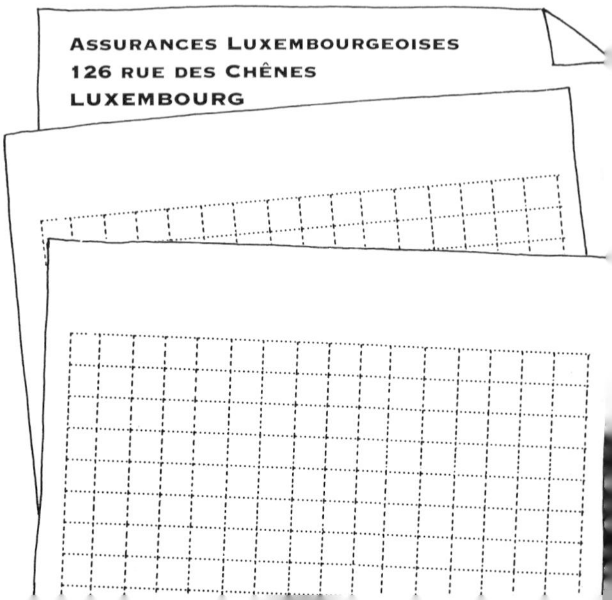

D TALKBACK

Imaginez que vous êtes témoin de l'accident. Racontez à un gendarme ce qui s'est passé.

Ecoutez encore une fois, si nécessaire.

Gendarme

Qu'est-ce qui s'est passé?
Quand?
Où allaient les deux jeunes garçons?
Quel temps faisait-il?
Devant eux, il y avait. . .?
Derrière eux?
Pourquoi ont-ils dû freiner?
Qu'est-ce qui les a heurtés?
Qui a été blessé?

Témoin

Il y a eu. . .
Il était vers. . .
Ils allaient. . .
Il faisait. . .
Devant eux, il y avait. . .
Et derrière eux . . .
Parce que les deux cyclistes. . .
Un camion. . .
Personne. . .

E

Après l'accident, Philippe a téléphoné à sa mère à Echternach pour lui raconter ce qui s'est passé. La ligne était mauvaise. Nous n'avons pas bien entendu les questions posées par la mère de Philippe.
Ecoutez la conversation, puis discutez et décidez. Quelles étaient ses questions?

Allô, maman. C'est Philippe!
A Barcelone. Je t'entends très mal, maman.
Comment? Nous sommes arrivés ici ce matin.
Le voyage s'est bien passé, mais nous avons eu un accident.
Non, nous ne sommes pas blessés.
Un gros camion a heurté notre 2CV.
Nous étions au centre-ville.
La voiture? Elle ne roule plus!. . . Ça y est! Au revoir, maman.

F

Vous étiez en vacances à Barcelone et vous avez vu l'accident de la 2CV.
Ecrivez une lettre à une amie française. Racontez l'accident en 50-80 mots.

G TALKBACK

Avec un ami / une amie, suivez ces instructions:

Témoin

- Inventez un accident de la route
- Dessinez un plan, indiquant les véhicules après l'accident
- Copiez la fiche et écrivez les détails essentiels
- Maintenant, répondez aux questions du reporter

Date ______
Lieu ______
Véhicules ______
Conducteurs ______
Nom du témoin ______
Adresse ______
Blessés ______
Dégâts ______

Signature du témoin ______

Plan de l'accident

Reporter

- **Demandez au témoin**

Quels véhicules. . .?
Qui. . .?
Où. . .?
Quand. . .?
A quelle heure. . .?
Où allaient. . .?
Pourquoi. . .?
Qu'est-ce qui. . .?

- Maintenant, dessinez un plan de l'accident
- Comparez vos dessins!

FLASH

STUDIO 16

Petites annonces à la radio

- *Chercher*
- *Trouver*
- *Vendre*
- *Acheter*

POUR PASSER VOTRE ANNONCE

Rien de plus facile!

Appelez: 41 32 44 31

A **Ecoutez ces deux annonces sur STUDIO 16.**

– Qu'est-ce qu'on a perdu?
– Qu'est-ce qu'on a trouvé?

B **Ecoutez encore une fois et prenez des notes en français.**

- Où?
- Quand?
- D'autres détails?

PVA

un chien	a dog
une chienne	a bitch
dedans	inside, in it
(au) bureau des objets trouvés	lost property office
un siège	a seat
à l'arrière	in the back
votre montre	your watch
à côté du lavabo	by the washbasin
lunettes (de soleil)	(sun) glasses
le garçon	waiter
décrire	describe
(le) renvoyer	send (it) back
il y a quinze jours	a fortnight ago
je vous rembourserai	I will refund

C **TALKBACK**

Posez les questions

Qu'est-ce qui t'est arrivé?
Où l'as-tu laissé?
Tu l'as perdu quand?
Tu l'as cherché chez toi?
Tu peux me le décrire?
Qu'est-ce qu'il y a dedans?

Répondez, puis changez de rôle

J'ai perdu...
Je l'ai perdu...
Je l'ai laissé...
Oui, je l'ai cherché...
C'est un sac assez grand/bleu/...
Dans mon sac, il y a un livre, un Walkman et...

VENDREDI 9H30 DANS LE BUS

D TALKBACK

Prenez ces rôles

Vous travaillez au bureau des objets trouvés de la RATP.

RATP

Bonjour, monsieur. Je peux vous aider?

Bonjour, mademoiselle. Oui. J'ai perdu mon…

Vous avez laissé votre sac sur un siège à l'arrière d'un autobus.

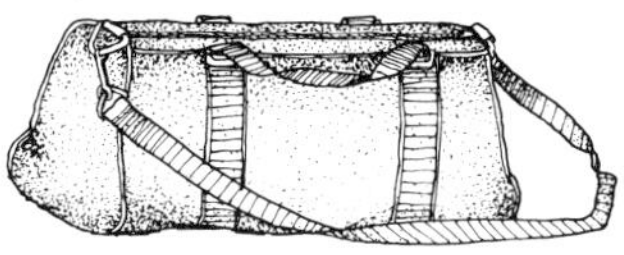

Vous travaillez à la réception de l'Hôtel des Alpes. Vous recevez un coup de téléphone.

Allô? L'Hôtel des Alpes.

Allô! Est-ce que vous pourriez m'aider? J'ai laissé ma…

Vous avez laissé votre montre à côté du lavabo à l'Hôtel des Alpes. Téléphonez à l'hôtel pour savoir si elle est toujours là.

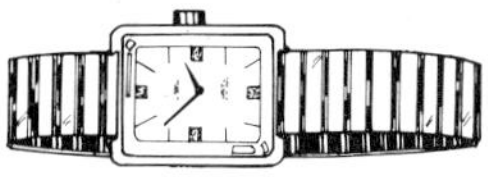

Prenez le rôle du garçon du restaurant Au Printemps.

Bonjour, monsieur. Vous désirez quelque chose?

Oui. J'ai perdu mes… Je crois que je les ai laissées…

Vous avez laissé vos lunettes de soleil dans un restaurant. Retournez au restaurant pour demander au garçon s'il les a vues.

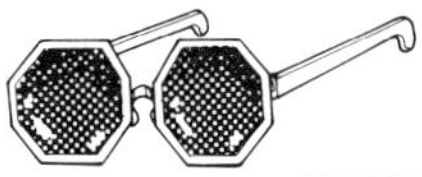

Rôle A

Qu'est-ce que vous avez perdu?

Où l'avez-vous laissé? / laissée?

Vous l'avez cherché / cherchée dans/au…?

Où les avez-vous laissés? / laissées?

Vous les avez cherchés / cherchées dans/chez…?

Vous l'avez perdu / perdue quand?

Vous les avez perdus / perdues quand?

Pouvez-vous me le / la décrire?

Pouvez-vous me les décrire?

Quel est votre nom?
Pouvez-vous me donner votre adresse?
Je peux avoir votre nom et votre adresse?

Je vais vous (le) renvoyer, si on (le) retrouve.

Rôle B

J'ai perdu…

Je l'ai laissé / laissée …
Je les ai laissés / laissées …

Je l'ai cherché / cherchée …
Je les ai cherchés / cherchées …

Je l'ai perdu / perdue (il y a une demi-heure)
Je les ai perdus / perdues …

Il / Elle est …
Ils / Elles sont…

Je m'appelle…
Mon adresse est…

D'accord. Merci beaucoup, monsieur/ madame/ mademoiselle.

E

Il y a quinze jours, vous étiez en vacances en Tunisie. Vous avez laissé votre Walkman dans la chambre numéro 267 de l'Hôtel Dahlia.
Ecrivez à l'hôtel pour savoir si on l'a retrouvé. Demandez si on pourrait vous le renvoyer.

Auberge du Vieux Logis,
14860 RANVILLE,
France.

Londres, le 9 septembre

Chère Madame,

Il y a huit jours, j'étais en vacances avec deux amis à Ranville. Nous avons passé trois nuits dans votre auberge du 29 au 31 août. Nous étions dans la chambre numéro 7.

Malheureusement, en arrivant à Cherbourg, j'ai remarqué que j'avais perdu mon appareil-photo. Je l'ai cherché partout, mais je ne l'ai pas encore retrouvé.

Je crois que je l'ai laissé dans la chambre 7, dans un tiroir. Si vous le retrouvez, madame, pourriez-vous être assez aimable de me le renvoyer? Je vous rembourserai, bien sûr, les frais postaux.

Avec mes remerciements,

Christine Arnold

Christine Arnold

ACTUALITES

A Lisez le reportage

Collision à un carrefour – pas de blessés

Hier après-midi vers 14 h 30, un poids lourd conduit par M. Mohamed Azouz, 32 ans, demeurant à Dax, se dirigeait vers l'autoroute A 8.
Le poids lourd venait de Vidauban et allait traverser la RN 7 pour entrer sur l'autoroute.
Le poids lourd transportait des meubles.

L'IMPARFAIT

Une voiture Citroën Visa, conduite par M. Jacques Walbin, 38 ans, demeurant à Fréjus, est arrivée, soudainement, en sens inverse.
On n'a pas pu éviter le choc et la voiture est entrée en collision avec le poids lourd.
M. Walbin a été éjecté de sa voiture mais malgré cela, les deux chauffeurs sont sortis indemnes de l'accident.

LE PASSE COMPOSE

PVA

un carrefour	a crossroads
un poids lourd	H G V (heavy goods vehicle)
se dirigeait	was going
des meubles	furniture
en sens inverse	in the opposite direction
on n'a pas pu	they could not
éviter	avoid
indemnes	unhurt
quels renseignements?	what information?
le lieu	the place

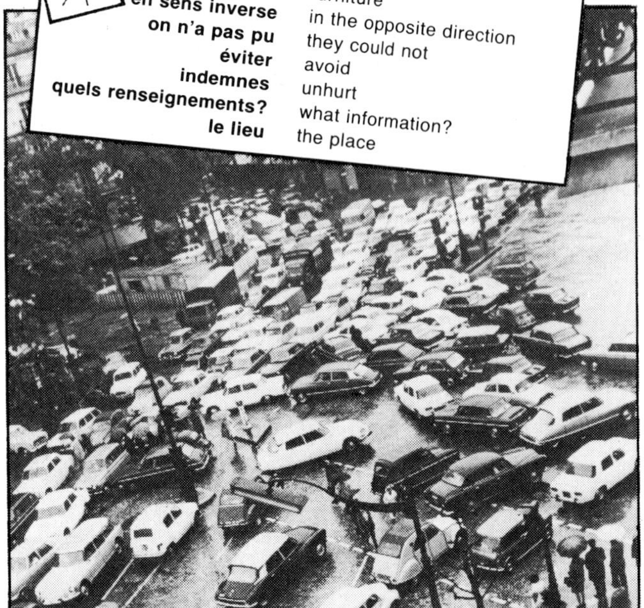

B TALKBACK

Quels renseignements vous donne ce reportage?

LE LIEU
LE JOUR ET L'HEURE
LES VEHICULES
LES CHAUFFEURS
LES FAITS DE L'ACCIDENT
LES BLESSURES

Posez ces questions

Où l'accident a-t-il eu lieu?
Quand l'accident s'est-il passé?
Comment étaient les véhicules?
Qui étaient les chauffeurs?
Quel âge avaient-ils?
Où habitaient-ils?
Comment l'accident s'est-il passé?
Est-ce que les chauffeurs ont été blessés?

Répondez

C

Vous avez vu l'accident et vous devez écrire un rapport pour la police.
Essayez d'écrire une description de l'accident sans regarder le texte. Vous pouvez consulter les questions de l'exercice B.

D Link-up

Ces journaux ont été déchirés. Joignez les débuts et les fins des reportages.

A M René Slamon se promenait samedi avec des amis. Ils étaient tous en vacances en Ardèche. M. Slamon était vêtu d'un short et d'une chemisette.

B Jeudi soir vers 19 h, au 7, rue Levant, un adolescent se tenait au bord du balcon de son appartement du troisième étage.

C Hier soir à Toulon, il y avait des inondations. Il pleuvait depuis le début de la journée et on craignait une aggravation de la situation.

1 Soudain, il a perdu l'équilibre et il est tombé. Sa chute a été miraculeusement stoppée par le balcon de l'étage du dessous. Le garçon n'a pas été gravement blessé.

2 Un autre orage, encore plus violent, a éclaté vers vingt-trois heures. Il a inondé plusieurs quartiers en quelques minutes et l'intervention massive des sapeurs-pompiers a été nécessaire.

3 Il a disparu au cours d'une promenade en forêt et on ne l'a pas revu. Ses amis et des gendarmes l'ont cherché, mais il n'a pas encore été retrouvé.

E TALKBACK

Vous voulez présenter les infos?

Il y a des interférences sur STUDIO 16 et le reporter ne peut pas compléter ses reportages.

Ecoutez, puis complétez les reportages à l'aide des notes et des illustrations données sur cette page.

Le Monde

france-antilles

LE DEVOIR

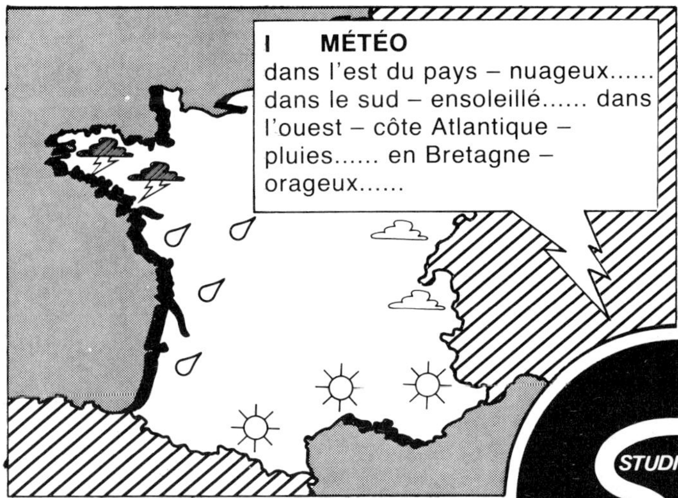

I MÉTÉO

dans l'est du pays – nuageux...... dans le sud – ensoleillé...... dans l'ouest – côte Atlantique – pluies...... en Bretagne – orageux......

2 PROBLÈMES AVEC LE TEMPS

en Bourgogne...... continue à monter...... des inondations...... l'autoroute va bientôt être coupée......

STUDIO S16

3 GRÈVES DES TRANSPORTS EN FRANCE

à Paris...... grève de...... à cause des mauvaises conditions de...... des salaires trop bas...... on est allés au travail......

4 BOEING DÉTOURNÉ

jeudi, 22 mars...... Boeing...... en route pour la Chine...... détourné vers Taïwan...... pirate de l'air arrêté en Chine...... a demandé l'asile politique......

Checker-Chart

THE PERFECT TENSE

A reference list of some useful verbs in the perfect tense

WITH *AVOIR*

j'ai
tu as
il a
elle a
on a
nous avons
vous avez
ils ont
elles ont

acheté	continué	été	marché	préparé	travaillé
aidé	coûté	expliqué	montré	quitté	trouvé
amené	demandé	joué	nagé	regardé	visité
appelé	duré	laissé	parlé	rencontré	voyagé
cherché	écouté	mangé	passé	retrouvé	
commencé	essayé	manqué	posé	téléphoné	

attendu	dû	pu	vendu
bu	entendu	reçu	voulu
connu	eu	répondu	vu
couru	lu	rompu	
cru	perdu	su	
disparu	plu	vécu	

fini	découvert	appris	dit
grandi	offert	compris	écrit
choisi	ouvert	mis	fait
		pris	
		remis	

WITH *ETRE*

je suis
tu es
il est
elle est
on est
nous sommes
vous êtes
ils sont
elles sont

allé	resté
arrivé	retourné
entré	tombé
monté	
né	
rentré	

descendu
devenu
revenu
venu

parti
sorti

mort

RAPPEL

il est parti
elle est parti**e**
ils sont parti**s**
elles sont parti**es**

TALKBACK

Practise using some of these commonly-used verbs in the perfect tense.

Est-ce que tu as appris l'espagnol?

Où as-tu pris ton déjeuner hier?

As-tu rangé ta chambre ce matin?

As-tu fait tes devoirs?

Est-ce que tu es né/née en 1975?

Est-ce que tu as été au Maroc?

Tu es allé/allée au stade aujourd'hui?

Comment es-tu venu/venue à l'école?

Est-ce que tu as eu des problèmes chez toi?

Non, je ne l'ai pas...
Oui, je l'ai...

Je l'ai...

Non, je ne l'ai pas rangée
Oui, je l'ai déjà rangée

Non, je ne les ai pas faits
Oui, je les ai faits

Non, je suis... en...
Oui, je suis... en 1975

Non, je n'y ai jamais...
Oui, j'y ai...

Non, je n'y suis pas...
Oui, j'y suis...

J'y suis venu/venue ...

Non, je n'en ai pas eu
Oui, j'en ai eu

Demandez

Est-ce que tu as lu Fous de la Danse*?*

Est-ce que tu as dû faire la vaisselle hier?

Est-ce que tu as toujours voulu faire le tour du monde?

Comment? Tu as déjà entendu les infos à la radio?

Est-ce que tu as pu finir tes devoirs hier?

Est-ce que tu es jamais allé/allée en Espagne?

Répondez, puis changez de rôle

Non, je ne l'ai pas encore...
Oui, je l'ai...

Non, je n'ai pas... la faire
Oui, j'ai... la faire

Non, je n'ai jamais... le faire
Oui, j'ai toujours... le faire

Non, je ne les ai pas entendues
Oui, je les ai...

Non, je n'ai pas... les finir
Oui, j'ai... les finir

Non, je n'y suis jamais...
Oui, j'y suis...

Checker-Chart

THE PERFECT TENSE

A reference list of some useful reflexive verbs in the perfect tense

WITH *ETRE*

+

je me suis
tu t'es
il s'est
elle s'est
on s'est
nous nous sommes
vous vous êtes
ils se sont
elles se sont

—

je ne me suis pas
tu ne t'es pas
il ne s'est pas
elle ne s'est pas
on ne s'est pas
nous ne nous sommes pas
vous ne vous êtes pas
ils ne se sont pas
elles ne se sont pas

?

est-ce que je me suis
est-ce que tu t'es
est-ce qu'il s'est
est-ce qu'elle s'est
est-ce qu'on s'est
est-ce que nous nous sommes
est-ce que vous vous êtes
est-ce qu'ils se sont
est-ce qu'elles se sont

amusé
arrêté
cassé
couché
déshabillé
habillé
lavé
levé
mis à
promené
rendu à
réveillé

!

il s'est promené
elle s'est promené**e**
ils se sont promené**s**
elles se sont promené**es**

ATTENTION

RAPPEL

Qu'est-ce qui s'est passé?

TALKBACK

Votre journée

Posez ces questions
Répondez, puis changez de rôle

A quelle heure est-ce que tu t'es réveillé? / réveillée?

A quelle heure est-ce que tu t'es levé? / levée?

Est-ce que tu t'es lavé / lavée dans la salle de bain?

Qu'est-ce que tu as pris au petit déjeuner?

Qu'est-ce que tu as bu?

A quelle heure as-tu quitté la maison?

Comment es-tu venu / venue à l'école?

A quelle heure es-tu arrivé / arrivée à l'école?

Où es-tu allé / allée pendant la récréation?

Qu'est-ce que tu as fait?

A quelle heure es-tu parti / partie de l'école?

Qu'est-ce que tu as fait pendant la soirée?

A quelle heure est-ce que tu t'es couché? / couchée?

Tu t'es endormi / endormie à quelle heure?

Checker-Chart

IMPERFECT/PERFECT TENSES

Il y a des différences entre l'imparfait et le passé composé.
Est-ce que vous comprenez ces différences?

PVA

l'imparfait	the imperfect tense
le passé composé	the perfect tense
une douche	a shower
lorsque	when
un thé à la menthe	mint tea
un coup de tonnerre	a thunder clap

A **Lisez ces exemples, puis discutez-en en anglais avec un ami. / une amie.**

Je prenais une douche lorsque, tout à coup, le téléphone a sonné.

Je prenais un thé à la menthe au lit. La nuit tombait...

J'écoutais une cassette d'Elton John quand on a sonné à la porte.

Je mangeais une pomme verte quand j'ai perdu une dent!

Il était minuit. J'étais au lit et je lisais un roman à suspense...

Il n'y avait personne dans la salle. Il faisait très chaud et humide.

J'ai pris une douche avant de sortir.

Le repas était fini. J'ai pris un thé à la menthe.

Hier soir, j'ai écouté un disque d'Elton John chez moi avec ma copine.

Je peux recommander ce restaurant. J'y ai très bien mangé.

J'ai lu ce roman hier soir. Je l'ai beaucoup aimé.

Soudain, il y a eu un grand coup de tonnerre. J'ai eu peur.

IMPERFECT/PERFECT

Pour vous aider à reconnaître l'imparfait du passé composé...

C'est probablement l'imparfait:
- généralement
- d'habitude
- normalement
- quelquefois
- chaque jour
- pendant que
- comme
- ...en train de

C'est probablement le passé composé:
- d'abord
- tout de suite
- tout à coup
- soudain
- et puis
- et après cela
- ensuite
- enfin
- finalement

PAGE DE PUBLICITES

Vous pensez aux vacances d'été?
Vous n'avez pas encore décidé où vous voulez aller passer vos vacances?
Vous voulez peut-être choisir des vacances un peu différentes?

Partez au meilleur prix!

A **Alors, lisez ces quatre publicités et choisissez des vacances formidables!**

OFFRE SPECIALE

HOTEL CAP D'OR en Grèce

séjour d'une semaine

PENSION COMPLETE – VIN INCLUS
circuits en autocar
avec guide parlant anglais

3 657 F.

semaine supplémentaire 1 351 F.

Tous départs entre le 12 mai et le 13 juin
Réduction: moins 450F

WEEK-END EN CORSE

740F par personne

* du vendredi soir au samedi soir Ajaccio
* du samedi soir au lundi matin Bastia

Le prix de 740F par personne comprend:

- les traversées maritimes aller-retour en 1ère classe en cabine à deux
- les repas au restaurant libre-service et les petits déjeuners à bord

Les consommations au bar et le déjeuner ne sont pas compris

Pour les groupes, une place gratuite par 30 passagers payants

B **Pour chaque publicité, trouvez et écrivez en anglais**

le nom du pays				
la durée du séjour				
le prix/les prix				
les principaux attraits				

PVA

pension complète	full board
vol spécial	special flight
au petit matin	at dawn
une place gratuite	a free place
proposé	offered
demi-pension	half-board
l'assurance	insurance
l'hébergement	accommodation
ski de piste	downhill skiing
ski de fond	cross-country skiing
faire de la luge	to go tobogganing

PAGE DE PUBLICITES

caviar et vodka

BOLCHOÏ

Trois journées à Moscou

4 600F

- * Voyage Paris-Moscou-Paris sur vol spécial
- * Visite du Kremlin et de la Place Rouge
- * Soirée au Bolchoï avec au programme *Ivan le Terrible* de Prokofiev (ballet)
- * Souper russe avec caviar et vodka au restaurant de l'hôtel METROPOLE
- * Retour à Paris au petit matin

Les ANTILLES

Tout est proposé, rien n'est imposé

LE LATITUDE
EN MARTINIQUE

Un village de bungalows sous les cocotiers

OFFRE SPECIALE

9 jours en demi-pension

6 550F

Ce prix comprend par personne:
l'aller-retour avion
l'assurance
l'hébergement en demi-pension
8 nuits (chambre double)

VIN INCLUS
DES JOURNEES SPORTIVES ET ANIMEES
•
VENEZ VIVRE A LA MARTINIQUE au LATITUDE

C

TALKBACK
Où voulez-vous aller en vacances?

Choisissez où vous voulez passer vos vacances.
Essayez de persuader vos amis d'aller avec vous.

Je préfère aller... parce qu'il fait chaud.../
parce que j'aime visiter...
On peut aller/louer...
On s'amuse bien quand...

EN GRECE

climat — magnifique, très chaud
monuments historiques à visiter — Acropole, Parthénon, musées, théâtre
îles à visiter — Hydra, Crète
location — bateaux, voiles, planches à voile, pédalos, matériel de plongée sous-marine

EN ECOSSE

climat — doux et humide
paysage — très beau et varié, montagneux, beaucoup de lacs
distractions — on peut aller à la pêche, faire de l'alpinisme (Ben Nevis)...

EN ITALIE

climat — air pur, beaucoup de neige en hiver
sports — on peut faire du ski de piste, du ski de fond, de la luge, des promenades en montagne
à manger — bonne cuisine, plats régionaux
soirées — disco, bar, promenades

AUX ETATS-UNIS

climat — chaud et ensoleillé
à visiter — Disneyland à Los Angeles
les gorges du Grand Canyon sont les plus spectaculaires du monde
Las Vegas – 15 millions de visiteurs chaque année
beaucoup de casinos
San Francisco et son célèbre pont – le Golden Gate

Mais non ... c'est trop cher.
Il fait trop chaud.

Il n'y a pas de...
Je n'aime pas ça...
Il y a trop de...

STUDIO S16 INFOS RADIO

		96	100	104		INFOS RADIO	FM/MHz
700	800	900	1000	1200	1400		AM/KHz

Le temps froid continue...

Un clochard mort à Nancy

Dans la ville de Nancy, un homme sans domicile fixe a été retrouvé mort ce matin. Il avait essayé de trouver abri dans une vieille voiture abandonnée.

Plus de gommes parfumées!

Ces gommes à effacer aux parfums de cerise ou en forme de tablette de chocolat sont dangereuses

Grèce

Pas de prison pour les nudistes?

Le nudisme sera mieux toléré en Grèce. Les lois seront libéralisées

A **Lisez les titres, puis écoutez les infos.**

PVA

un clochard	a tramp
sans domicile fixe	of no fixed abode
trouver abri	to find shelter
il s'était abrité	he had sheltered
légèrement	lightly
vêtu	dressed
il n'a pas pu	he couldn't
la chute	the fall
à gros flocons	in big flakes
(ils) franchissent	(they) cross
verglacés	iced over

B **Le temps froid continue...**
Lisez ces questions:

- Qui est mort?
- Quand est-il mort?
- Où dormait-il?
- Comment était-il vêtu?
- Où faisait-il froid notamment?
- Pourquoi les deux ponts sont-ils fermés à Vienne?

Ecoutez la première information plusieurs fois, si nécessaire. Notez les réponses.

C **TALKBACK**

Avec un ami, / une amie, comparez vos réponses, puis donnez en français l'essentiel de la première information.

D **Ecoutez encore une fois la première information et écrivez les mots qui manquent:**

Le temps ______ a fait sa première victime en ______. C'est un clochard de ______ ans qui a été retrouvé mort ______ à Nancy.

...

Il s'était abrité la nuit ______ dans une vieille ______ abandonnée sur le bord d'un ______.

...

Le froid est d'ailleurs général en ______ et notamment ______ Autriche où le thermomètre est ______ à moins ______ degrés, tandis que la ______ tombait à gros ______. ______ des ponts qui franchissent le canal du Danube à Vienne sont verglacés et ont ______ à la circulation.

E **TALKBACK**

Racontez un incident

Elève A	*Elève B*
Pensez à un incident que vous avez vu à la télé ou entendu à la radio. Votre ami / amie va vous poser des questions pour découvrir ce qui s'est passé.	**Découvrez l'essentiel: prenez des notes, puis vérifiez à la fin.**

Je pense à ... un grand concert de rock.

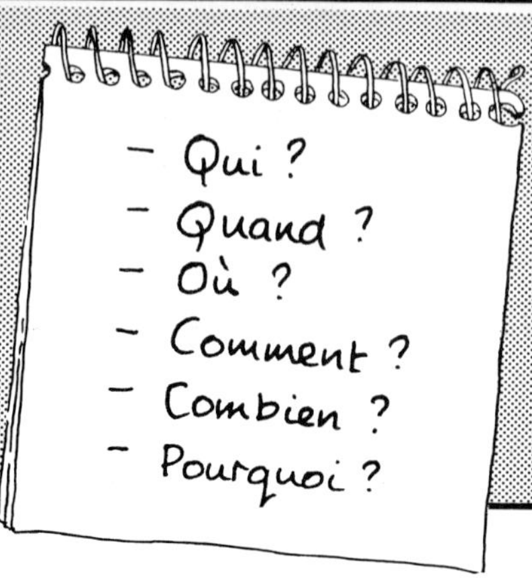

F Plus de gommes parfumées!

Lisez...

plus de...	no more...
les gommes (à effacer)	rubbers/erasers
parfumées	scented/flavoured
cerise	cherry
tentés	tempted
sucer	to suck
avaler	to swallow
interdisant	prohibiting
la vente	the sale
des denrées alimentaires	foodstuffs
détruire	to destroy
à leurs frais	at their own expense

... puis écoutez la deuxième information.

G

Make up a headline in English for the second news item.

H TALKBACK

Discutez

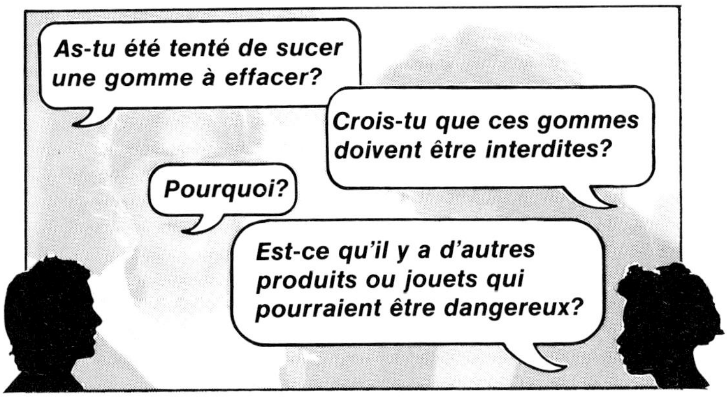

I Pas de prison pour les nudistes?

Lisez...

(elles) seront libéralisées	(they) will be relaxed
on ne pouvait pas	people couldn't
se déshabiller	undress
à l'égard de	with regard to/towards
l'interdiction	prohibition
nus	naked
les coutumes	customs

... puis écoutez la troisième information.

Can you make up an English headline for this report?

J TALKBACK

Ecoutez encore une fois la troisième information, puis demandez

K

Now have a go at writing one of the three news reports in English for an English newspaper.

USA

Religion

Christa la femme

UNE statue représentant le Christ comme une femme a provoqué de la satisfaction et aussi de l'irritation. La statue de Christ, *Christa la femme,* est exposée dans la cathédrale St John the Divine à New York. Le révérend James Park Morton, doyen de la cathédrale épiscopalienne, a estimé que la réaction du public a été «très positive».

Cette statue de bronze, qui pèse 113 kilos et fait 1,2 m de haut, a scandalisé quelques personnes «mais pas beaucoup», a-t-il dit. «Ce sont les mêmes qui sont contre l'ordination de femmes prêtres.»

La statue, qui ne porte pas de croix, est l'œuvre d'Edwina Sandys, petite-fille de Winston Churchill.

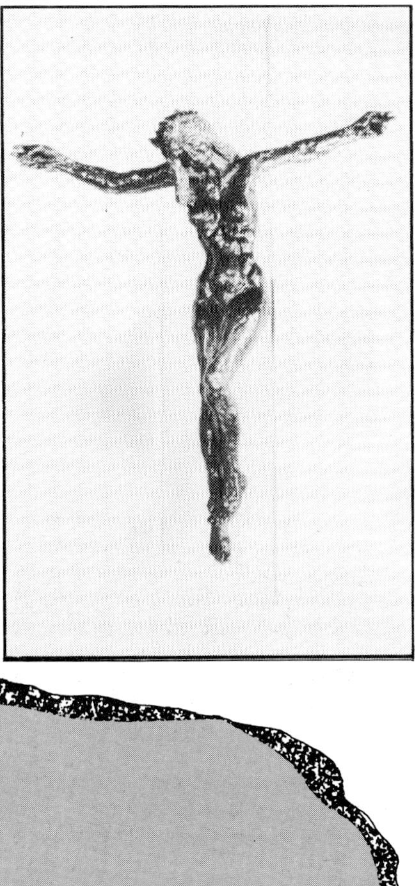

MARTINIQUE

Fort-de-France

Risque de pollution des plages

IL était cinq heures le 25 mars quand un pétrolier panaméen, l'Olympic Star, s'est échoué sur un banc de sable à l'entrée de la baie de Fort-de-France. Il y avait à bord 80 000 tonnes d'hydrocarbures. Les risques de pollution existaient. Le pétrolier était en provenance du golfe Persique.

Tout de suite, un barrage anti-pollution a été installé. La solution envisagée pour sauver l'Olympic Star consistait à transférer sur un petit pétrolier, le Port Lazo, une partie du pétrole de l'Olympic Star. Les opérations de pompage devaient se dérouler dans l'après-midi, mais il y a eu un problème.

On a retardé l'opération parce que les frais demandés pour l'opération étaient trop hauts. Face à une telle situation, le Préfet de Région a envoyé un télex à la représentante des armateurs en Martinique et à son agence à Londres. Le Préfet a demandé à l'armateur de procéder avec toute urgence.

FRANCE

Erreur d'ordinateur

Une femme retraitée de 75 ans sans argent depuis 2 mois

MME Nadine Samir, une retraitée de soixante-quinze ans, ne touche plus sa retraite. Et pour elle, c'est dramatique parce qu'elle ne peut plus payer ni son loyer ni sa nourriture. C'est son frère qui lui donne de l'argent pour vivre.

Et pourquoi Mme Samir ne peut-elle plus toucher sa retraite? Parce que son numéro de sécurité sociale a disparu de l'ordinateur de sa banque.

Il y a deux mois, Mme Samir a changé d'adresse – de Beaulieu près de Nice, elle est allée habiter à Marseille. Elle a demandé le transfert de son compte de Beaulieu jusqu'à Marseille. Mais son dossier a disparu. Elle nous a raconté: «Le 20 juin, j'aurais dû toucher ma première retraite ici à Marseille. J'ai fait tout le nécessaire pour cela, mais je n'ai toujours rien, deux mois après. A Beaulieu, je n'ai jamais eu de problèmes. Je ne comprends pas.»

Mme Samir, excédée, angoissée, souffre d'une dépression nerveuse. On l'a renvoyée de service en service et pas toujours poliment. Mme Samir, ancienne cantinière, en appelle à la presse.

A

Clarify these points for a friend:

Christa la femme

WHAT	does the statue represent?
WHERE	is it on display?
WHAT	has been the reaction?
WHO	was the sculptress?

PVA

doyen	dean
... qui pèse	... which weighs
femmes prêtres	women priests
une croix	a cross
l'œuvre	the work
petite-fille	granddaughter

B

You are on holiday in Martinique. Fill in the missing details on this postcard.

Risque de pollution des plages

Fort-de-France

Lovely beaches here!
Am sitting on one of them watching a huge [redacted] which has gone aground on a [redacted] in the [redacted]. A real danger of [redacted], they say, which would be awful.
Food, weather and hotel all great!
Love C

PVA

un pétrolier	an oil tanker
... s'est échoué	... ran aground
un banc de sable	a sandbank
hydrocarbures	hydrocarbons (in this case, crude oil)
en provenance (du)	coming from
le pétrole	crude oil
les frais	the costs
l'armateur	the shipowner

C

Mme Samir a dû remplir une fiche à la banque.

Pouvez-vous l'aider?

Erreur d'ordinateur

NOM .... AGE ....

PRENOM .... PROFESSION ....

Transfert du compte de .... à ....

Retraite: premier paiement dû le .... à ....

Paiement reçu – oui ou non? ....

Date .... Signature ....

D

Mme Samir has called on the press to help her.
An English reporter didn't quite catch all the facts. Can you help?

What is Mme Samir's problem?
Who is paying for her rent and food?
Where did she live before?
Where does she live now?
What caused the problem in the first place?
What was her job?

E

Un reporter français n'a pas entendu tous les détails.
Pouvez-vous l'aider?

Où habite Mme Samir maintenant?
Où habitait-elle il y a deux mois?
Depuis quand ne reçoit-elle pas d'argent?
Qui lui donne de l'argent pour vivre?
Quelle est la cause du problème?
Comment se sent Mme Samir maintenant?
Quelle était sa profession?

PVA

retraitée	retired
ne touche plus sa retraite	is no longer drawing her pension
son loyer	her rent
sa nourriture	her food
son compte	her account
son dossier	her file
excédée	exhausted
angoissée	upset
poliment	politely
ancienne cantinière	former canteen worker

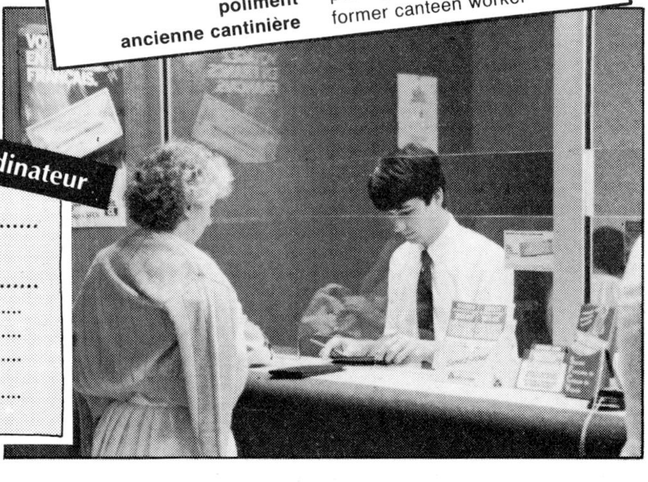

Sports

SUR SEIZE

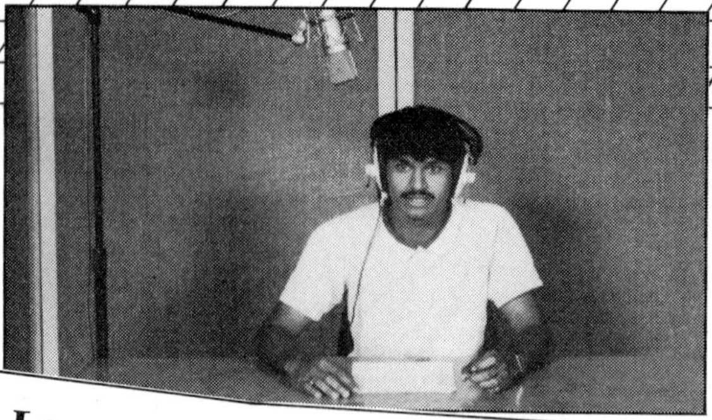

Les jeux olympiques des handicapés

La course autour du monde à la voile

Le rallye automobile en Grèce

A **Ecoutez le premier reportage sur *Sports sur seize.***

Les jeux olympiques des handicapés

PVA

le tir à l'arc	archery
l'haltérophilie	weight-lifting
les non-voyants	non-sighted
un ballon sonore	a sound ball
une médaille d'or	a gold medal
il s'entraîne	he trains

B **Vous avez compris l'essentiel?**

Ecrivez les mots qui manquent. Ecoutez encore une fois, si nécessaire.

La France a battu _____ aux jeux olympiques des handicapés.

Mme Grandi de l'Association SPORAVIE a dit que presque tous les _____ peuvent s'adapter à tous les handicaps.

Le docteur Chapuis est le champion du monde de _____.

Il aime le sport parce que c'est une façon agréable de rencontrer d'autres _____.

C **TALKBACK**

Demandez

Est-ce que tu pratiques un sport?

Quel est ton sport préféré?

Est-ce que tu souffres d'un handicap physique?

En quels sports es-tu bon? bonne?

Combien de fois par semaine est-ce que tu fais du sport?

Tu aimes t'entraîner?

Tu joues dans une équipe?

Est-ce qu'il y a un stade / un gymnase / une piscine près de chez toi?

Comment y vas-tu?

Crois-tu que le sport est une bonne chose? Pourquoi?

Quels sports aimerais-tu pratiquer plus tard?

Répondez

Je pratique …

Mon sport préféré est …

le cyclisme	le tennis
le hockey	le tennis de table
le patin à glace	la gymnastique
le patin à roulettes	la danse
le jogging	le basket
la voile	la plongée sous-marine
la natation	le judo
le volley-ball	les boules
le football	les fléchettes
le rugby	le badminton
le cricket	la planche à voile
le ski	le ski nautique
le ski de fond	le canoë
l'haltérophilie	le kayak
le tir à l'arc	l'équitation

J'y vais en autobus / J'y vais à pied.

Moi, je crois que …

Sports

D **Ecoutez le deuxième reportage.**

La course autour du monde à la voile

PVA

la course	the race
autour du monde	around the world
la voile	sailing/yachting
l'étape	stage
finlandais	Finnish
les voiliers	yachts
instable	unsettled

E **This report of the same event taken from an English newspaper is not complete. What are the missing details? Listen to the report again, if necessary.**

SPORT

Yachting

Portsmouth, Monday

The round-the-world yacht race is now in ______ stage.

Yesterday saw the arrival of the two leaders in Portsmouth – the Skopbank, from ______, and the Mor-Bihan, from ______.

By this afternoon, ______ of the 24 competitors had reached ______. We may have to wait up to ______ for the others.

The weather here is ______.

Oui, je suis handicapé / handicapée

Non, je ne suis pas handicapé. / handicapée.

Je suis bon / bonne en ...

Je fais ... – ... fois par semaine.

Oui, j'aime m'entraîner / Non, je n'aime pas m'entraîner.

Oui, je joue dans une équipe de ...

Oui, il y a une piscine à deux kilomètres.

Non, le stade est assez loin – il est à 10 kilomètres.

J'aimerais pratiquer ...

F **Ecoutez le troisième reportage.**

Le rallye automobile d'Athènes

PVA

l'Acropole	the Acropolis
au départ	at the start
les pilotes	the drivers
beaucoup de marques	a lot of makes
beaucoup de poussière	a lot of dust
... et de rochers	... and rocks
pour en savoir plus	to find out more

Sports SUR SEIZE

Ecoutez encore une fois et notez les détails suivants:

OU?	Dans quel pays se passe le rallye?
COMBIEN?	Combien de voitures y a-t-il au total?
PAYS?	Combien de pays sont représentés?
QUAND?	Le rallye commence lundi. Quand est-ce qu'il va se terminer?

Lisez ce reportage sur le rallye. Puis, complétez le reportage anglais. Ecoutez le reportage à la radio encore une fois pour en savoir plus.

SPORTS

Athènes: samedi

Le rallye automobile de l'Acropole célèbre cette année son trentième anniversaire. Lundi matin, tous les pilotes et toutes les marques de voitures les plus célèbres du monde vont prendre le départ.

Le départ, comme d'habitude, a lieu au pied de l'Acropole. Parmi les pilotes internationaux présents, il y a le Finlandais, Mikkola (Audi), l'Allemand, Rohrl (Lancia), la Française, Mouton (Audi) et le Kényan, Mehat (Datsun).

Les routes en Grèce ne sont pas faciles et les pilotes risquent de souffrir dans la poussière et sur les terrains difficiles. L'art du pilotage et la robustesse de la voiture sont les qualités indispensables au succès. 16 pays sont représentés parmi les 137 voitures, dont 75 conduites par des équipages grecs et 62 par des équipages étrangers.

La première étape du rallye va se terminer lundi dans la nuit, en Grèce centrale. Le retour à Athènes prendra encore deux jours et on attend l'arrivée jeudi vers 18 heures, à l'ancien stade olympique d'Athènes.

SPORTS

Athens, Monday

TODAY sees the start of the ______, this year celebrating its ______ anniversary. This morning, all the drivers are gathered at the traditional start of the race at the ______.

______ cars are taking part, representing ______ different countries.

The rally offers a real challenge to the experienced line-up. The route takes them across some of the roughest terrain in Greece. It will take up to ______ days of hard driving with three stopovers. The first stage ends this evening in ______ Greece.

The drivers are expected back in Athens on ______ at the old ______.

INFOS

PLANCHE A VOILE

PVA

la planche à voile	windsurfing
des conseils de sécurité	advice on safety
une bonne connaissance	a good knowledge
pratiquant de	practised in
mensuel	monthly
on peut suivre	you can follow
un stage	a course
prévus	planned
les planchistes	windsurfers

A **Ecoutez l'annonce sur la planche à voile.**

B **Ecoutez encore une fois et notez les détails.**

Le travail
Quand?
Où?
En quoi consiste-t-il?

Heures
Combien par semaine?

Salaire
Combien par mois?

Les conditions
Age?
Autres conditions?

Formation
Durée des stages?

Pour en savoir plus
Numéro de téléphone?

C **Lisez**

La Fédération de Planche à Voile
présente le

CODE DE LA PLANCHE A VOILE

1 Porter un vêtement adapté pour être bien et avoir chaud.
2 En règle générale, une heure de pratique semble raisonnable.
3 Demander aux clubs de voile les règles et les conditions locales.
4 Ne pas sortir sans une connaissance élémentaire des règles de navigation.
5 Eviter de naviguer dans des zones à fort trafic. Eviter particulièrement: les ports et aussi les zones qui ne sont pas prévues pour les planchistes.
6 Ne pas naviguer seul.
7 Eviter de gêner les baigneurs, pêcheurs, plongeurs sous-marins, skieurs nautiques.
8 En cas de difficulté, garder son calme, rester sur sa planche.
9 Ne jamais quitter sa planche pour gagner le rivage à la nage.
10 Améliorer ses connaissances et partager sa passion avec d'autres planchistes en s'inscrivant à un club de voile.

D **Regardez Thierry. Il a désobéi aux règles du *Code de la planche à voile* cinq fois.**
A quelles règles a-t-il désobéi? Consultez le code. Ecrivez les numéros correspondants aux cinq erreurs de Thierry.

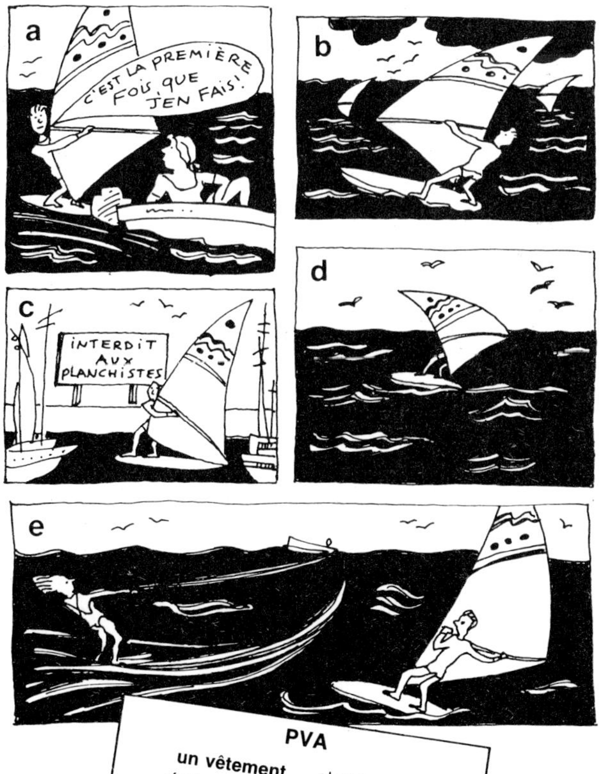

PVA

un vêtement	clothing
éviter (de) ...	avoid/don't ...
gêner	get in the way of
les baigneurs	bathers
le rivage	the shore
à la nage	swimming
améliorer	improve
s'inscrivant à	joining
(les) règles	rules

Le français dans le monde

PENSEES SUR LE

A votre avis

Au STUDIO 16, cinq jeunes amis – Sakina, Jean-Daniel, Olivier, Charles et Nicole – nous ont donné leurs opinions sur le racisme.

A

Ecoutez leur discussion.

Est-ce que vous pensez que le racisme existe en France? Et en Grande-Bretagne?

PVA

pensées	thoughts
Grande-Bretagne	Britain
on sent une différence	you feel there's a difference
quelque chose de bien	something good
une vieille personne	an old person
dirigé vers	directed towards
moins prononcé	not as obvious
moins grave	not as serious
sur la défensive	on the defensive
un moyen de défense	a means of defence
il y a longtemps	a long time ago
je n'ai pas eu de problèmes	I haven't had any problems
la communauté juive	the Jewish community
la communauté musulmane	the Muslim community
couleur de peau	colour (of your skin)

B

Ecoutez et écrivez les mots qui manquent.

1 *Olivier*
«J'ai l'impression que le racisme est moins prononcé en Grande-Bretagne ____. C'est peut-être parce que... dans une grande ville ____, il y a une très grande diversité de races et de religions. Je pense vraiment que ____ est moins grave qu'en France.»

2 *Sakina*
«Oui, mais mes parents, par exemple, ont tout accepté. C'est-à-dire, la première génération de la minorité algérienne a ____. Mais maintenant, la ____ se rebelle et peut être agressive.»

3 *Charles*
«Je ne suis pas tout à fait ____ que les minorités soient toujours agressives.»

4 *Nicole*
«Eh bien, disons que depuis mon arrivée ____, je n'ai pas eu de problèmes. Je trouve, au contraire, que les gens sont beaucoup moins agressifs ____. Les gens sont très calmes, ____, mais en France, il y a énormément de problèmes et d'incidents racistes, surtout maintenant qu'il y a des partis comme le Front National.»

5 *Jean-Daniel*
«Oui, il y a des tensions aussi entre communautés ethniques – par exemple, entre la communauté juive et la communauté musulmane. Et ce n'est pas simplement entre blancs et noirs. C'est très, très complexe. ____, c'est un ____ de classe sociale ou de ____. Et la ____ a souvent une attitude répressive.»

6 *Nicole*
«A la Martinique, à ____, le racisme n'est pas seulement un problème de couleur de peau – blanc ou noir – mais aussi un ____.

RACISME

C Whose opinions are these?

Sakina? Jean-Daniel? Charles? Nicole? Olivier?

- Minority groups are on the defensive – sometimes even rather aggressive
- The French are not racist towards other Europeans
- Racism seems to be a greater problem in France than in Britain
- Racism is not just a colour problem but also a political issue

D Apprenez par cœur

par exemple	for example
au contraire	on the other hand
particulièrement	particularly
j'ai l'impression que...	I get the impression that...
c'est peut-être parce que...	it's perhaps because...
je pense vraiment que...	I really think that...
je ne suis pas tout à fait d'accord	I don't really agree
c'est-à-dire	that means
tu es d'accord?	do you agree?

E Lisez ce poème sur le racisme écrit par Eddelyne (17 ans):

LE RACISME

Pourquoi les gens sont-ils racistes?
Pourquoi font-ils tant de peine aux autres?
Pourquoi disent-ils des choses méchantes?
Pourquoi?
Simplement parce qu'on n'a pas la même
couleur de peau qu'eux
ou parce qu'ils sont jaloux.
Je me pose souvent cette question:
Pourquoi moi, je ne suis pas raciste?
J'aime tout le monde, peu importe la race.
Moi, je ne regarde pas la couleur de la peau
pour choisir mes amis et mon amour.

PVA

tant de peine	so much misery
méchantes	nasty
la même couleur de peau qu'eux	the same colour as them
jaloux	jealous
je me pose souvent la question	I often wonder
peu importe...	it doesn't matter much about...

F TALKBACK

Que pensez-vous des opinions données sur ces pages?
Est-ce que quelqu'un a dit quelque chose qui vous choque ou qui vous étonne, peut-être?

Ecoutez encore une fois et relisez les opinions.
Cherchez des phrases dans ces pages pour vous aider à donner votre opinion.

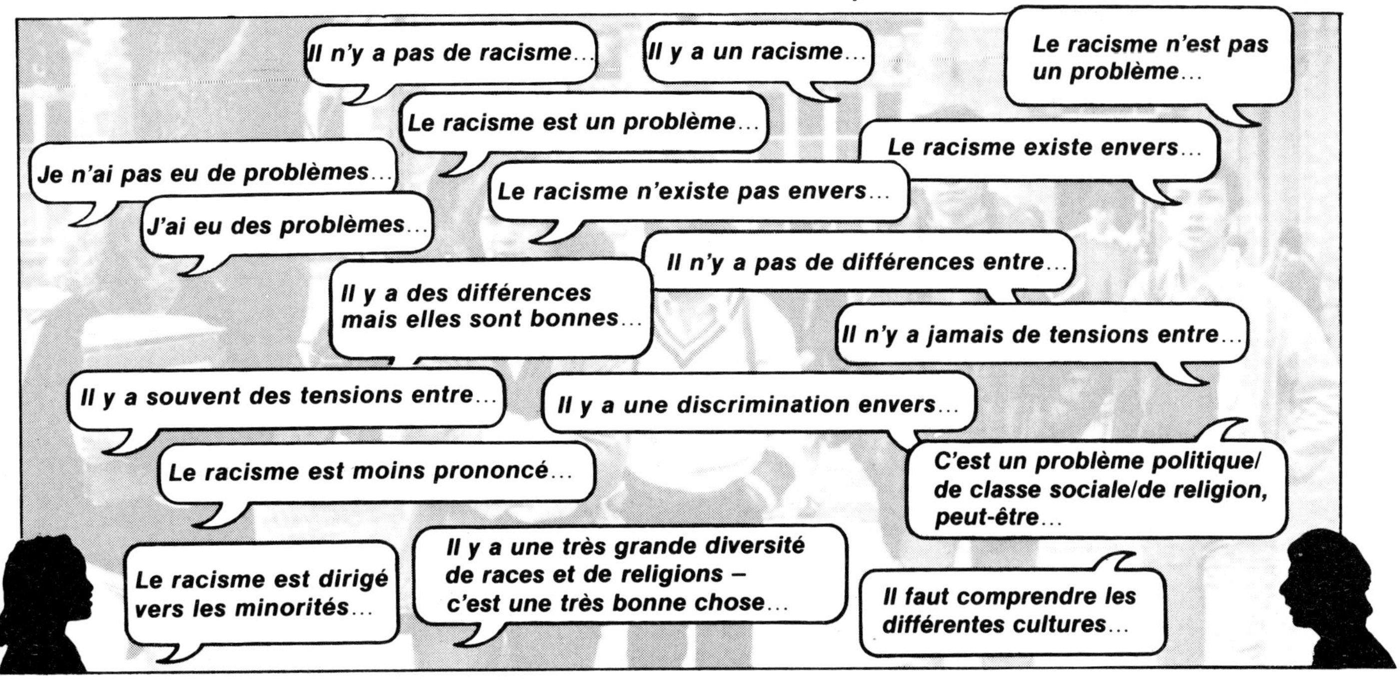

Le français dans le monde

Interview avec Charles Acquah

Charles Acquah vient du Ghana.
Il y a deux ans, il était en France. Il voyageait avec un ami.
Ils allaient de Montpellier (dans le sud de la France) à Bruxelles, capitale de la Belgique.
Près de la frontière belge, ils ont vécu cet incident.

A **Sakina a interviewé Charles pour STUDIO 16. Lisez ces phrases, puis écoutez l'interview.**

Avez-vous vécu des incidents racistes?

Oui. Je me souviens d'un cas particulier qui m'a vraiment choqué.

Où étiez-vous?

Et qu'est-ce qu'ils ont fait, alors?

Et ton ami?

Et combien de temps êtes-vous restés à la frontière?

Qu'avez-vous fait, alors?

PVA

avez-vous vécu...?	have you experienced...?
je me souviens...	I remember...
... d'un cas particulier	... a particular incident
la frontière belge	the Belgian border
polis	polite
je n'avais pas besoin de...	I didn't need...

nous avons roulé	we drove
c'était pareil	it was the same
le capot de la voiture	the bonnet of the car
partout	everywhere
des armes	weapons

ils nous ont fouillés	they searched us
sans être arrêtées	without being stopped
beaucoup d'étrangers	lots of foreigners
ce jour-là	that day
je devais rentrer	I had to go back
la préfecture	the police station

B **Did you get the basic points? Listen again to what Charles said.**

- Where did the incident happen?
- Where were Charles and his friend going?
- Who stopped the car near the border?
- What were Charles and his friend asked to do?

- What did the police ask them?
- Were other foreign cars stopped?
- How long were they kept at the border?
- According to the police, why couldn't Charles go into Belgium?

- What did Charles and his friend do?
- What happened at the next border?
- In the end, at what time did they get to Brussels?
- How long was it since they had first arrived at the frontier?

C

Ecoutez encore une fois et prenez des notes en français.
L'incident s'est passé...

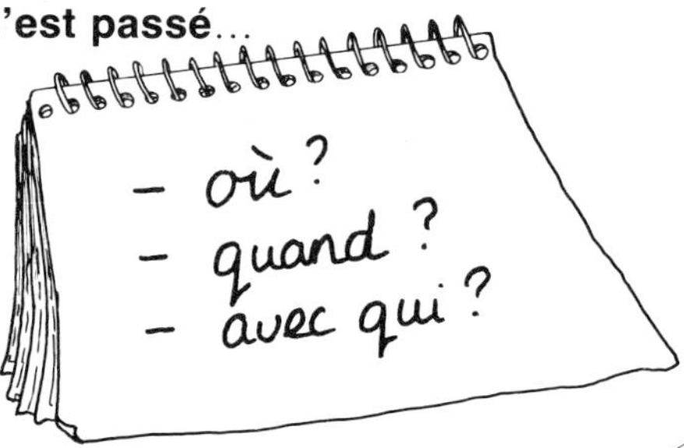

Maintenant, notez...

- ce que les gendarmes ont fait
- ce qu'ils ont voulu voir
- combien de temps Charles et son ami sont restés à la frontière

Notez aussi...

- où Charles et son ami ont décidé d'aller
- si c'était pareil à l'autre frontière
- à quelle heure ils sont arrivés à Bruxelles

D

Imparfait ou Passé Composé?

Ecoutez l'interview encore une fois, puis mettez ces phrases dans la bonne case – Imparfait ou Passé Composé

IMPARFAIT La description de la scène	PASSE COMPOSE L'action qui s'est passée
C'était il y a deux ans.	*Soudain, les gendarmes ont arrêté la voiture.*

C'était il y a deux ans.
C'était en Belgique.
Je voyageais avec un ami en voiture.
Nous allions de Montpellier en Belgique.
Soudain, les gendarmes ont arrêté la voiture.
Où étiez-vous?
Vous étiez loin de la frontière belge?
Nous étions à quelques mètres de la frontière belge.
Et qu'est-ce qu'ils ont fait, alors?
Ils nous ont dit de descendre de la voiture.
Alors, nous sommes descendus.
Nous sommes entrés dans le bureau.
Puis, on a commencé à nous poser des questions.
Ils n'étaient pas très polis avec nous.

E

TALKBACK
Avez-vous vécu des incidents difficiles?

Racontez un incident à un ami. / une amie.

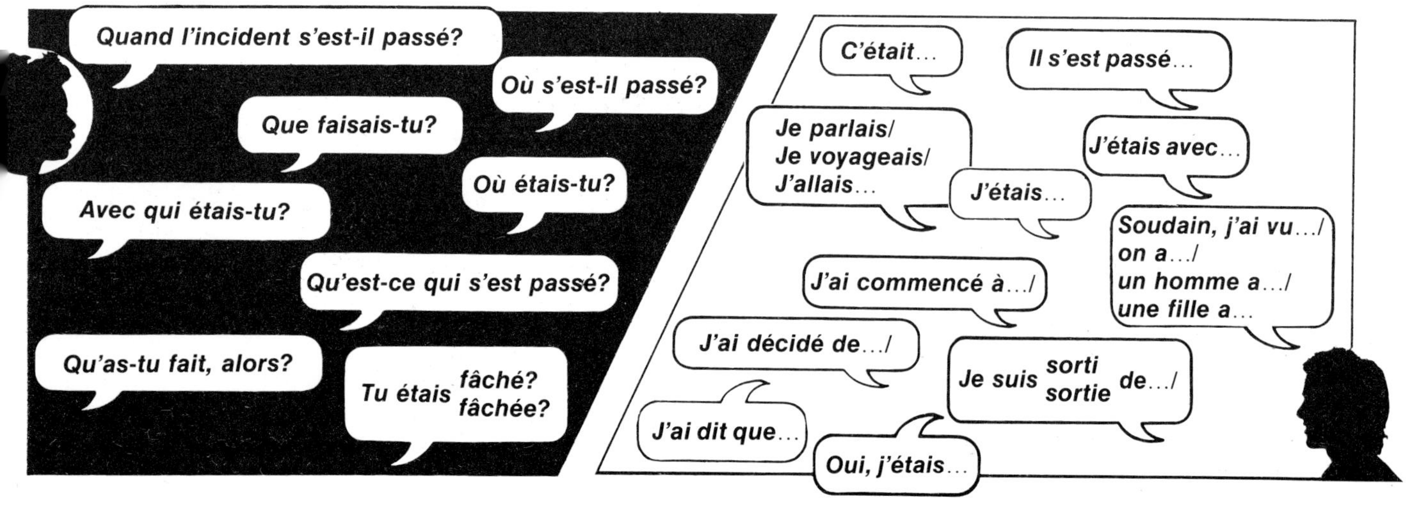

F

Racontez un incident dans une lettre à un ami français. / une amie française.
Choisissez dans les phrases de l'exercice E.

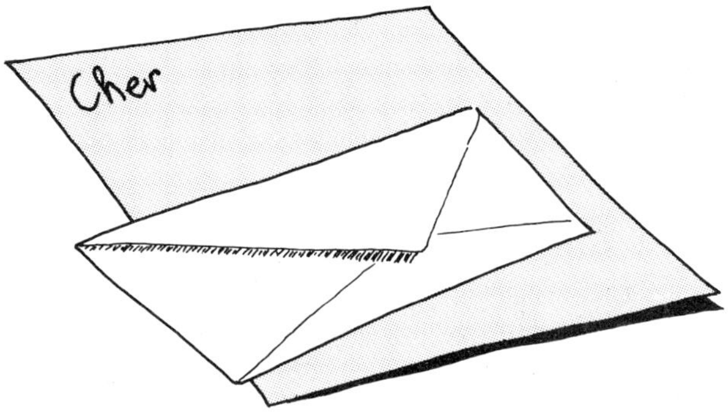

G

Complétez ces phrases comme vous voulez.

C'était il y a deux ans quand...
Je voyageais avec ma famille...
Où étiez-vous quand...?

Qu'est-ce qu'ils ont fait quand...?
Je lui ai montré...
Vous êtes restés...?
Nous y sommes restés...
Ils nous ont demandé de...
Enfin, on est arrivés vers...

Suisse · Schweiz · Svizzera

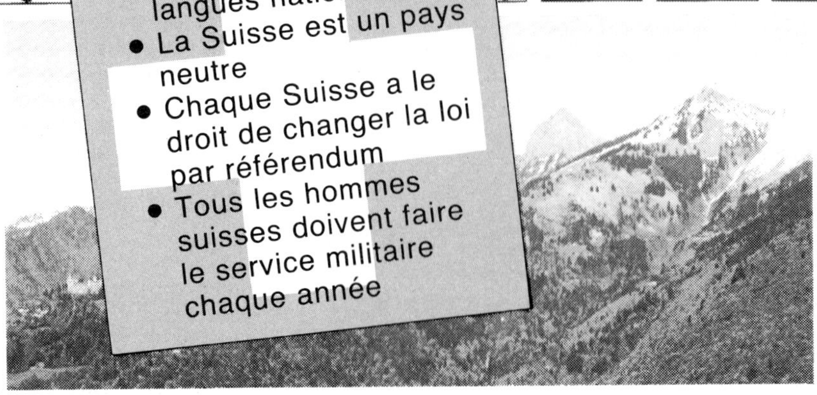

Le saviez-vous?
- En Suisse, il y a quatre langues nationales
- La Suisse est un pays neutre
- Chaque Suisse a le droit de changer la loi par référendum
- Tous les hommes suisses doivent faire le service militaire chaque année

La Confédération Helvétique

La Suisse est une confédération de 20 cantons et 6 demi-cantons. L'argent y est très important! La Suisse est un grand carrefour financier. Depuis la deuxième guerre mondiale, les banques y sont devenues de plus en plus importantes.
De nos jours, le niveau de vie des Suisses est l'un des plus élevés du monde. Et il n'y a pas beaucoup de ressources naturelles!

Les quatre langues de la Suisse

☐	En Suisse alémanique, on parle allemand	75%
▒	En Suisse romande, on parle français	20%
░	En Suisse italophone, on parle italien	4%
▨	En Suisse romanche, on parle romanche	1%

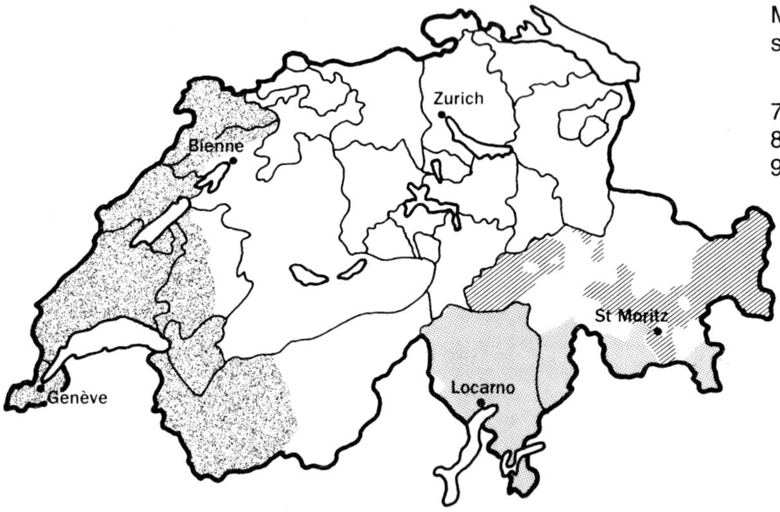

Quelques différences de langue

Les Gaules, les ancêtres des Français, comptaient par vingt. Donc, en français, on dit «quatre-vingts» (80).
Mais les Suisses ont gardé le vieux système romain… de compter par dix.

Suisse		Français
70 septante	=	soixante-dix
80 huitante	=	quatre-vingts
90 nonante	=	quatre-vingt-dix

On voit souvent les trois langues officielles côte à côte.

Trouvez ces phrases en français / en allemand / en italien:
apple juice
open here
packets

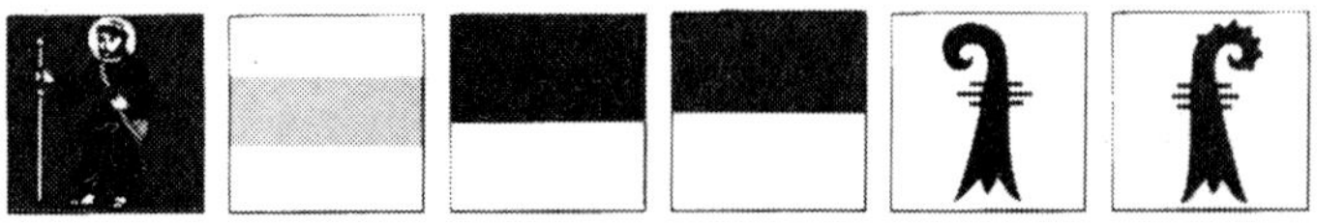

L'argent suisse

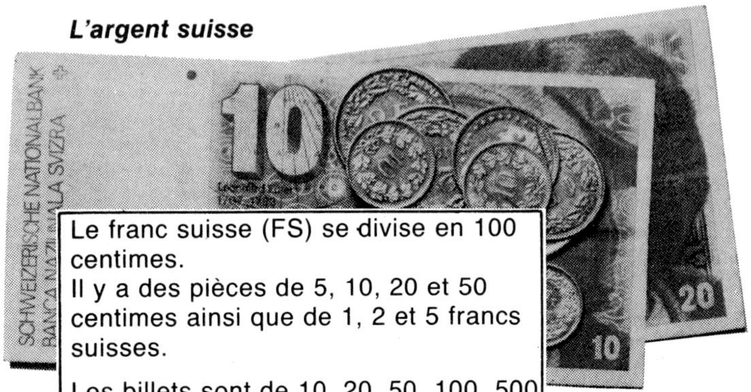

Le franc suisse (FS) se divise en 100 centimes.
Il y a des pièces de 5, 10, 20 et 50 centimes ainsi que de 1, 2 et 5 francs suisses.

Les billets sont de 10, 20, 50, 100, 500 et 1 000 francs suisses.

Les timbres suisses

era·Schwyz

Liberté et égalité en Suisse

4 langues nationales

STUDIO 16 demande:

En Suisse, il y a quatre langues nationales. C'est une vraie société cosmopolite, alors? On respecte les différences? Il y a une égalité?

Christine répond de Bienne, en Suisse:

Eh bien, dire qu'il y a une égalité, ce n'est pas tout à fait vrai. La majorité du peuple suisse parle allemand, mais les quatre parties de la Suisse sont très séparées – il y a quatre cultures différentes et quatre mentalités différentes. Et il y a des tensions. Les Suisses allemands sont conservateurs. Ils aiment la discipline. Les Romands sont plus ouverts et favorablement disposés envers le progrès. Les Italiens sont moins prêts à être conformistes. Et les Romanches s'efforcent de maintenir leur culture en vie. Il y a aussi une rivalité entre la Suisse romande et la Suisse allemande.

Une société cosmopolite? Je dirais non!

Neutralité – une réalité?

La Suisse est un pays neutre.

- Un pays neutre ne participe pas à une guerre entre autres pays
- Un pays neutre ne donne pas d'aide militaire (armements, argent) à un pays en guerre
- Un pays neutre refuse de signer des pactes

Ça semble bien, la neutralité. Est-ce qu'elle existe vraiment en Suisse?

Christine:

Eh bien, en réalité, nous avons une grande industrie d'armements. Cette industrie exporte des armements à des pays qui en ont besoin – en général, des pays agressés. Mais la Suisse a aussi exporté des armements en Afrique du Sud, par exemple.

Liberté de changer la loi

Le référendum... un droit public

Chaque Suisse a le droit de changer la loi par référendum. It faut trouver 50 000 autres qui pensent comme vous et qui veulent mettre leur signature pour demander un référendum. Dans un référendum national, chaque femme et chaque homme peut voter pour ou contre une loi individuelle. Ça, c'est la vraie démocratie, n'est-ce pas?

Christine:

Oui, mais en réalité, les choses changent très peu. Lorsque les 50 000 signatures sont trouvées, le Conseil Fédéral peut présenter une contre-proposition. Et ces deux propositions sont soumises au peuple. Et il est extrêmement rare qu'un référendum soit accepté par le peuple. A peu près 70% ne votent pas! Malheureusement, on arrive trop souvent à un compromis.

L'armée

Liberté d'être objecteur de conscience?

La Suisse a une armée. Chaque homme suisse est dans cette armée. Tous les hommes suisses doivent faire le service militaire chaque année dès l'âge de vingt ans. Chaque homme suisse est soldat presque toute sa vie. Et il est toujours prêt pour la défense – il garde son fusil à la maison, toujours préparé avec munition! Est-ce quc tous les hommes suisses veulent faire le service militaire? Et est-ce qu'il y a des objecteurs de conscience?

Christine:

Le service militaire est de plus en plus contesté par certains jeunes pacifistes, mais la plupart des hommes suisses le font par devoir national. On ne peut pas être objecteur de conscience en Suisse. Si vous refusez le service militaire, on vous met en prison – minimum trois mois!

PVA

un carrefour financier	financial crossroads
le niveau de vie	standard of living
l'un des plus élevés du monde	one of the highest
je dirais	I would say
lorsque	when
prêts (à)	ready (to)
s'efforcent de maintenir	are struggling to keep up
soumises au peuple	put to the people
agressés	under attack
dès (l'âge de)	from (the age of)
un fusil	a gun
objecteur de conscience	conscientious objector
par devoir	out of duty

A **Some questions to think about...**

- Do you think the Swiss system of national service is a good one? Why or why not?
- Do you think we should have the right of referendum in this country? If so, which issues do you think should be considered for vote by referendum?
- How many languages are represented in your class at school?

B **Note down three things which interest you about Switzerland. Discuss them with a partner.**

pensées sur le SERVICE MILITAIRE

Le service militaire est obligatoire dans beaucoup de pays. STUDIO 16 a interviewé quelques jeunes qui viennent de ces pays.

Mais voici d'abord les avis de quelques élèves français, âgés de 16 ans.

A Ecoutez les réponses à ces questions:

Qu'est-ce que tu penses de l'utilité du service militaire?

Tu penses que cela apporte un certain développement de la personnalité?

Est-ce que c'est trop long?

A quel âge est le service militaire en France?

Cela t'intéresserait de faire le service militaire?

C Whose views are these?

- I don't think military service is a bad thing, but it shouldn't bé compulsory
- I think it's a waste of time. I'll try to get out of it on medical grounds or by studying
- I think it makes boys more mature
- It can be very useful. You can learn skills such as vehicle maintenance

Now summarise in English the views of the other five people.

PVA

l'utilité	usefulness
presque perdue	almost wasted
la haine	hatred
tout à fait	exactly
une perte de temps	a waste of time
j'éviterai	I shall avoid
puisque	since
armes nucléaires	nuclear weapons
mûrs	mature
aveuglément	blindly

B Lisez les opinions de quelques jeunes qui viennent de plusieurs pays francophones.

Jean-Daniel, de la Guadeloupe:
«Moi, personnellement, j'ai fait mon service militaire. C'était une année presque perdue. Je n'ai rien appris de positif. Au contraire, je crois que c'est une excellente école de la haine! LIBERTE, EGALITE, FRATERNITE, c'est ce que désire la République Française! Dans l'armée, c'est tout à fait le contraire. Entre soldats, on n'est pas libre; on n'est pas égal; il n'y a pas de fraternité!»

Ben, de la Tunisie:
«Je suis objecteur de conscience. J'aime la paix. Je n'aime pas la guerre. Je suis formellement contre le service militaire et la répression.»

Ahmed, de la France:
«C'est une vraie perte de temps! Moi, j'éviterai mon service militaire, si possible. Il est possible si on invoque des raisons médicales. Et aussi on peut faire des études pour le déférer.»

Andrée, du Canada:
«J'ai horreur de la violence. Et je vois le service militaire comme une préparation à la destruction de la vie humaine.»

Ousmane, du Sénégal:
«Je crois qu'on n'a pas besoin d'armes nucléaires. C'est un grand danger pour la race humaine.»

Serge, de la Guadeloupe:
«Je crois que le service militaire ne doit pas être obligatoire puisque c'est un 'service'.»

Aline, de la Martinique:
«A mon avis, les garçons reviennent du service militaire plus responsables, plus mûrs, presque des hommes.»

Olivier, du Maroc:
«Le service militaire ne doit pas être obligatoire. Mais ce n'est pas une mauvaise chose.»

Daniel, de la Belgique:
«Le service militaire peut être très instructif. On peut, par exemple, apprendre à conduire des camions ou à réparer des véhicules. Mais on apprend aussi à obéir aveuglément à des ordres donnés.»

D Ecoutez le reportage, puis copiez en complétant ce plan.
Quels sont les renseignements qui manquent?

	obligatoire pour les hommes?	obligatoire pour les femmes?	dès quel âge?	durée?
FRANCE CORSE GUADELOUPE MARTINIQUE	oui		17 ans	
TUNISIE			20-35 ans	13 mois
SENEGAL				18 mois
SUISSE			20 ans	
NIGER				24 mois
GRANDE BRETAGNE				—

F TALKBACK
Quelle est votre opinion sur le service militaire?

Ecoutez encore une fois et relisez les opinions données sur ces pages. Prenez des notes, si vous voulez, pour préparer une discussion en classe.

E Lisez ce poème

Le Déserteur

Monsieur le Président,
Je vous fais une lettre
Que vous lirez peut-être,
Si vous avez le temps.
Je viens de recevoir
Mes papiers militaires,
Pour partir à la guerre
Avant mercredi soir.

Monsieur le Président,
Je ne veux pas la faire.
Je ne suis pas sur terre
Pour tuer des pauvres gens.
C'est pas pour vous fâcher,
Il faut que je vous dise,
Ma décision est prise
Je m'en vais déserter...

Je mendierai ma vie
Sur les routes de France
De Bretagne en Provence,
Et je dirai aux gens:
Refusez d'obéir
Refusez de la faire
N'allez pas à la guerre
Refusez de partir.

S'il faut donner son sang
Allez donner le vôtre,
Vous êtes bon apôtre,
Monsieur le Président.
Si vous me poursuivez
Prévenez vos gendarmes
Que je n'aurai pas d'armes
Et qu'ils pourront tirer.

Boris Vian (1920–1959)
(Editions *French Music*)

vous lirez	you will read
je viens de recevoir	I have just received
tuer	to kill
fâcher	to annoy
il faut que je vous dise	I have to tell you
je mendierai	I shall beg
son sang	your blood

le vôtre	yours
bon apôtre	saint
prévenez	warn
je n'aurai pas	I will not have
ils pourront	they will be able
tirer	to fire/to shoot

8 STEP BY STEP

L'AVENIR L'AVENIR L'AVENIR

L'avenir… c'est faire des projets.
STUDIO 16 présente notre magazine, ***Salut, les jeunes!***

A Ecoutez

S16 samedi

11.00	**Salut, les Jeunes!**
11.30	**Journal: Les Jeunes en voyage au Maroc**
12.00	**Informations**

B Ecoutez

Qu'est-ce que c'est, l'avenir…?

C'est faire des projets…

demain
après-demain
le week-end
la semaine prochaine
dans un mois
dans deux ans
dans dix ans

Qu'est-ce que c'est pour vous, l'avenir?

C Apprenez par cœur

demain	tomorrow
demain soir	tomorrow evening
après-demain	the day after tomorrow
mardi prochain	next Tuesday
le week-end	the weekend
la semaine prochaine	next week
l'année prochaine	next year
dans deux ans	in two years' time

D Quels sont vos projets?

Ecoutez et écrivez les mots qui manquent.

_____, je vais me lever de bonne heure et je vais faire du jogging.

_____, on va à la Maison des Jeunes voir une vidéo.

_____, je vais sortir avec des amis. On va à un concert de rock.

_____, je vais aller à un barbecue avec des amis.

_____, je vais avoir une moto et je vais faire du cross.

_____, mon frère et moi, nous allons passer deux semaines en Suisse faire du ski.

_____, on va habiter aux Etats-Unis, et on va y rester trois ans.

E TALKBACK

Et vous? Quels sont vos projets?

Parlez-en avec un ami. / une amie.

STEP BY STEP 8

J'arriverai

A

Un correspondant vient passer quelques jours chez vous pour la première fois.
Il vous téléphone pour vous donner l'heure de son arrivée.
Ecoutez et notez...

l'heure d'arrivée?
où?
quel jour?
c'est queile description?

B

Françoise et Jean-Pierre, deux jeunes Français rentrant de vacances, téléphonent à leurs familles pour qu'on aille les chercher à la gare et à l'aéroport. Nous avons enregistré leurs conversations téléphoniques pour STUDIO 16.

Lisez d'abord ces cartes postales. Puis écoutez les deux conversations téléphoniques.

a

Bonjour tout le monde. J'arriverai dimanche matin à 7 heures à la gare de Roscoff. J'aurai beaucoup de bagages. Est-ce que quelqu'un peut venir me chercher?
Bon baisers à tous

b

Salut,
Que je suis impatient de te voir! Le jour du départ approche... J'arriverai à la gare de Dijon le mercredi 20 juillet à trois heures. Je porterai un jean et des baskets avec un blouson en cuir et je porterai des lunettes noires, comme ça tu pourras me reconnaître!

c

On arrivera à l'aéroport à une heure le mardi 4 août. Notre avion pour Nice partira à cinq heures. Alors, on aura la chance de passer quelques heures ensemble. Tu pourras venir à l'aéroport?

Quelle est la carte postale de Françoise?
Quelle est la carte postale de Jean-Pierre?

C

Apprenez par cœur

j'arriverai jeudi soir	I will arrive on Thursday evening
j'aurai beaucoup de bagages	I will have a lot of luggage
je serai là	I will be there
je porterai un jean	I will be wearing a pair of jeans
tu pourras me reconnaître	you will be able to recognise me
l'avion partira	the plane will leave

D

Lisez cette lettre d'une amie française. Elle vous invite à passer une semaine chez elle.

Alors, tu peux venir passer quelques jours dans notre maison de campagne, au mois d'août! Je suis très contente. Quand arriveras-tu? A quelle heure? Et où? Ecris-moi vite et envoie-moi les détails nécessaires.

Amitiés
Evelyne

Ecrivez une carte postale en réponse à cette lettre. Notez:

- **l'heure**
- **la date** **de votre arrivée**
- **l'endroit**

8 STEP BY STEP

au MAROC

STUDIO 16 présente LES JEUNES EN VOYAGE

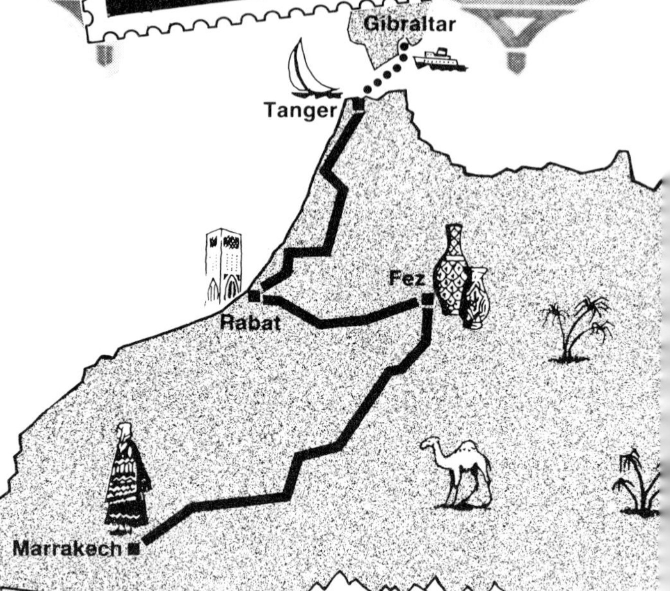

A Gabrielle et Céline vont organiser un voyage au Maroc. Elles parlent avec notre reporter dans le studio. **Ecoutez l'interview et suivez leur itinéraire sur la carte.**

B **Lisez ces lettres et écrivez où elles seront à quelle date.**

Chère Magali,

On fait des projets pour visiter le Maroc. On prendra le bateau pour Tanger le mercredi 28 octobre. La traversée durera neuf heures et on arrivera à Tanger vers onze heures du soir. On va y rester un jour, puis un jour à Rabat. Le lendemain matin, on partira plus au sud, vers Fez. Là, si tout va bien, on passera la nuit dans une auberge de jeunesse. Puis, samedi matin, on se mettra en route pour Marrakech où il y aura le festival de musique folklorique.

Est-ce que tu voudrais venir avec nous? Il y aura sans doute une place pour toi et tu pourras acheter un billet pour le festival sans problème. Ecris-nous vite!

Salut,

Céline et Gabrielle

PVA

leur itinéraire	their journey
à cette heure-là	at that time
on aura besoin	we will need
des sacs de couchage	sleeping bags
un emplacement	a camping place
à partir de...	from...
le lendemain matin	the following morning

Chers amis,

On va arriver tard dans la nuit du 28 au 29 octobre à Tanger, en route pour Marrakech. Les hôtels seront sûrement fermés à cette heure-là. Est-ce que nous pourrons passer la nuit chez vous? On arrivera vers minuit et on aura besoin de deux lits. Nous aurons des sacs de couchage.

Merci d'avance.

Amitiés,

Gabrielle

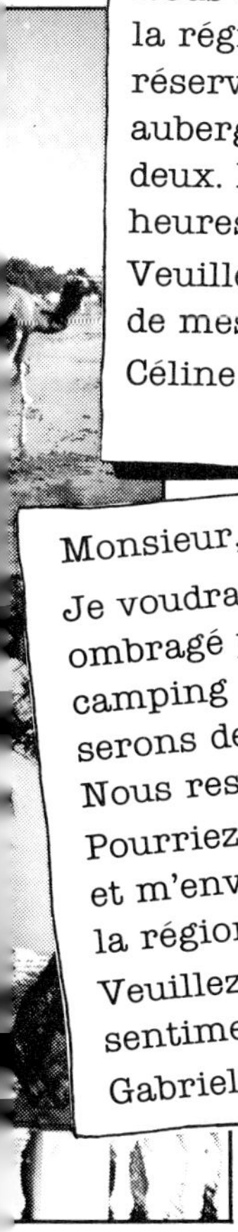

Monsieur,

Nous allons passer quelques jours dans la région de Fez et nous voudrions réserver une chambre dans votre auberge de jeunesse. Nous sommes deux. Nous arriverons vers neuf heures, le vendredi 30 octobre.

Veuillez agréer, monsieur, l'expression de mes salutations distinguées,

Céline Bordron

Monsieur,

Je voudrais réserver un emplacement ombragé pour une tente dans votre camping à partir du 31 octobre. Nous serons deux personnes et une voiture. Nous resterons cinq jours.

Pourriez-vous confirmer la réservation et m'envoyer des renseignements sur la région?

Veuillez agréer l'expression de mes sentiments dévoués,

Gabrielle Lacabe

C

Prenez le rôle d'un reporter
Demandez

Reporter

Où irez-vous passer les grandes vacances?

Vous serez combien?

Comment voyagerez-vous?

Quand est-ce que vous prendrez le bateau à Tanger?

La traversée durera combien de temps?

A quelle heure arriverez-vous à Tanger?

Combien de temps est-ce que vous resterez chez des amis à Tanger?

Où dormirez-vous?

Combien de nuits est-ce que vous passerez à Fez?

Qu'est-ce qui se passera à Marrakech?

Prenez le rôle de Gabrielle ou de Céline.

Nous irons...

On arrivera...

Nous serons...

On prendra...

On restera...

On passera...

On dormira...

Gabrielle
Céline

D

Vous voulez passer deux semaines dans un camping ou dans une auberge de jeunesse.

Ecrivez une lettre à un camping ou à une auberge de jeunesse.

Date d'arrivée?
Date de départ?
Combien de personnes?
Quel emplacement?
Combien de chambres?

8 STEP BY STEP

Vous êtes en vacances au Maroc et vous regardez dans le journal.

A Find

1 the *What's on* section
2 the *Doctor on call* section
3 the horoscope
4 the weather forecast
5 the *TV* section
6 the *Exchange rate* section

B Répondez en anglais

1 What is the phone number of the doctor on call?
2 What is the weather going to be like tomorrow?
3 Your family wants to rent a flat. Choose one that looks interesting. Give reasons for your choice.
4 Look up the time the football match against Germany starts on television.
5 Choose something to do tonight. Give details.

C Vous remarquez ces deux articles:

Saisie de 6 kilos de cocaïne à Londres

DES ATHLETES ANGLAIS, FRANÇAIS ET ALLEMANDS AU CROSS D'AGADIR

Choisissez celui qui vous intéresse et résumez-le en anglais.

D Apprenez par cœur

il pleuvra	it will rain
il neigera	it will snow
il fera beau	it will be fine
il fera chaud	it will be hot
il fera froid	it will be cold
il fera mauvais	the weather will be bad
il y aura de l'orage	it will be stormy
il y aura des averses	there will be showers
il y aura du soleil	it will be sunny
il y aura du brouillard	it will be foggy

E TALKBACK

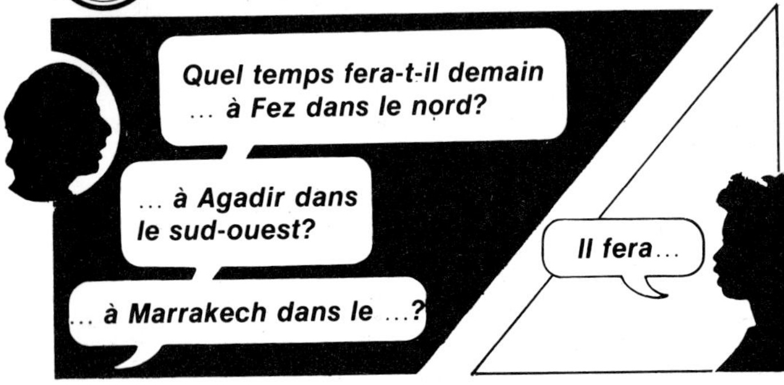

LA PRESSE du Sahara

Vous voulez acheter ou vendre tout genre de véhicule? Nous avons créé pour vous le grand marché de l'Automobile à la Foire Internationale de Casablanca

POSSIBILITÉ DE CRÉDIT
Contactez ARFA
Tel: 27.51.44 – 27.30.61

Le Casablancais Guide des bonnes adresses

KDS Komputer
vente MICRO-ordinateurs BULL
Télex 25005 M
5 RUE CHARLEVILLE
CASABLANCA

TEEN CLUB boutique
32 r. Prince My Abdallah
Casa
SOLDES
Pantalons hommes
Demi-saison
150 DH

Armani Boutique
PRET A PORTER
de luxe
CHAUSSURES CUIR
Hommes et femmes
65, 67 rue Reitzer, Casablanca
tél. 26.17.78

★ LE MARCHE DE L'EMPLOI ★

IMPORTANTE INSTITUTION cherche UN OU UNE SECRETAIRE/DACTYLOGRAPHE ayant bonne formation et expérience suffisante
Ecrire au journal

Important bureau d'études à Rabat
CHERCHE
technicien(ne) supérieur(e)
en plomberie-chauffage
avec
5 années d'expérience minimum

Envoyer CV détaillé au 130 Charia Al Alaouiyine, Rabat.

Importante Société d'Assurances
recrute
– INGENIEURS
– INFORMATICIENS
– ANALYSTES ET PROGRAMMEURS

Conditions demandées:
– Nationalité marocaine
– Age: 28 ans à 35 ans
– Expérience souhaitée
– Anglais: indispensable
Ecrire au journal

GRANDE-BRETAGNE DROGUE
Saisie de 6 kilos de cocaïne à Londres

Six kilos de cocaïne dont la valeur marchande serait de l'ordre d'un million et demi de livres sterling ont été saisis lundi soir dans une opération lancée dans le centre de Londres, a annoncé la police britannique.

Selon un porte-parole de Scotland Yard, les policiers de la brigade des stupéfiants avaient tendu une embuscade en pleine rue de Londres afin d'effectuer la saisie.

Six personnes ont été arrêtées, a-t-il ajouté.

Prévisions Météo
Le temps

Temps instable
AUJOURD'HUI Le temps sera nuageux avec grêle dans la région de Fez.
Chutes de neige en montagne à partir de 1500 m.
Mer agitée, houle de nord-ouest 2 m.

Voici les températures minimales: Fez 05, Marrakech 06, Meknès 06, Agadir 08, Casablanca 08, Tanger 09, Rabat 10.
Ce soir à Rabat, le soleil se couchera à 19 h 20. Il se lèvera à 8 h 08.

DEMAIN Un temps beau et ensoleillé.
Quelques ondées orageuses pourront encore se produire.

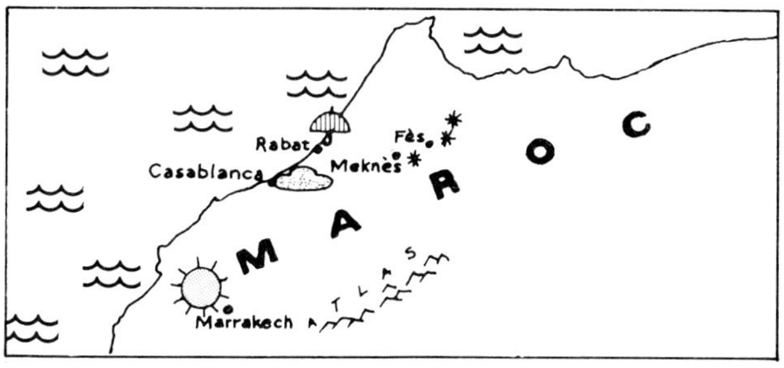

CINEMA

LUTETIA – *La nuit des loups*

RIF. RIALTO. TRIOMPHE. ABC – Omar Mokhtar *Le lion du désert*

EMPIRE. LYNX –*La championne du collège*

OLYMPIA –
1er film: *L'évadé*
2e film: *La maison du lac*

DES ATHLETES ANGLAIS, FRANÇAIS ET ALLEMANDS AU CROSS D'AGADIR

AGADIR – A l'occasion de la Fête du Trône, la ville d'Agadir abritera, le 3 mars prochain, une compétition internationale de cross-country.

Cette course internationale, la deuxième d'Agadir, sera disputée sur 15 km avec la participation d'athlètes français, anglais et allemands de l'ouest. Toutes les équipes prendront part à cette course dotée d'importants prix, notamment une prime de 10.000 DH pour le vainqueur.

Votre horoscope

BELIER (21.3–20.4) TRAVAIL: Très bonne journée pour signer un contrat
AMOUR: Fin de journée très importante. Un superbe cadeau vous touchera énormément.
SANTE: Laissez un peu les médicaments à côté!

CANCER (22.6–22.7) TRAVAIL: Vous recevrez une lettre importante où on vous demandera conseil. On croit très fort en votre jugement.
AMOUR: Enfin! Vous obtiendrez une réponse à une question qui vous a longtemps troublé.
SANTE: Nervosité aujourd'hui... demain cela ira mieux, mais vous aurez besoin de repos.

FESTIVITES

La maison des jeunes El Arabi de Mohammedia organise du 25 février au 3 mars:
– un festival de théâtre (sketches de 15 mn à 30 mn) réservé pour les troupes locales
– un tournoi de ping-pong

Tous les intéressés sont priés de prendre contact avec la direction de la Maison des Jeunes El Arabi, Bd Moulay Youssef, Mohammedia.

FEU D'ARTIFICE

Il aura lieu le 2 mars à la préfecture de Rabat à 21 heures. Toute la population est invitée à y assister.

MEDECINS DE GARDE

Une permanence médicale est assurée quotidiennement au Centre du Croissant Rouge Marocain à partir de 20 heures (Bd Al-Massira Al-Khadra)
Tél. 25-25-22

Ce soir à la télé

17.30 Début des émissions
Lecture du Coran
17.40 Programme pour enfants
19.30 Résumé des informations du jour
19.35 Football: championnat d'Allemagne
20.30 Informations
21.00 Téléfeuilleton arabe: «Le prince des poètes»
22.30 Dernières informations
Lecture du Coran

BULLETIN FINANCIER
COURS DES DEVISES

Voici le cours virement en dirhams (Banque du Maroc)

	Achat	Vente
1 Franc français	0,97	0,98
1 Dollar USA	10,21	10,26
1 Dollar canadien	7,26	7,30
1 Livre sterling	10,85	10,91
100 Couronnes danoises	82,50	82,94
100 Couronnes suédoises	105,73	106,31
1 Deutschmark	2,96	2,97
100 Escudos portugais	5,44	5,48
1 Florin hollandais	2,61	2,62
100 Francs belges	14,60	14,77
1 Franc suisse	3,51	3,53
1000 Lires italiennes	4,73	4,76
100 Schillings autrichiens	42,23	42,44
100 Pesetas	5,37	5,40
1 Dinar tunisien	10,76	10,90
100 Yens japonais	3,87	3,89
1 Dinar koweitien	33,03	33,18
1 Riyal séoudien	2,85	2,86
1 Dirham EAU	2,78	2,79

PETITES ANNONCES DE RABAT
LE MARCHE DE L'IMMOBILIER

Pour tous renseignements, adressez-vous au département publicité du journal.

Villas à louer

Villa près Bd C. Desmoulins. De plain pied: Hall. Très belle et gde récept. 2 gdes ch. Cuis. SdB. Gar. Jar (600 m²). Px 5.500 DH. Libre de suite.

Studio à louer

Près AV. HASSAN II: Studio vide ou meublé. Tél. 22.06.35

Appartements à louer

Casablanca: App 12e ét. (asc.). Sit centr. 3 ch. SdB. Gar. Chf centr. Balcon.

Bd d'Anfa: App. Hall. Salon. 2 ch. Cuis. SdB. Barbecue ext. Rens à nos bureaux.

8 STEP BY STEP

L'avenir, c'est quoi pour vous?

A

You are camping in Paris in the *Bois de Boulogne*. It is Friday afternoon. You need to decide on the best time this weekend to take down your tents and have a final barbecue.
Listen to the weather forecast and jot down what the weather will be like.

Saturday morning
afternoon
evening
Sunday morning
afternoon
evening
Decision?

B

L'avenir… c'est quoi pour vous?
Lisez, puis répondez par:

1 ***Oui, c'est sûr***
2 ***C'est possible***
3 ***Je ne sais pas***
4 ***Non, c'est impossible***

des brouillards	fog patches
dès ce soir	from this evening
la banlieue parisienne	the area around Paris
il pleuvra	it will rain

a J'habiterai et je travaillerai à l'étranger.
b Je serai célèbre et je gagnerai beaucoup d'argent.
c Je ne me marierai jamais.
d J'aurai beaucoup d'enfants et de petits-enfants.
e Je serai au chômage pour la majeure partie de ma vie.
f J'aurai un job très bien payé et j'achèterai une grande maison.
g Je serai toujours en contact avec mes amis de cette classe de français.
h Il y aura une troisième guerre mondiale.
i Les jeunes resteront à l'école jusqu'à l'âge de 18 ans.
j Il y aura un accident très grave dans une centrale nucléaire.
k On passera ses vacances dans l'espace.
l Les robots remplaceront les humains dans leur travail.

Maintenant, comparez vos réponses avec celles d'un ami. / d'une amie.

C

Faites votre propre liste:

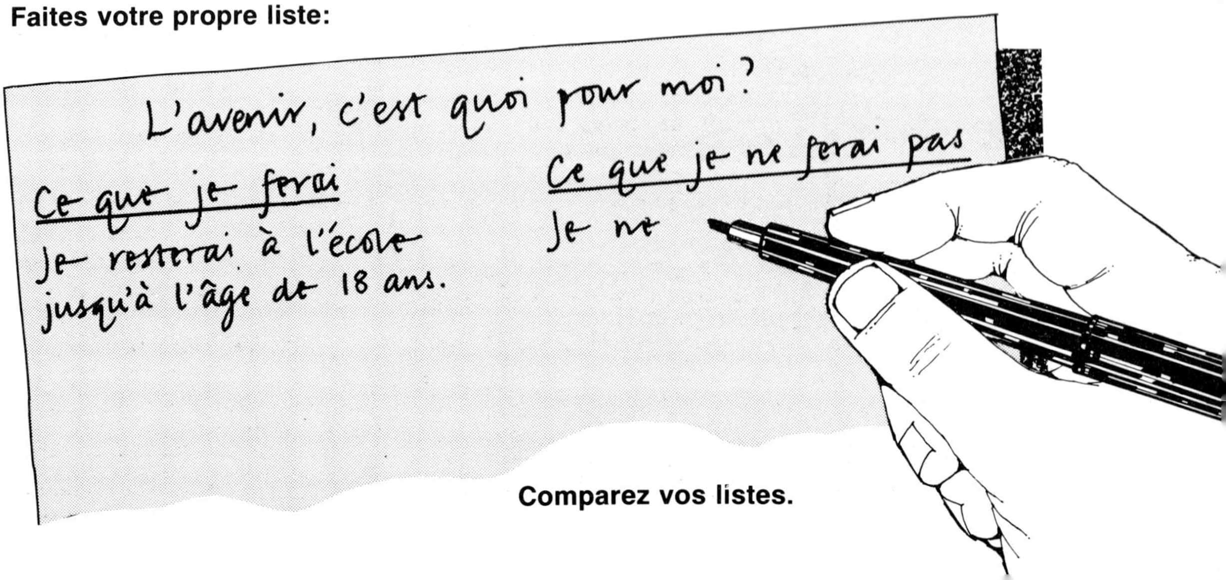

Comparez vos listes.

Ce que j'aimerais faire...

A

Qu'est-ce que vous aimeriez faire plus tard?

Nous avons posé cette question à un groupe de jeunes au STUDIO 16. Ecoutez leurs réponses.

* *voyager*
* *gagner beaucoup d'argent*
* *tomber amoureuse*
* *être chanteuse*
* *avoir une grande maison moderne*
* *avoir une moto Susuki*
* *piloter un avion ou faire du parachute*

Qu'est-ce que vous aimeriez...?	What would you like...?
Qu'est-ce que tu aimerais...?	What I'd like to do...
Ce que j'aimerais faire...	I'd really like...
Je voudrais bien...	
J'aimerais bien...	

B

TALKBACK
Et vous?

Demandez

Qu'est-ce que tu aimerais faire plus tard?

Répondez, puis changez de rôle

J'aimerais bien...
Je voudrais bien...
Je ferais...
Si possible, je serais...
Ce serait formidable de...

A l'Hôtel

C

Une femme d'affaires pose des questions au réceptionniste du Grand Hôtel à Dakar.
Ecoutez la conversation. Notez les réponses à ses cinq questions.

une femme d'affaires	a business woman
pourriez-vous me dire...?	could you tell me...?
vous pourriez m'apporter...?	could you bring me...?
où se trouve...?	where is...?
toucher un chèque	cash a cheque
un appel PCV	a reverse-charge phone call

deux oreillers	two pillows
une serviette de bain	a bath towel
du papier hygiénique	toilet paper
la carte	the menu
un jus d'orange	an orange juice

D

TALKBACK
Posez ces questions

Pourriez-vous me dire où il y a un bon restaurant/ une banque?
Pourriez-vous me dire à quelle heure on sert le petit déjeuner/ le dîner?
Vous pourriez me dire où se trouve le parking/ le Syndicat d'Initiative?
Pourriez-vous me donner les clés de ma chambre/ du savon/ deux oreillers?
Vous pourriez m'apporter une serviette de bain/ du papier hygiénique dans la chambre?
Est-ce que je pourrais téléphoner à Paris/ en Angleterre?
Est-ce que je pourrais voir la chambre/ la carte/ la salle de jeux?
Est-ce que je pourrais toucher un chèque?

Répondez, puis changez de rôle.

Oui, bien sûr. Il y a une banque au coin de la rue.
Le petit déjeuner est servi entre 7h et 9h.
Oui, le parking est juste en face/ derrière l'hôtel.
Oui, d'accord. Quel est votre numéro de chambre?
Oui, vous pouvez téléphoner de la cabine là-bas.
Oui, certainement.

E

TALKBACK
You have just arrived at a hotel.

Prenez ces rôles

client
cliente

* Ask where the car park is
* Ask to see your room
* Ask when dinner is served
* Ask if you can make a phone call to London
* Ask for an orange juice to be brought to your room
* Ask for two pillows
* Ask for some soap
* Ask if you can see the swimming pool
* Ask where the tourist office is
* Ask for your room keys
* Ask if you can cash a cheque

réceptionniste

Que feriez-vous?

A **Que feriez-vous dans ces situations-ci?**

PSYCHO-TEST

1 Si vous trouviez dans la rue un portefeuille avec 200 francs à l'intérieur, que feriez-vous?
- **a** Je le garderais pour moi
- **b** Je le porterais à la police
- **c** J'irais à l'adresse indiquée et j'espérerais une récompense

2 Que feriez-vous si vous entriez dans la chambre de votre frère ou sœur et que vous trouviez son journal intime?
- **a** Je ne le regarderais pas
- **b** J'y jetterais un coup d'œil en vitesse
- **c** Je le lirais entièrement

3 Si un voisin vous demandait de donner à manger à son chat pendant son absence et vous laissait la clé, que feriez-vous?
- **a** Je donnerais à manger au chat et je partirais tout de suite
- **b** Je donnerais à manger au chat et je ferais le tour de la maison
- **c** Je donnerais à manger au chat, puis je chercherais une bière dans le frigo

4 Si vous étiez au chômage depuis six mois, que feriez-vous si on vous proposait une place dans une fabrique de cigarettes alors que vous ne fumez pas et que vous êtes tout à fait contre le tabac?
- **a** J'accepterais le poste parce qu'il faut bien vivre
- **b** Je le refuserais par principe
- **c** J'en parlerais à mes amis – la place pourrait les intéresser

5 Que feriez-vous si, au supermarché, on vous rendait trop de monnaie à la caisse?
- **a** Je partirais sans rien dire
- **b** Je dirais: «Vous m'avez trop donné!»
- **c** Je ne le remarquerais pas

6 Vous ne mangez pas la viande. Que feriez-vous si un ami vous préparait un repas spécial de steack-frites?
- **a** Je le mangerais sans rien dire
- **b** Je ne mangerais que les frites
- **c** Je lui dirais: «Je ne mange pas la viande»

Discutez de vos réponses avec un ami. / une amie.
Essayez de donner les raisons de votre choix.

B Vous êtes avec des amis à bord d'un bateau qui est en train de couler.

Regardez la liste et choisissez vite huit objets de première nécessité. Donnez, chacun à votre tour, les raisons de votre choix. Etes-vous d'accord? Puis, entre vous, mettez-vous d'accord sur quatre objets.

Ile déserte

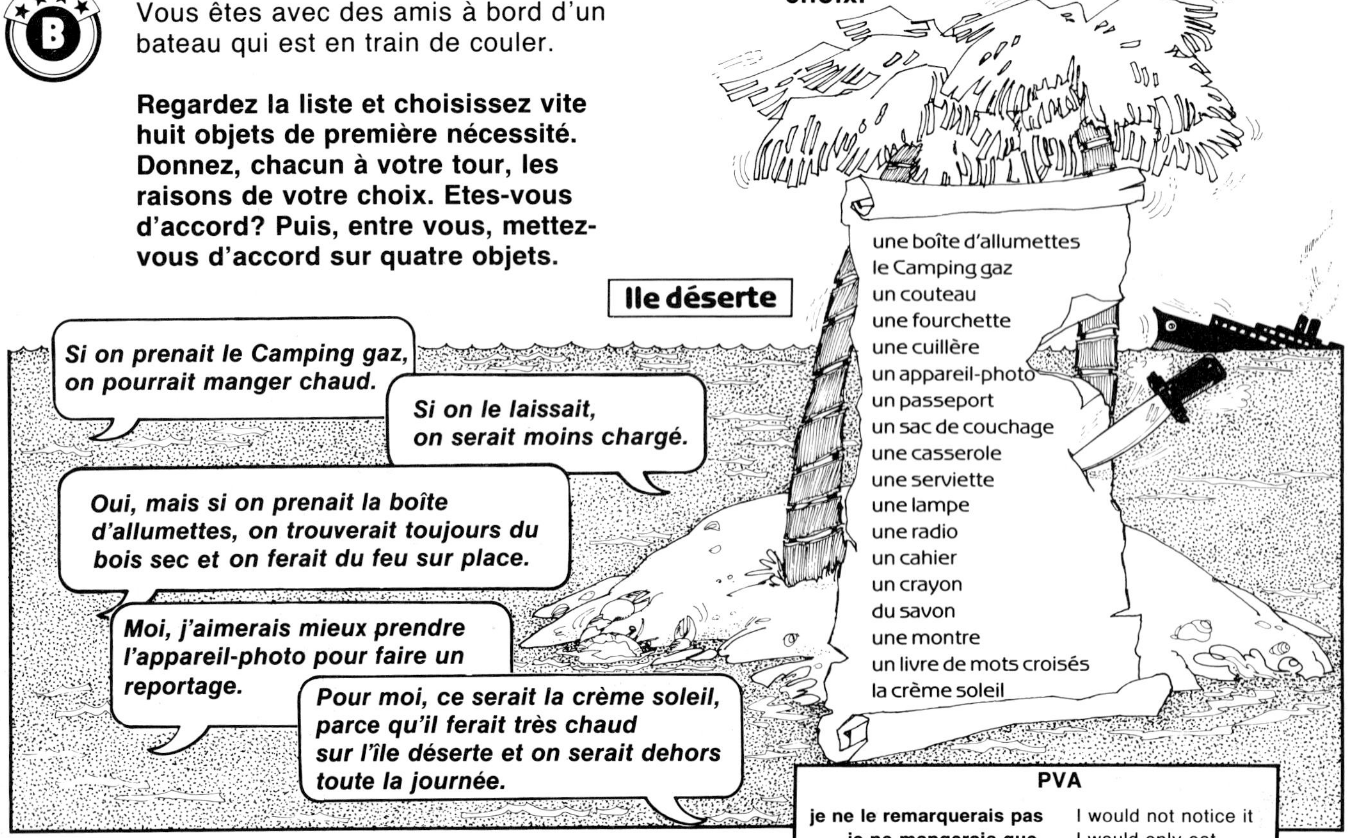

PVA	
je ne le remarquerais pas	I would not notice it
je ne mangerais que	I would only eat

Checker-Chart

THE FUTURE TENSE

Here are some useful verbs in the future tense:

arriver
j'arriverai
tu arriveras
il arrivera
elle arrivera
on arrivera
nous arriverons
vous arriverez
ils arriveront
elles arriveront

avoir
j'aurai
tu auras
il aura
elle aura
on aura
nous aurons
vous aurez
ils auront
elles auront

être
je serai
tu seras
il sera
elle sera
on sera
nous serons
vous serez
ils seront
elles seront

faire
je ferai
tu feras
il fera
elle fera
on fera
nous ferons
vous ferez
ils feront
elles feront

aller
j'irai
tu iras
il ira
elle ira
on ira
nous irons
vous irez
ils iront
elles iront

j'achèterai	je passerai
je dormirai	je prendrai
j'écrirai	je porterai
je gagnerai	je pourrai
j'habiterai	je recevrai
je me marierai	je resterai
je partirai	je travaillerai

RAPPEL
il y aura
il faudra
il fera beau
il neigera
il pleuvra

THE CONDITIONAL TENSE

Here are some useful verbs in the conditional tense:

aimer
j'aimerais
tu aimerais
il aimerait
elle aimerait
on aimerait
nous aimerions
vous aimeriez
ils aimeraient
elles aimeraient

avoir
j'aurais
tu aurais
il aurait
elle aurait
on aurait
nous aurions
vous auriez
ils auraient
elles auraient

être
je serais
tu serais
il serait
elle serait
on serait
nous serions
vous seriez
ils seraient
elles seraient

faire
je ferais
tu ferais
il ferait
elle ferait
on ferait
nous ferions
vous feriez
ils feraient
elles feraient

aller
j'irais
tu irais
il irait
elle irait
on irait
nous irions
vous iriez
ils iraient
elles iraient

j'aimerais
je devrais
je dirais
je pourrais
je voudrais

RAPPEL
il y aurait
il faudrait
il ferait

OPINIONS OPINIONS courrier

DROITS A 16 ANS

Nos lecteurs écrivent STUDIO 16 répond

DOIS-JE PARTIR AVEC MES PARENTS?

Cher STUDIO 16
Ma mère et mon beau-père déménagent en Ecosse en octobre et ils me forcent à aller avec eux. J'ai 16 ans. J'ai quitté l'école et maintenant je travaille. Je sors avec un garçon depuis plus d'un an. J'aime mes parents mais je ne veux pas partir avec eux. Est-ce qu'ils peuvent m'y obliger?

Annick, Strasbourg

Oui, Annick, vous êtes sous la responsabilité de vos parents jusqu'à 18 ans et légalement ils peuvent vous forcer à les accompagner. Si vous refusez, ils peuvent porter l'affaire en justice et vous pouvez avoir beaucoup de problèmes.

Ils veulent probablement que vous les accompagniez, parce qu'ils pensent qu'à 16 ans vous êtes trop jeune pour être indépendante. Parlez-en encore avec eux. Le reste de votre famille peut vous aider...

•

QUELS SONT MES DROITS A 16 ANS?

Cher STUDIO 16
Est-ce que je peux quitter la maison familiale sans l'autorisation de mes parents? Est-ce que je peux sortir avec quelqu'un sans leur permission? J'ai 16 ans, et j'aimerais bien savoir mes droits!

Marianne, Dijon

Non, Marianne, vous ne pouvez pas quitter la maison de vos parents sans leur permission. Vous pouvez sortir avec quelqu'un – mais si vos parents pensent que vous êtes en danger physique ou moral, ils peuvent vous en empêcher.

Notez, cependant, qu'à 16 ans vous avez certains droits. Par exemple, vous pouvez quitter l'école, avoir des rapports sexuels, rouler à motocyclette (de 50 cm^3 à 80 cm^3) ... et acheter des chocolats fourrés à l'alcool! (Consultez le Code Civil pour en savoir plus.)

A PROPOS DE MOTO

Cher STUDIO 16
Souvent à la sortie du lycée, un copain me propose de faire un tour à moto. A ce propos, j'aimerais que vous répondiez à ces deux questions:
1 A-t-on le droit de monter derrière le conducteur d'une mobylette ou d'une moto?
2 Le port du casque, est-il obligatoire?

Pascale, Nice

Non, Pascale, on ne peut pas monter derrière le conducteur d'une mobylette (prévue pour une seule personne) ou d'un «engin» dont la cylindrée est inférieure à 125cm^3.

En revanche, à partir de 125cm^3, pas de problème, à condition de porter un casque (celui-ci est toujours obligatoire).

VOUS AVEZ LE DROIT DE CHOISIR

Cher STUDIO 16
Je vous écris parce que j'ai un problème. J'ai bientôt 17 ans et mon meilleur ami s'appelle Jean-Luc. Je le connais depuis longtemps. On s'entend très bien et on se voit souvent. Mais maintenant mes parents ne veulent plus que je le voie. Je ne comprends pas pourquoi. Ils voudraient que je le voie moins souvent, ou même plus du tout. Ils voudraient aussi que je rencontre des filles de mon âge, mais j'ai déjà beaucoup de copines. Je ne crois pas que ce soit raisonnable.

Alain, Paris

Le problème, Alain, c'est que vos parents vous comprennent mal; ils sont inquiets à votre sujet.

Parlez avec eux. Expliquez-leur que Jean-Luc est un ami très important pour vous et que vous êtes heureux quand vous êtes ensemble. Dites aussi à vos parents que vous les aimez et que vous les respectez toujours, mais qu'à votre âge, vous avez le droit de choisir vos amis.

Bon courage et bonne chance!

•

PVA

mon beau-père	my stepfather
(Ils) déménagent	they are moving (house)
sans l'autorisation	without the consent
ils peuvent vous en empêcher	they can stop you
le port du casque	wearing a helmet
en revanche	on the other hand
à votre sujet	about your

A **Lisez les lettres, puis discutez-en.**

L'Organisation des Nations Unies, New York

LES ENFANTS ONT LES DROITS

L'Assemblée Générale des Nations Unies a fait cette déclaration concernant les droits des jeunes.

Les jeunes ont le droit à l'égalité sans considérations de race, de couleur, de religion, de sexe ou de nationalité

- le droit au développement mental et physique
- le droit à la santé
- le droit d'avoir un nom et une nationalité
- le droit à une nourriture suffisante, au logement et aux soins médicaux
- le droit à des soins spéciaux si l'on est handicapé
- le droit à l'amour, à la compréhension, au soin
- le droit à l'éducation gratuite
- le droit à l'aide immédiate en cas d'urgence
- le droit à être protégé de la cruauté, de la négligence et de la persécution
- le droit à être élevé dans l'esprit d'une paix et d'une fraternité mondiales.

B **Connaissez-vous vos droits? Quel est l'âge correct?**

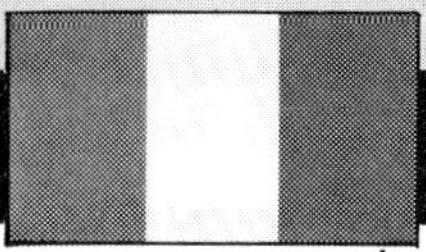 

En France		En Angleterre
Il est obligatoire de rester à l'école jusqu'à l'âge de 16 ans.	**ECOLE**	On peut quitter l'école à l'âge de **?** ans.
Pour voter, il faut avoir 18 ans (être majeur). Pour se présenter aux élections municipales, il faut avoir 21 ans. Pour devenir Président de la République, il faut avoir 23 ans.	**VOTER** 	Pour voter, it faut avoir **?** ans (être majeur). Pour se présenter aux élections, il faut avoir **?** ans. Pour devenir Premier Ministre, il faut avoir **?** ans.
A 18 ans, un jeune homme peut se marier. A 15 ans, une jeune femme peut se marier avec l'autorisation de ses parents; il faut avoir 18 ans pour se marier sans leur consentement.	**MARIAGE** 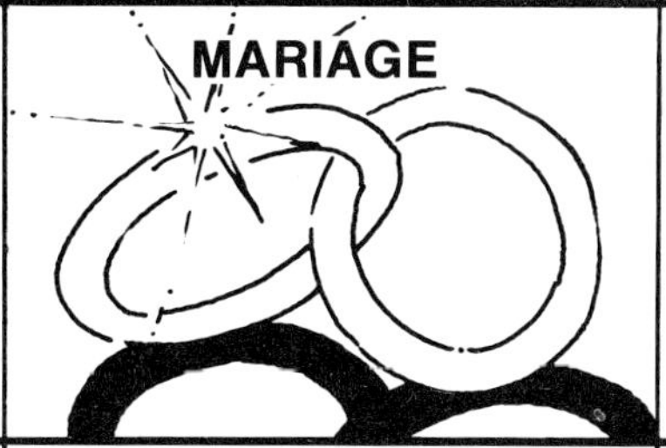	A **?** ans, on peut se marier avec l'autorisation de ses parents; à **?** ans, on peut se marier sans leur consentement.
On ne sert pas d'alcool aux moins de 18 ans. Il est interdit aux moins de 18 ans de boire de l'alcool dans les cafés et les bars.	**ALCOOL** 	Entre **?** ans et **?** ans, on a le droit d'entrer dans un pub, mais il est interdit de boire de l'alcool. A partir de **?** ans, on a le droit de boire de la bière, du cidre ou du vin avec un repas dans un restaurant.
Il n'est pas interdit de vendre des cigarettes aux mineurs.	**CIGARETTES**	Il est interdit de vendre des cigarettes aux moins de **?** ans.
A 14 ans, on peut conduire une mobylette (moins de 50 cm^3) sans permis de conduire. A 18 ans, on peut passer son permis de conduire pour une voiture.	**PERMIS DE CONDUIRE** 	A **?** ans, on peut conduire une mobylette (moins de 50 cc) sans permis de conduire. A **?** ans, on peut passer son permis de conduire pour une voiture.

Réponses – voir la page 169

Pensées sur l'avenir

STUDIO 16 a demandé à quelques jeunes leurs pensées sur l'avenir …

OPINIONS

A **Lisez les réponses**

L'avenir me fait peur car l'armement nucléaire est très dangereux. Les gens deviennent de plus en plus méchants entre eux. Ce qui me fait encore plus peur, c'est le chômage et il est si difficile de trouver du travail.

Je pense qu'il ne faut pas se laisser intimider par les images de machines, les robots, les ordinateurs…

Il est vrai que la course à l'armement qui s'engage de nos jours entre les Américains et les Russes est effrayante. Mais la vie est assez courte et bien trop précieuse pour la gâcher, alors je dis «Profitons de la vie, cultivons l'amour et l'amitié.»

Il faut être toujours optimiste. Moi, j'essaie de profiter de la vie, de ses plaisirs. J'essaie de penser de moins en moins à l'avenir. Je reste tout de même optimiste.

L'avenir pour moi, c'est être indépendante et gagner ma vie. Est-ce que je vais tout simplement rejoindre la file des millions de gens qui cherchent un travail? Puis, quand on trouve un travail, on a toujours peur de faire une erreur et de se faire renvoyer.

L'avenir me fait peur. Il y a tellement de problèmes en ce moment que notre avenir n'est pas du tout assuré. Nous ne sommes pas sûrs de trouver un travail avec tous ces problèmes de chômage, car les robots nous remplacent. Mais ce qui me fait le plus peur, c'est la guerre nucléaire: chaque jour, la terre est en danger et il suffirait d'une simple personne pour appuyer sur le bouton et détruire la terre.

PVA

le chômage	unemployment
la course à l'armement	arms race
de nos jours	nowadays
effrayante	frightening
pour la gâcher	to spoil it
profitons de la vie	let's make the most of life
j'essaie de…	I try to…
de moins en moins	less and less
l'avenir me fait peur	the future frightens me
tellement de…	so many…
assuré	secure
il suffirait	it would only need
appuyer sur le bouton	to press the button
détruire la terre	to destroy the earth
la file	the queue
se faire renvoyer	to be given the sack

B **TALKBACK**
Et vous?

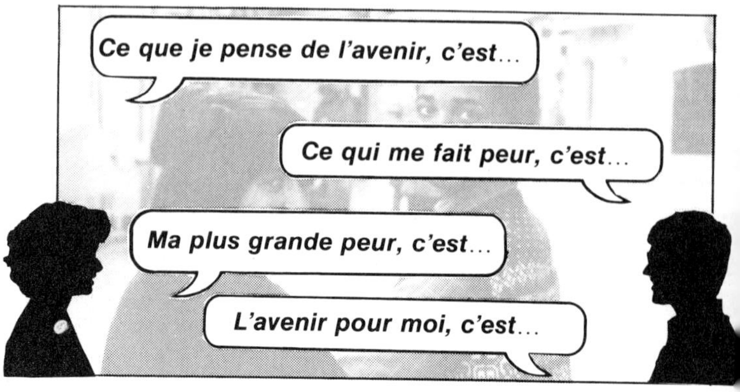

Ce que j'aime dans la vie

A Lisez

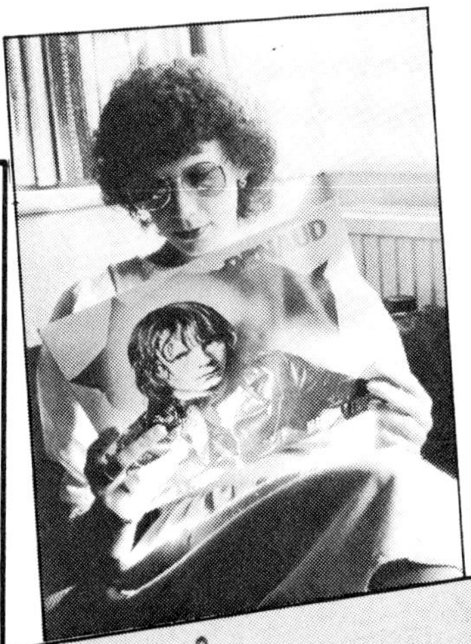

Quelques extraits de vos lettres...

J'aime énormément de choses dans la vie. J'adore faire du sport, spécialement le tennis, mais aussi le handball, le squash et le volley-ball. J'aime le dessin, qui me permet de m'évader, de concrétiser certaines pensées, certains rêves.

C'est surtout la musique qui m'apporte le plus grand plaisir. Elle me fait oublier mes soucis. Quand j'écoute de la musique, j'oublie tout, je me sens heureux.

Dans la vie ce que j'aime, c'est aller à la patinoire avec ma famille ou mes amis. Quand on est ensemble, on s'amuse bien, on ne pense plus à l'école.

Ce que j'aime surtout, ce sont les vacances aux sports d'hiver ou au soleil. J'adore faire du ski et, en été, faire du vélo, du tennis, de la planche à voile.

Moi, j'adore rester au lit le matin avec un livre, pas forcément intellectuel, mais plutôt du genre Daphne du Maurier ou Agatha Christie. Je mets une grande tasse de café auprès de moi, trois oreillers dans le dos et beaucoup de couvertures. Ah ... quel luxe!

Dans la vie, j'aime les surprises. J'adore me réveiller et voir qu'il y a de la neige partout; et revoir les gens que je n'ai pas vus depuis longtemps.

Moi, j'aime être en compagnie d'amis: on s'amuse, on fait des blagues et on passe des journées heureuses ensemble.

Dans la vie, il y a une chose très importante pour moi. C'est avoir la liberté de penser, de pouvoir s'évader. Lorsqu'il y a assez de réalités qui nous bouchent l'horizon, ceci est un petit jardin où personne d'autre ne pénètre: un jardin secret.

En fait, la vie est une chose qu'on n'a qu'une fois et dont il faut profiter au maximum.

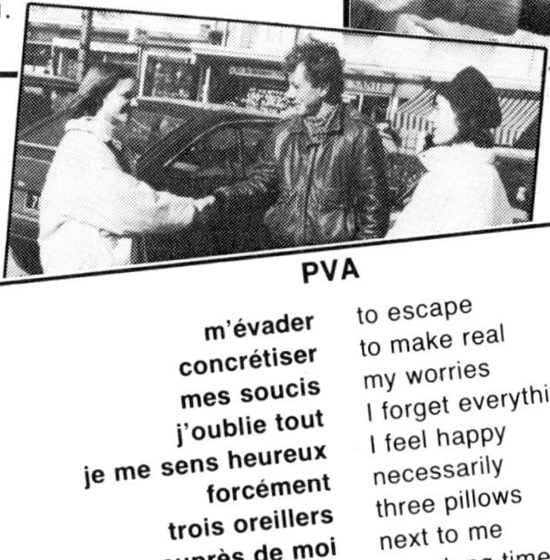

B TALKBACK

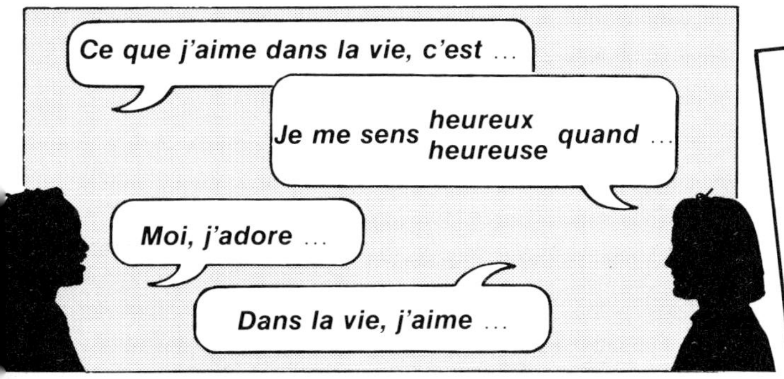

PVA

m'évader	to escape
concrétiser	to make real
mes soucis	my worries
j'oublie tout	I forget everything
je me sens heureux	I feel happy
forcément	necessarily
trois oreillers	three pillows
auprès de moi	next to me
depuis longtemps	for a long time
on fait des blagues	we make jokes
... qui nous bouchent l'horizon	which hide the horizon from us
dont	from which

PROBLEMES ...que faire?

A Ecoutez les problèmes des jeunes consommateurs sur STUDIO 16. Faites correspondre les consommateurs avec leurs achats.

il ne me plaît plus du tout
il n'enregistre pas
le flash a arrêté de marcher
il ne marchait toujours pas

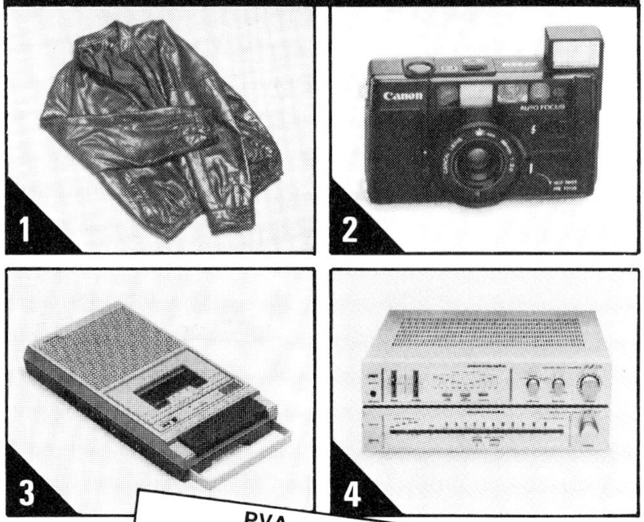

PVA

le reçu	the receipt
la garantie	the guarantee
rembourser	to reimburse

B Ecoutez encore une fois. Quel est le problème? Qu'est-ce qui ne va pas? Expliquez en anglais.

C Maintenant écoutez ces conversations. Dans chaque conversation, il y a un problème, une difficulté. Quel est le problème? Expliquez en anglais.

D Apprenez par cœur

je suis désolé / désolée excusez-moi je regrette	I'm sorry
je crois qu'il y a une erreur	I think there's a mistake
ça ne fait rien ce n'est pas grave	it doesn't matter
tant pis	too bad
je suis en retard	I'm late

E **TALKBACK**

Pour trois des situations de l'exercice C, prenez les rôles, puis imaginez une conversation.
Ecoutez encore une fois, si nécessaire. Enregistrez, si possible.

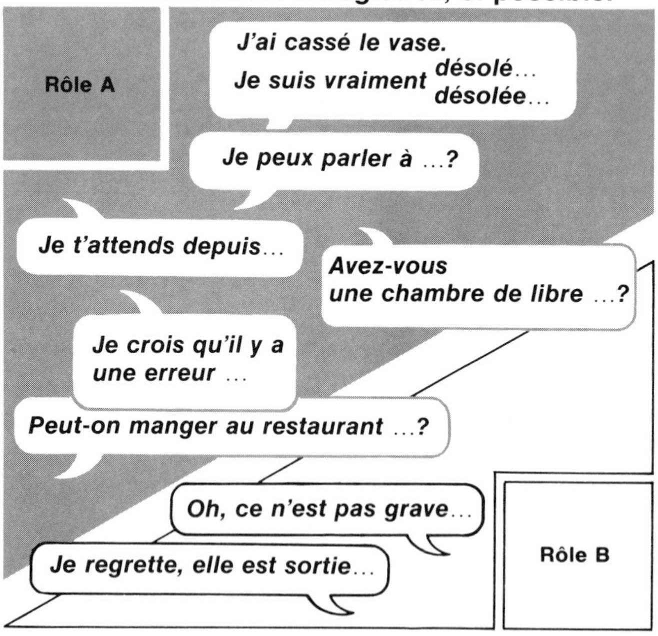

F Lisez. Que pensez-vous du problème... et des solutions?

OPINIONS OPINIONS

Témoignage

Vous aussi, quel que soit votre cas, vous pouvez nous le confier. Qu'il s'agisse d'un problème avec vos parents, vos copains, etc, n'hésitez pas à nous écrire!

CES VACANCES, QUEL ENNUI POUR MOI!

Je suis dans ma chambre et je suis censée préparer mes bagages parce que nous partons demain en vacances. Mais en fait, je préfère vous écrire mon témoignage pour vous dire que je n'ai pas du tout envie de faire ma valise, et encore moins de descendre dans le Midi demain avec mes parents et mon petit frère. Le Midi, le soleil, c'est tout un programme de rêve pour la plupart des gens surtout quand on habite en Normandie où il pleut la plupart du temps. Je devrais donc être heureuse, n'est-ce pas? Eh bien, je ne le suis pas. Pourquoi? Parce que depuis quelques années, nous allons avec la régularité d'une horloge dans le même camping. Quand j'étais petite, ça allait encore. Je m'amusais bien avec quelques camarades, une pelle, un seau, des petits pâtés... Mais maintenant, je ne peux plus supporter ce camping.

C'est comme s'il était pour nous tout seuls. Pas de vacanciers super-excités, pas de bruit. L'idéal, quoi! Voilà ce qu'ils disent. L'idéal pour eux, peut-être, pas pour moi.

J'ai besoin d'être avec des gens de mon âge, et dans ce camping, il n'y a personne de mon âge. Il y a deux courts de tennis... mais il n'y a jamais personne qui y joue. Il y a une piscine, mais c'est juste un bassin avec trois grammes d'eau pour que les petits ne se noient pas. Qu'est-ce qu'on veut que je fasse toute la journée? «Fais comme nous: la chaise longue, la bronzette et la lecture.» «Mais à mon âge, ce n'est pas de repos dont j'ai besoin, c'est d'activités au contraire... et aussi de m'amuser. Franchement, je préférerais rester à la maison. Ici au moins, j'ai mes copains, mes activités.» «Rester ici? Toute seule? Tu n'y penses pas, Janine.» «Et pourquoi, s'il te plaît? Je ne suis plus un bébé. Je resterai avec le chien. Il me gardera.» «Il n'en est pas question. Tu as besoin de vacances et de soleil. Tu viendras avec nous.»

Est-ce qu'il y a d'autres lecteurs qui ont mon problème?
Janine

PVA

quel que soit...	whatever is...
qu'il s'agisse de...	whether it is...
censée	supposed
le Midi	the south of France
je devrais	I should
des petits pâtés	little sandcastles
supporter	stand/bear
pour que	so that
(ils) ne se noient pas	(they) don't drown
la bronzette	sunbathing
la lecture	reading
franchement	frankly

UNE QUESTION D'ORGANISATION

Janine,
D'accord, ce n'est pas drôle ce que tu décris comme vacances. Mais moi, je vais te dire, j'ai 16 ans et demi et je ne suis jamais allé en vacances de ma vie. Jamais. J'habite un village, à la campagne, de 800 habitants. Je pourrais m'ennuyer moi aussi, si je voulais, pendant les vacances. Mais j'en ai décidé autrement. Il suffit de s'organiser. D'abord, je fais du vélo, c'est agréable et c'est un sport recommandé pour la santé. A dix kilomètres de chez moi, il y a un court de tennis. C'est loin. Mais en plein été quand il fait beau, avec un vélo, c'est un plaisir de faire ces kilomètres. Il n'y a pas de piscine mais juste une petite rivière. Eh bien, crois-moi si tu veux, avec des copains on s'amuse drôlement dans ces 20 centimètres. Ce n'est pas que je ne rêve jamais d'autres vacances. Non, non. Mais au moins, j'essaie de faire avec ce que j'ai sous la main. Joue au tennis avec ton père, invite une copine, bronzez, faites des promenades! Le pire, c'est de ne rien tenter.
Sébastien

G Discutez du problème, puis écrivez une lettre qui donne votre propre solution.

PVA

je pourrais m'ennuyer	I could get bored
autrement	otherwise
ce que j'ai sous la main	what I've got
le pire	the worst
ne rien tenter	not to try anything

LE FRANÇAIS DANS LE MONDE

Interview avec Paolo Diop

Paolo Diop vient du Sénégal. Il travaille comme gérant du restaurant Calebasse à Covent Garden, Londres.

Dans la vie ordinaire africaine, la calebasse est très importante. On l'utilise comme:

bouteille pour mettre de l'eau
baignoire pour se laver
instrument de musique
récipient pour y manger

PVA

le gérant	the manager
une calebasse	a calabash, a gourd
les mets	dishes on a menu
les plats	
la viande	meat
les légumes	vegetables
les plantaines	plantains (banana-like tropical fruits)
l'igname	yam
les patates douces	sweet potatoes
des bananes vertes	green bananas
du manioc	manioc, cassava
bon marché	cheap

A

Ecoutez Paolo.
Il nous parle:

- de sa journée
- de ses retours au Sénégal
- du menu du restaurant
- des réactions de ses clients
- des prix du restaurant

B

Ecoutez encore une fois et complétez ces phrases en anglais:

Paolo Diop has worked at the Calabash restaurant as catering manager for ____ years. He has a long working day and leaves the restaurant at ____ pm. He goes back to Senegal on holiday for ____ months each year. The restaurant serves dishes from all over ____, and the vegetables which Paolo orders by ____ from the market are imported from ____ and ____. People of various nationalities come to eat in the restaurant because the food is ____ and it's ____.

C

TALKBACK
Vous avez choisi?

Lisez le menu du restaurant Calebasse.

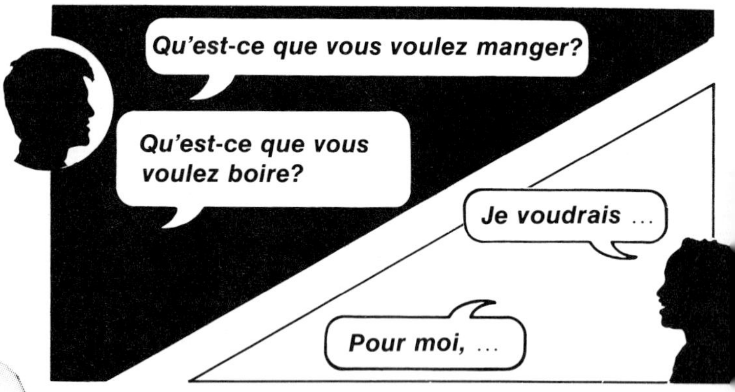

WELCOME TO THE CALABASH RESTAURANT
THE BEST AFRICAN CUISINE IN LONDON

Délice de Calabash (Avocado, coconut, blackeyed beans)
Aloco (Fried plantain with hot pepper sauce)
Gessou (Fish cooked in ginger and dried shrimps served with rice) *BENIN*
Binyebwa (Beef cooked in fresh peanut sauce and green banana) *UGANDA*
Poussin à la sauce (Stuffed chicken with sauce served with rice) *SENEGAL*
Egusi (Beefstew & spinach & melon seeds cooked in palm oil) *NIGERIA*
Kofta (Grilled meat balls in tomato sauce served with rice and nuts) *EGYPT*
Monko Froh (King prawns in tomato sauce served with rice) *GHANA*

Résumé des Talkbacks

Programme 4

Enregistrez vos TALKBACKS, si possible!

L'EGALITE

Est-ce que les chances sont égales pour les femmes et les hommes?

Est-ce que l'égalité des sexes existe?

L'égalité n'existe vraiment pas ...

Il y a toujours des différences ...

En réalité, la femme a plus de difficultés à ...

Les femmes et les hommes ont les mêmes chances de ...

C'est l'homme qui ...

Que penses-tu du rôle de la femme?

A mon avis ...
J'estime que ...
Je crois que ...
Je suis d'accord que ...

... la femme doit/ ne doit pas
... la femme veut/ ne veut pas
... l'homme doit/ ne doit pas
... les deux parents doivent

... s'occuper des enfants
... travailler à l'extérieur
... rester à la maison
... trouver un emploi à mi-temps

Est-ce qu'on peut ...
Est-ce qu'on a le droit de ...

... voir le film?
... marcher sur la pelouse?
... se promener avec le chien?
... fumer ici?
... stationner ici?

Non, il est interdit de .../
on n'a pas le droit de ...

7 STEP BY STEP

Qu'est-ce qui t'est arrivé?

Tu l'as perdu quand?

Où l'as-tu laissé?

Tu l'as cherché chez toi?

Tu peux me le décrire?

Qu'est-ce qu'il y a dedans?

J'ai perdu mon sac.

Je l'ai perdu ...

Je l'ai laissé ...

Oui, je l'ai cherché ...

C'est un sac ...

Dans mon sac, il y a ...

Checker-Chart

Est-ce que tu as appris l'espagnol?

Où as-tu pris ton déjeuner hier?

As-tu rangé ta chambre ce matin?

As-tu fait tes devoirs?

Est-ce que tu es né/née en 1977?

Est-ce que tu as été en Turquie?

Tu es allé/allée au stade aujourd'hui?

Est-ce que tu as eu des problèmes chez toi?

Non, je ne l'ai pas appris/
Oui, je l'ai appris.

Je l'ai pris à la cantine hier.

Oui, je l'ai déjà rangée.

Non, je ne les ai pas faits.

Non, je suis né/née en ...

Oui, j'y ai été.

Non, je n'y suis pas allé./allée.

Non, je n'en ai pas eu/
Oui, j'en ai eu.

A quelle heure est-ce que tu t'es levé? / levée?

Qu'est-ce que tu as pris au petit déjeuner?

A quelle heure as-tu quitté la maison?

Comment es-tu venu / venue à l'école?

A quelle heure es-tu arrivé / arrivée à l'école?

Où es-tu allé / allée pendant la récréation?

Qu'est-ce que tu as fait?

A quelle heure es-tu parti / partie de l'école?

Qu'est-ce que tu as fait pendant la soirée?

A quelle heure est-ce que tu t'es couché? / couchée?

Je me suis levé / levée à sept heures.

Sports

Est-ce que tu pratiques un sport?

En quel sport es-tu bon? / bonne?

Combien de fois par semaine est-ce que tu fais du sport?

Tu joues dans une équipe?

Quel sport est-ce que tu aimerais jouer plus tard?

Est-ce qu'il y a un stade/ un gymnase/ une piscine près de chez toi?

Est-ce que tu crois que le sport est une bonne chose? Pourquoi?

Je pratique (la gymnastique).

Je suis bon / bonne en (badminton).

Je fais du sport (deux) fois par semaine.

Oui, je joue dans une équipe de (tennis).

J'aimerais pratiquer (la voile).

Oui, il y a une piscine à un kilomètre.

Oui, je crois que le sport est une bonne chose parce que ...

INFOS

Où veux-tu aller en vacances? Pourquoi?

Je préfère aller (à Moscou/ en Corse) parce qu'il fait .../ parce que j'aime ...

On peut visiter/ aller/ louer ...

On s'amuse bien quand ...

Mais non, c'est trop cher.

Il fait trop chaud ...

Il n'y a pas de ...

Il y a trop de ...

Je n'aime pas ça/ Je n'aime pas ...

Le français dans le monde

Il n'y a pas de racisme/ Il y a un racisme.

Le racisme n'est pas un problème/ Le racisme est un problème.

Le racisme n'existe pas envers .../ Le racisme existe envers ...

Je n'ai pas eu de problèmes/ J'ai eu des problèmes.

Il n'y a pas de différences entre .../ Il y a des différences mais elles sont bonnes.

Il n'y a jamais de tensions entre .../ Il y a souvent des tensions entre ...

Il y a une discrimination envers .../ Le racisme est moins prononcé envers ...

C'est un problème politique/ de classe sociale/ de religion.

Il y a une très grande diversité de races et de religions. C'est une bonne chose.

Le racisme est dirigé vers les minorités.

Il faut comprendre les différentes cultures.

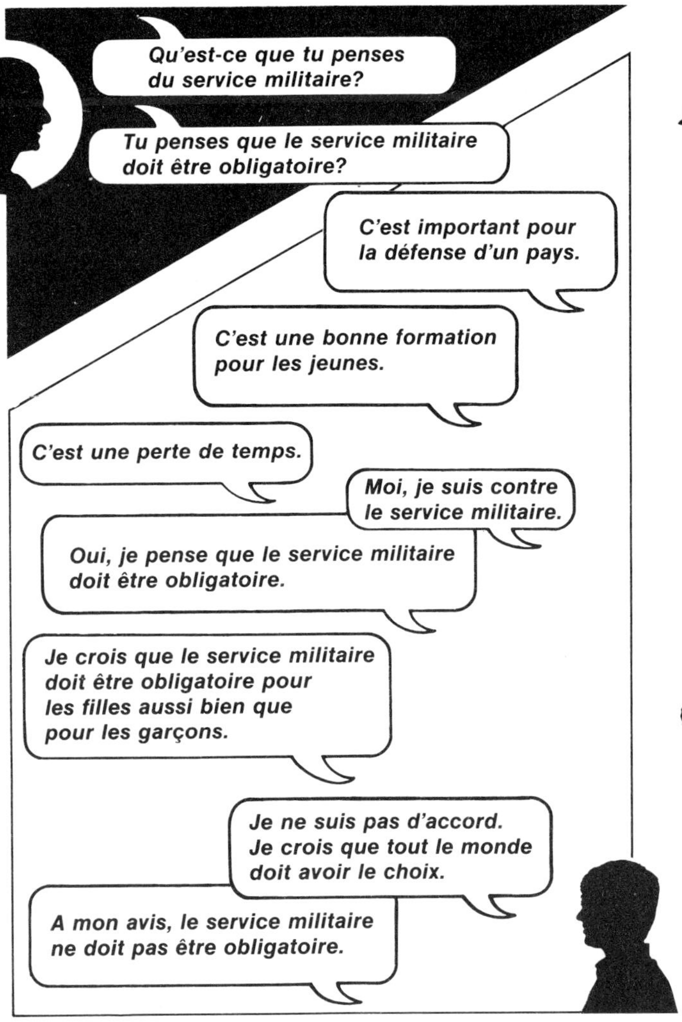

8 STEP BY STEP

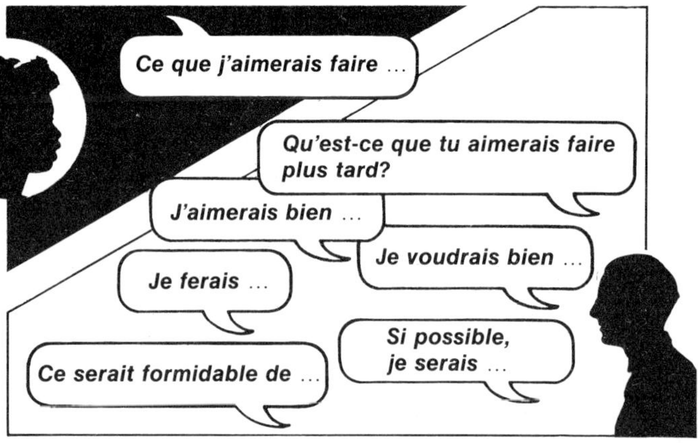

OPINIONS OPINIONS

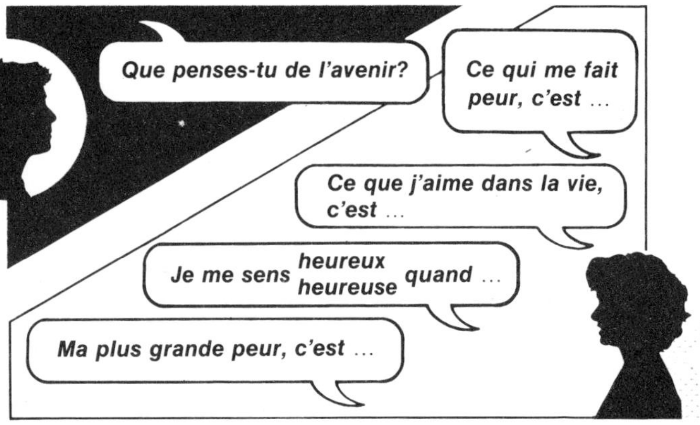

PRENEZ CES RÔLES

Racontez l'accident

Gendarme

Qu'est-ce qui s'est passé?

Il y a eu ...

Quand?

Il était vers ...

Où allaient les deux jeunes garçons?

Ils allaient ...

Quel temps faisait-il?

Il faisait ...

Devant eux, il y avait ...?

Devant eux, il y avait ...

Et derrière eux?

Derrière eux ...

Pourquoi ont-ils dû freiner?

Parce que les deux cyclistes ...

Qu'est-ce qui les a heurtés?

Un camion ...

Qui a été blessé?

Personne n'a ...

Témoin

A l'hôtel

Réceptionniste

Bonjour. Je peux vous aider?
Qu'est-ce que vous avez perdu?

J'ai perdu ma montre.

Vous l'avez perdue quand?

Je l'ai perdue hier matin.

Où l'avez-vous laissée?

Je l'ai laissée à côté du lavabo dans la chambre numéro 8.

Pouvez-vous me la décrire?

Oui, c'est une Tissot.
Elle est grise avec ...

Je peux avoir votre nom et votre adresse?

Oui, mon nom est ...

Touriste

Touriste

Pourriez-vous me dire où il y a une banque?

Oui, certainement. Il y a une banque au coin de la rue.

Pourriez-vous me dire à quelle heure on sert le petit déjeuner?

Le petit déjeuner est servi entre 7 heures et 9 heures.

Pourriez-vous me dire où se trouve le parking?

Oui, le parking est juste en face.

Pourriez-vous me donner du savon?

Vous pourriez m'apporter du papier hygiénique dans la chambre?

Oui, d'accord.
Quel est votre numéro de chambre?

Est-ce que je pourrais téléphoner en Angleterre?

Oui, vous pouvez téléphoner de la cabine là-bas.

Est-ce que je pourrais voir la carte?

Est-ce que je pourrais toucher un chèque?

Oui, bien sûr.

Réceptionniste

Projets de vacances

Reporter

Où irez-vous passer les grandes vacances?

On ira ...

Vous serez combien?

Nous serons ...

Comment voyagerez-vous?

On prendra ...

A quelle heure arriverez-vous à Tanger?

On arrivera ...

Combien de temps passerez-vous à ...?

On passera ...

Touriste

Problèmes

Rôle A

Qu'est-ce qu'il y a?

Je suis vraiment désolé ... / désolée ...

Qu'est-ce qu'il y a?

J'ai cassé ...

Qu'est-ce qu'il y a?

Je m'excuse, j'ai ...

Qu'est-ce qu'il y a?

Je regrette, j'ai ...

Qu'est-ce qu'il y a?

Je crois qu'il y a une erreur ...

Ce n'est pas grave.

Ça ne fait rien.

Je regrette, il est sorti.

Rôle B

TEST YOUR PROGRESS 4

SPEAKING TEST

Before doing this test, revise the *Résumé des Talkbacks* (pages 135-139) and the *Checker-charts*. Then do the test either with your teacher or by recording your answers on cassette. (All answers are to be in French.)

Making plans

A **Your friend wants to go out with you one evening next week but your diary is almost full. Say what you will be doing each evening.**

AGENDA		jeudi	*piscine*
lundi	*chez Eric*	vendredi	
mardi	*match de handball*	samedi	*Hervé et Katy – cinéma*
mercredi	*babysitting*	dimanche	*tante Sabine*

The weather

B **You have just heard the weather forecast. Say what the weather will be like over the next two days.**

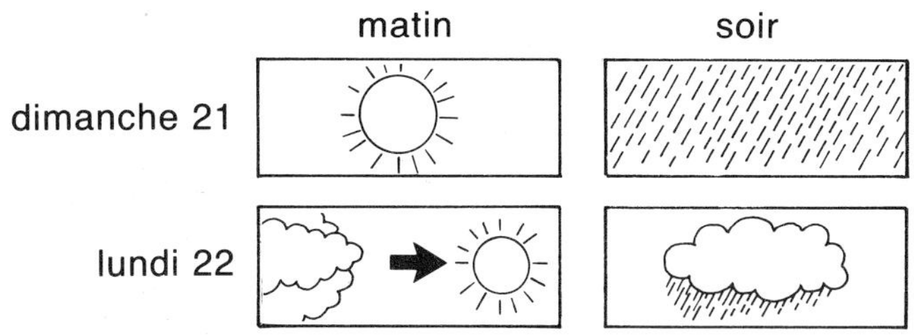

Lost property

C **You left your bag on a bus yesterday morning.**

1 Say what you have lost.
2 Say when you lost it.
3 Say where you left it.
4 Describe it.

Your friend has lost something. Ask:

5 What have you lost?
6 When did you lose it?
7 Where did you leave it?
8 Can you describe it?

Sport

D
1 Say what your favourite sport is.
2 Say there is a swimming pool near your home.

Ask:

3 What is your favourite sport?
4 Is there a swimming pool nearby?

At the hotel

E **You have just arrived at a hotel.**

1 Ask if you could see your room.
2 Ask where the bathroom is.
3 Ask if you could have some soap.
4 Ask if you could make a phone call to England.
5 Ask when dinner is served.

An accident

F
1 Say you saw an accident this morning.
2 Say where it was.
3 Say what time the accident happened.
4 Say what you were doing.
5 Say what happened.

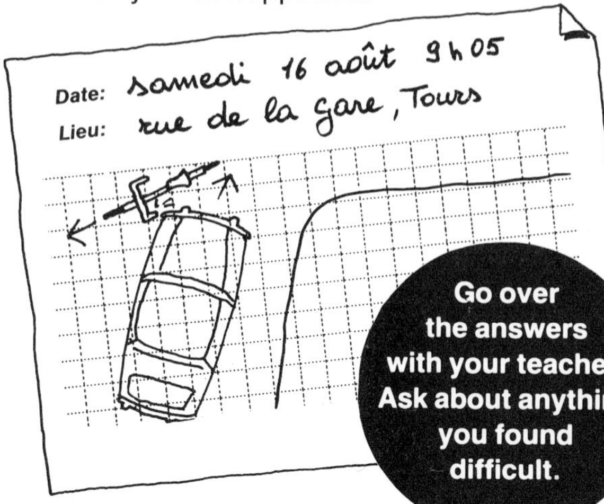

Go over the answers with your teacher. Ask about anything you found difficult.

TEST YOUR PROGRESS

LISTENING TEST

Read through the questions and write down the numbers for your answers.

Now listen to the test. It is the last item recorded on the Programme 4 cassette. Stop the tape after each section and replay if necessary.

Replay the whole test for a final check.

Je peux laisser un message?

A **Laurent is staying at Kamal's house. Kamal's cousin, Sonia, phones and leaves a message.**

Note down in English the details which Laurent has to tell Kamal.

1 Reason for phone call?
2 Date of arrival?
3 Staying for how long?
4 Time of arrival?
5 Where?

INFOS

B **You hear a news item about an incident at sea. Your friends don't understand it. Tell them about what has happened.**

Listen several times, if necessary.

Vendredi soir – voilier perdu en Irlande

1 Number of people missing?
2 Men or women?
3 When did they set off?
4 Where was the race?
5 Search still going on?

M E T E O

C *Tuesday*
What will the weather be like…
1 in the north of Switzerland?
2 in the west and south of Switzerland?

Wednesday
3 Where will there be snow?
4 Will it be warmer in the north or the south?

Prévisions pour toute la Suisse pour mardi 22 mars et mercredi 23 mars

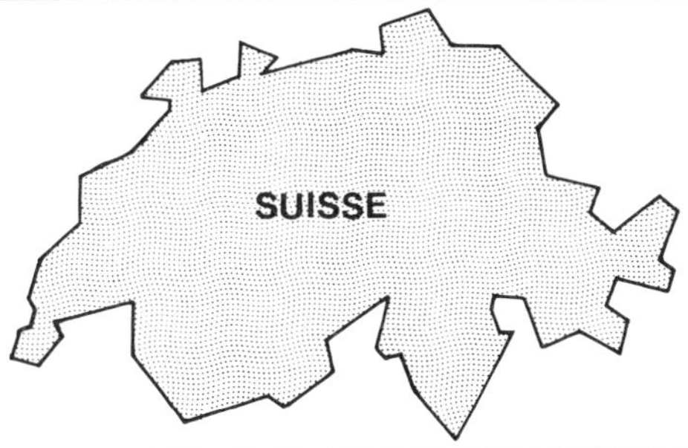

Droit de réponse

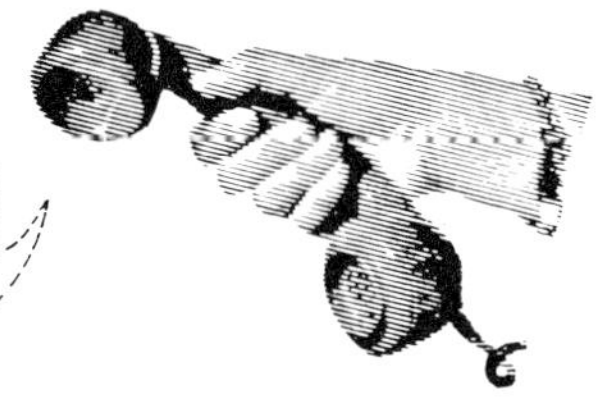

D **Two listeners, Barbara and Farid, heard the programme about the role of women. They phoned STUDIO 16 to give their views on the subject.**

Listen to what they say.

Which of these are Barbara's views?
1 'A child needs a mother more than a father'
2 'I think children don't really need their parents'
3 'My attitude towards sharing the housework is that it works when there are no children'

Which of these are Farid's views?
4 'I think a child needs a mother more than a father'
5 'It is wrong for both parents to go out to work'
6 'I enjoy looking after my children'

Go over the answers with your teacher. Ask about anything you found difficult.

TEST YOUR PROGRESS

READING TEST

Answer the questions in English.

A **Which sign would apply to you if you wanted to ...**

1 picnic on the beach?
2 play handball in the village square?
3 park your moped on Friday morning?
4 light a fire if you were camping?

a

b

INTERDIT
LE 1er LUNDI
DE CHAQUE MOIS
DE 6 H À 19 H

INTERDIT
LE VENDREDI
DE 6 H À 14 H

c

TERRAIN DE BOULES

INTERDIT
À TOUT AUTRE JEU ET
AUX CHIENS MÊME TENUS EN LAISSE

d

La plage du Golfe

Ballons et pique-niques interdits

B **You are on holiday in France.**
You buy a local newspaper.

What are the main points of each news story?

1 What has happened?
2 Where?
3 What was the cause? (Give details)

Toulon: plage polluée

La plage de Magaud à Toulon a été atteinte hier après-midi par des résidus d'hydrocarbures qui semblaient très volatils.

Les sapeurs-pompiers ont procédé à un nettoyage. On a attribué l'origine de cette pollution à la présence du porte-avions américain «Enterprise» dans la baie.

St-Cyr

Quatre véhicules dans deux accidents

Hier à St-Cyr, vers 14H, deux accidents se sont produits en l'espace de quelques minutes. Pas de blessés, mais beaucoup de dégâts matériels. Une voiture venant de Marseille est entrée en collision avec une voiture qui tournait à gauche. Quelques instants après, un camion est arrivé sur les lieux de l'accident. Il a freiné pour éviter les voitures accidentées. C'est alors qu'il a été heurté violemment à l'arrière par une 2CV. Les freins de la 2CV n'avaient pas fonctionné.

C En vacances

Which destination for you?

Read these three holiday adverts. Choose one destination for your summer holidays.

1 Why have you chosen this place? Give three reasons from the advert.
2 Give two reasons for not choosing the other places.

L'échappée belle en Floride

Cette échappée belle au pays de Disneyworld à 5.050 F par personne s'entend pour une famille de deux adultes et deux enfants de moins de 16 ans. Demandez la brochure à votre agent de voyages.

8 JOURS
5.050 F

- Aller/retour compris
- Hôtel compris
- Voiture comprise
- Deux nuits à Miami

TUNISIE

8 JOURS 2.880 Francs

en pension complète
vin et eau minérale inclus

Port El Kantaoui
- Son architecture de qualité qui s'inspire de la tradition tunisienne et de l'art espagnol
- Sa superbe plage de sable blond est équipée d'un centre de planches à voile
- Ses 14 courts de tennis vous permettront de pratiquer votre sport favori

MALTE

Cette petite île au climat idéal située au cœur de la Méditerranée vous offre un très grand choix de séjours.

Le Paradise Bay, premier hôtel-club français de Malte, propose une semaine en pension complète, à partir de 2 980 F par personne.

Trois piscines et une plage privée sont à votre disposition, avec de nombreuses activités sportives, sans supplément: tennis, squash, planche à voile, pédalos, ping-pong, gymnastique... et possibilité de ski nautique, plongée sous-marine, équitation, parachutisme.

D Réflexions sur le service militaire

These five people have different opinions on the value of military service.

Read their views, then answer the questions.

Fabienne

Mon opinion sur l'armée est assez positive. Il faut bien avoir une armée pour la défense du pays. Avec le service national, on a toujours une armée qui est prête, comme en Suisse.

Farida

Je crois que le service national doit être obligatoire pour les femmes aussi. C'est une très bonne école de formation pour les jeunes. On y apprend beaucoup de choses utiles. Une armée peut aider à la construction et à la défense d'un pays en développement.

Saïd

Personnellement, je crois que c'est une vraie perte de temps. Ça peut être un service public pour aider les autres, pas pour les tuer.

Yves

A mon avis, c'est une bonne chose. Mais je pense qu'en période de paix, ça doit être volontaire. On ne doit pas être forcé de faire quelque chose.

Macadou

Je suis objecteur de conscience. J'aime la paix et je n'aime pas la guerre. Je suis, donc, contre le service militaire.

1 How many of the five think that national service is a good thing?
2 Whose view is this?
'I think it's a waste of time. It should be a public service with the aim of helping others, not killing them!'
3 Do any of them think it ought to be compulsory for women?
4 What are Farida's reasons for supporting national service?
5 What is Macadou's opinion?

Go over the answers with your teacher. Ask about anything you found difficult.

TEST YOUR PROGRESS

WRITING TEST

**Write your answers in French.
Read through what you have written
for a final check.**

A **You have received this letter from a French penfriend inviting you to come and stay:**

> Je t'invite à passer deux semaines chez nous à Rouen pendant les grandes vacances. Je suis sûre qu'on va bien s'amuser.
> Mon petit frère sera parti dans un centre de vacances et alors tu pourras coucher dans sa chambre.
> Ecris-moi bientôt,
> Juliane

Now write a postcard in reply.

- Thank your friend for the invitation
- Give the date, the time and the place of your arrival
- Say what you will be wearing on that day
- Sign off

B **While on holiday in France, you lost one of these things:**

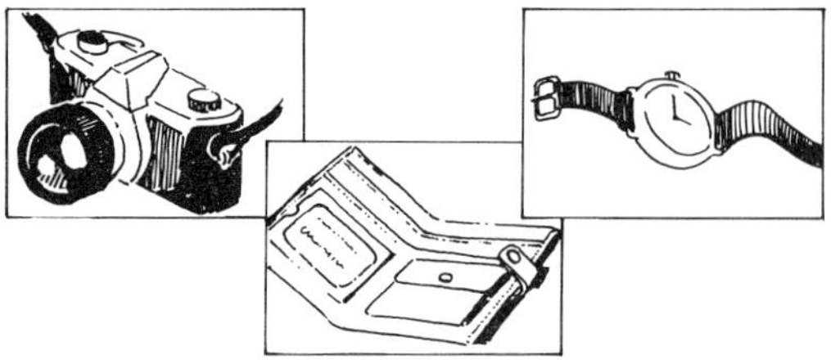

Write to the Lost Property Office in Paris. Say:

- what you have lost
- where you think you left it
- when you lost it
- what it looks like

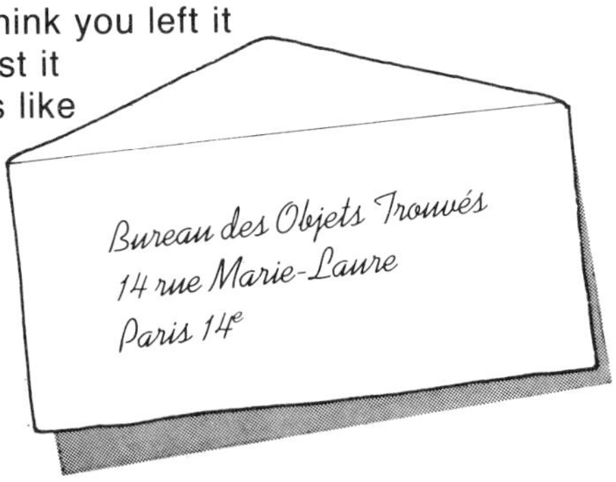

C **You are planning to go camping for your holiday. Choose one of these campsites:**

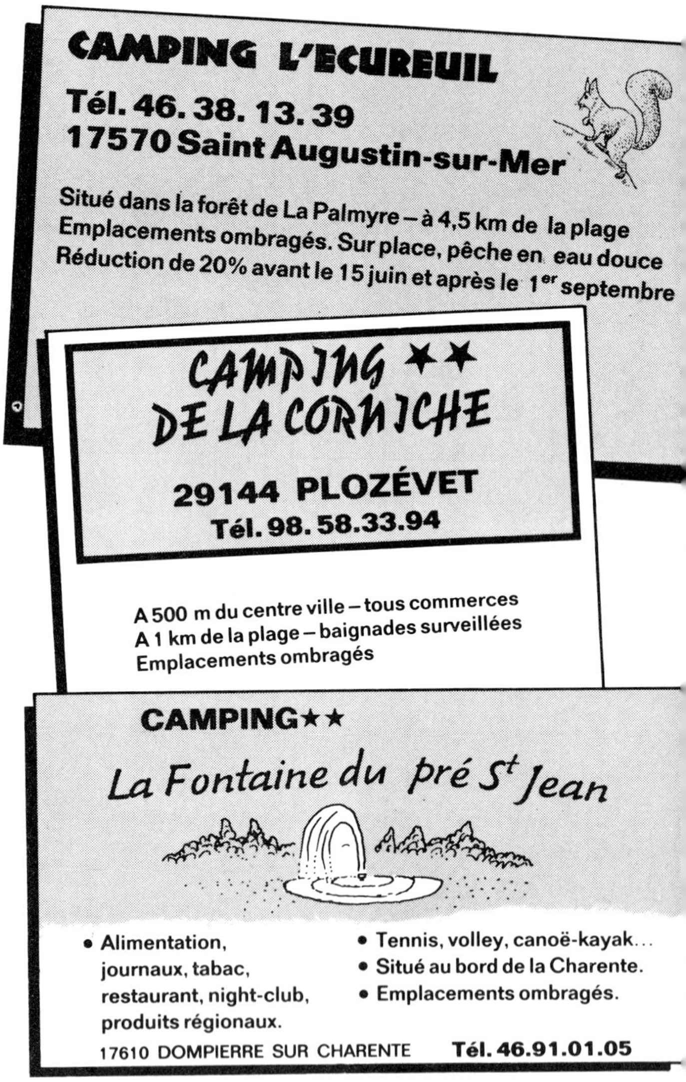

Now write a letter to reserve a site.

- Say you would like to book a site for a tent for 13 nights (August 7-19)
- Say there will be five of you and a car
- Say you would like a site in the shade
- Ask if they could confirm your reservation and also send you information about the area
- Sign off

Go over the answers with your teacher. Ask about anything you found difficult.

QUE PENSEZ-VOUS DE L'ECOLE?

Page 11 E

In Chicago/In the USA
To help tackle absenteeism in schools
When a pupil is absent, the machine automatically telephones the parents to tell them. It asks them to ring the school.
The robot calls them again at regular intervals throughout the day until ten in the evening.
A good effect – in New York, attendance has gone up by an average of three per cent.

A Chicago/Aux Etats-Unis
Vingt-cinq écoles
Aux parents d'un élève qui est absent
Il leur retéléphone (à intervalles réguliers jusqu'à dix heures du soir).
La machine a eu un bon effet dans certaines écoles de New York, où elle est déjà employée. (En moyenne la fréquentation a augmenté de trois pour cent.)

Page 12 A

exemple:

- Louise Michel
- A Paris (10e, à côté du canal St-Martin)
- (Oui) école mixte
- (Non) petite école
- (Non) l'uniforme – pas obligatoire
- (Non) quelques élèves rentrent chez eux pour manger

Page 13 B

EMPLOI DU TEMPS

8.30	français	1.00	mathématiques
9.30	histoire/géographie	2.00	latin
10.20	(petite pause)	3.00	sport
10.40	anglais		
11.30	cantine		

Page 16 D

exemple:
Sylvie va à une école catholique pour filles. L'école est assez petite. Ses matières préférées sont l'informatique et les sciences naturelles.

Anouk va à un collège grand et moderne. C'est un collège mixte. Ses matières préférées sont la technologie et le sport.

Olivier va à un collège mixte. Le collège est grand et pas trop vieux. Ses matières préférées sont la dactylo et les sciences commerciales.

Frédéric va à un collège qui est presque neuf. C'est un collège mixte. Les matières qu'il préfère sont les langues et le sport.

Nathalie va à une école de filles. Le bâtiment n'est pas très grand, mais il a trois étages. Les matières qu'elle préfère sont la chimie et les sciences économiques.

Programme 3

Page 17 B

Olivier
vélo
se promène
s'amuse

Sylvie
je m'amuse
sort
au stade
du patin à roulettes
rien

Nathalie
J'aime beaucoup
une mobylette

Anouk
la piscine
par semaine
le samedi
pas très bien

Frédéric
beaucoup
du sport
voir des films
le soir
le mercredi

Page 18 E

exemple:

2 lundi
devoirs
télé/radio

3 mardi
devoirs
télé/radio

4 mercredi
cours de langue

5 jeudi
club d'échecs
devoirs

6 vendredi
cinéma

7 samedi
match de hockey
magasins
disco avec Angela et David

8 dimanche
chez Julie –
radio, devoirs

Page 18 F

exemple:

Dans notre quartier, il n'y pas beaucoup de distractions. Il y a une patinoire à cinq kilomètres, et une piscine à trois kilomètres. J'y vais de temps en temps. Il y a aussi un cinéma tout près, mais c'est cher et je ne reçois pas beaucoup d'argent de poche, donc je n'y vais pas souvent. Nous avons besoin d'une sorte de MJC, où on peut voir ses amis même si on n'a pas beaucoup d'argent.

Page 20 C

Corinne
- Near Paris
- The playground is behind the school. It is big and welcoming. There are lots of seats, a small fountain, and there are trees and flowers everywhere.
- They are old, but quite comfortable.

Bruno
- Big
- Putting more pictures on the walls

Eric
- The windows in a prison
- No
- It doesn't have any sports equipment.

Yasmine
- Near Boulogne
- A nice park, with a stadium
- Paintings

Laurent
- The walls are stone and there is no carpeting.
- They are too narrow.
- There is a very good atmosphere, and – most important to him – staff-pupil relations are good.

5 STEP BY STEP

Page 23 D

En ce temps-là...

Il n'y avait pas d'électricité. On allait à l'école à pied. C'était souvent très loin. Pendant les cours, on écrivait beaucoup et on discutait rarement. Dans les salles de classe, il y avait toujours un poêle. A l'école, il faisait toujours froid.
La vie? C'était très dur.

Page 23 G

exemple:
As a child, Houssein used to look after the goats and the sheep – he was part of the community. To find food for the animals, they all went from one camp to another as the seasons changed. In moving from pasture to pasture, Houssein would see friends he had left behind the year before.

But today, Houssein lives in the town. It has become impossible to live in the bush, because of the drought which has destroyed many of their animals.

Page 24 C

1 Je jouais de la flûte à bec.
2 Je faisais beaucoup de jeux en plein air.
3 Je n'avais pas de devoirs à faire à la maison.
4 Le professeur racontait des histoires et on se mettait en cercle autour de lui.
5 On chantait à la chorale.
6 On jouait des percussions.
7 On faisait la sieste après manger.
8 On prenait des livres à la bibliothèque de la classe.
9 On faisait de la danse folklorique.

Page 24 D *exemple:*

Quand j'étais plus jeune

Quand j'étais plus jeune, j'allais à l'école à pied parce que j'habitais tout près. On s'amusait bien à l'école:tous les matins, on dessinait beaucoup, on faisait de la musique, et le soir on n'avait pas de devoirs! Pendant les vacances d'été, je jouais avec mes copains - on faisait beaucoup de jeux en plein air. En hiver, je me rappelle qu'il faisait très froid dans ma chambre - il n'y avait pas le chauffage central.

Page 26 B

avais	allait	faisait
avait	était	était
avait	passait	faisait
était	allions	amusait

Page 26 D

1 J'avais douze ans.
2 Ma sœur avait seize ans.
3 Elle avait les cheveux courts.
4 Nous étions à la plage.
5 On y allait chaque été.
6 Quand nous étions petits, nous adorions la mer.
7 Quand il pleuvait, nous allions au cinéma.
8 On s'amusait bien.

Le français dans le monde

Page 31 C

1 Ousmane
2 Sylvie
3 Ben
4 Sylvie
5 Andrée
6 Ousmane

Page 32 B

exemple:

Le départ d'Espagne

1 née à Malaga (dans le sud de l'Espagne)
2 venue en France à 4 ans
3 le travail de son père:
en hiver – il ramassait les olives et les oranges
en été – il faisait la moisson du blé et ramassait les grappes de raisin
4 le travail de sa mère:
elle gardait les chèvres, elle travaillait pour les gens riches (elle lavait les vêtements à la main)

L'arrivée de la famille en France

5 les difficultés pour sa mère:
elle ne rencontrait personne – ne parlait jamais le français
6 les difficultés pour Jean:
il avait 14 ans, mais il devait aller à l'école primaire parce qu'il ne parlait pas français (les autres élèves se moquaient de lui; il n'est jamais allé à l'école secondaire)
7 pas de difficultés pour Ana et ses autres frères
8 son père travaillait dans une usine de matelas
9 son père aime sa vie en France mais il pense souvent à l'Espagne (sa mère aussi)

Page 32 C

Espagne
avait
travail
étions
trois frères

travaillait
six
hiver
oranges
été
raisin
vin

travaillait
lavait
main

Page 33 E

★ Elle est née à Malaga (dans le sud de l'Espagne).
★ Elle a grandi dans le sud de la France.
★ Son père ne gagnait pas beaucoup d'argent; il a décidé de trouver du travail en France.
★ Elle parlait rarement le français/Elle ne parlait jamais le français.
★ Non, parce qu'il devait aller à l'école primaire et les autres élèves se moquaient de lui car il était trop grand et il ne parlait pas français.

Fous de la danse

Page 34 A

1 Because not many people have come.
2 The roof leaks, so when it starts to rain, the water comes in, and this causes four people to leave. Then a young man and his family leave because he sees a mouse (which he thinks is a rat).
3 They plan to sing, dance and play in the street and in Monoprix. They are also offered an interview on the radio.

Page 35 B

exemple:
Réparer les lumières, peindre tous les murs,
Chercher plus de chaises, bricoler, bien sûr!
Vous, les gens du quartier, oui, c'est bien à vous,
Restaurez l'Impérial – venez, aidez-nous!

INFOS

NFOS JOURNAL INFOS JOURNAL
NAL INFOS JOURNAL INFOS JOU

Page 36 A

On Friday evening, the high-speed train due to leave at 21.50 from the gare de Lyon in Paris, was evacuated due to a bomb scare. Passengers had to go to the booking hall with their luggage. They were searched by the police. An anonymous telephone call had been received at 21.00 saying that the bomb was about to go off.

Page 36 B

1 faux
2 faux
3 faux
4 vrai
5 faux
6 vrai

Page 36 C

1 They were on strike.
2 They have had enough of fights; they don't want to see their teachers being attacked during lessons; and the authorities haven't been able to restore order.
3 More discipline

Page 36 D

Nom Commin
Prénom Philippe
Age 21 ans
Domicile Rueil - Malmaison
Offense n'avait pas distribué 100 kilos de courrier
Jugement (envoyé à la) prison (de Bois d'Arcy)

Page 37 E

1 Alcoholism is on the increase among young people.
2 Teenagers in school

Page 37 F

ACCIDENT REPORT

Date Wednesday 21 March
Locality In the south of the Sea of Japan
Time About 10 pm
Vessel (1) Aircraft carrier
Nationality American
Vessel (2) Submarine
Nationality Soviet
Damage caused None

Page 37 G

Locality In the north of the Indian Ocean
Vessels involved American destroyer and Soviet missile launcher
Damaged caused Nothing serious

INFOS

S16 INFOS RADIO

Page 38 B

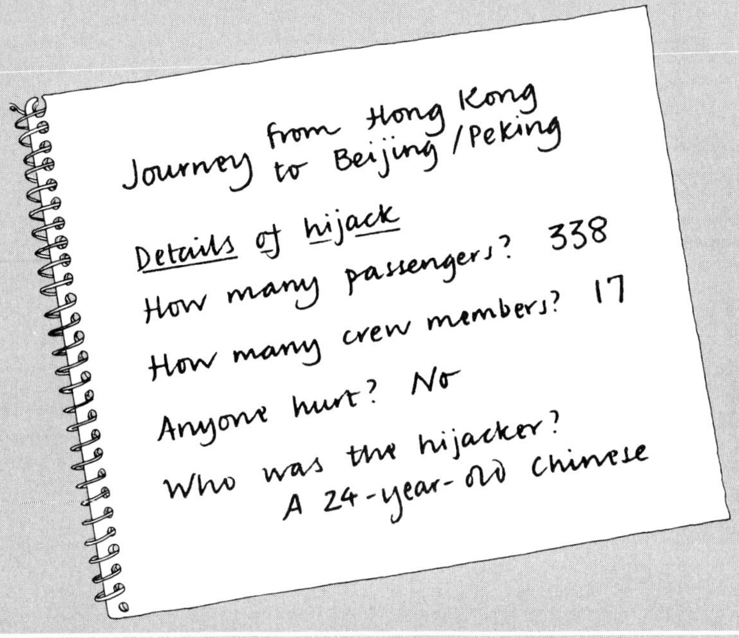

Page 38 C

1 Poor working conditions and low salaries
2 Railways, buses and the underground. (There was also a ferry strike.)
3 On foot, by bike, hitch-hiking, in cars and even on roller-skates

Page 39 D

1 314
2 160
3 860
4 840
5 823

Page 39 E

1 A full-scale hunt for the Mafia
2 Southern Italy
3 123

Page 39 F

Un Boeing de la compagnie américaine Panam qui relie New York à Pékin	Un Boeing 747 de la compagnie britannique British Airways qui relie Hong-kong à Pékin
japonais	chinois
27 ans	24 ans
blessés	sains et saufs
Lyon	Paris
des avions entre la Belgique et l'Allemagne	des ferries entre la France et la Grande-Bretagne
grève dans les hôpitaux	grève de professeurs
12 départements	10 départements
Les médecins	Les syndicats
le nombre d'infirmiers	le nombre de professeurs
aux bandits	contre la mafia/à la mafia
dans le nord de la Corse	dans le sud de l'Italie
103	123

Programme 3

METEO

Page 40 A

	côte Atlantique	frontière espagnole	côte méditerranéenne	la Manche
le matin	brouillard	nuageux	ensoleillé	mauvais temps
le soir	beaucoup de vent	chutes de neige	froid	orages et pluies

à Boulogne	9°
à Rouen	10°
à Nice	15°
à Toulouse	2°
dans les Pyrénées	3°

Page 40 B

- ce matin – beau temps
- ce soir – quelques orages isolés
- demain – assez ensoleillé, mais quelques orages vers le soir

Page 40 C

- weather last night – a violent storm
- locality – Toulon
- state of the town and its buildings – floods began to reach dozens of flats and cellars, especially in the north-west of Toulon, and three ceilings collapsed in old houses
- casualties – none
- cause for concern – it was still raining at 11 o'clock last night

PAGE DE PUBLICITES

Page 41 A

1 b
2 c
3 b
4 a b e
5 b

Page 41 B

The following are not mentioned:
a watch, a football, swimming trunks.

6 Step by step

Page 42 D

Commissariat de Toulon
Référence No. 0766589

Le 15 mai vers 21h, M. Christian Valère était au coin de la rue St-Martin. Il vendait des journaux dans son kiosque. Il a vu deux hommes et une femme qui sortaient du Bloc A, rue St-Martin, l'immeuble où habitait M. Jean-Michel Tundana. Ils portaient des sacs plastiques. Un des hommes avait un pistolet.

La jeune femme avait les cheveux courts, elle était grande, et elle portait un jean et un gros pull-over. Un des hommes avait les cheveux bruns et assez longs. L'autre portait des lunettes noires et il avait (peut-être) une barbe. Il portait un manteau noir ou marron. Tous les trois sont montés dans une voiture.

Il faisait froid et un peu sombre: le témoin, M. Valère, n'a pas bien vu la voiture, mais il croit qu'elle était rouge.

Jouvet
L'inspecteur chargé de l'enquête

Page 43 F

1 Cleaning the first floor of Block A
2 They were dirty, covered in mud
3 Up to the second floor
4 No
5 Washing the stairs in Block B
6 It was badly parked on the pavement

Page 43 G

1 courts	**2** manteau	**3** bruns
jean	marron	longs,
pull-over	bottes	blouson
baskets		

Page 46 A

c, e

Si on sortait?

Page 48 A

Au cinéma
Un vieux film (un film muet) *Le Général*

Page 48 B

Maryse	Buster Keaton
Central	Le Forum
8 H 30	9 H 00/ 21 H

Programme 3

Page 48 C

1 e
2 d
3 j
4 a
5 c
6 b
7 h
8 g
9 i
10 f

Page 49 A

Name of film?	*The General*
Film starts at?	*9pm*
Seats reserved – front, centre or back?	*centre*
Price per seat?	*32 francs*
Seat numbers?	*G12, G13*
Tickets to be collected at?	*8.45pm*
Tickets in name of?	*Lacombe*

Page 50 A

	Activité?	Où?	Quand?
1	Concert de jazz	Maison de la Culture, Nantes	9 juin, 21 h
2	Concours de pêche à la truite	Lac des Gaillands, Chamonix	7 h (concours commence à 8 h)
3	Festival de folklore international	Théâtre de plein air, Colmar	21 h
4	Randonnée à vélo	Bois de Boulogne	dimanche de Pâques, 9 h
5	Cours de patin à glace	Patinoire Etoile	mercredi prochain, 14 h 15
6	Exposition de vieilles photos	Galerie Sainte-Croix	6–11 juin, 10 h–21 h
7	Concert de musique de chambre	Eglise Saint-Germain-des-Prés	mardi soir, 21 h
8	Match de hockey sur glace (Ecosse-Chamonix)	Patinoire de Chamonix	21 h

Page 52 A

Agenda	**MAI**
LUN **21**	*A l'Est d'Eden* Cinéma Rex 8 h 35
MAR **22**	dentiste 4 h 30
MER **23**	piscine avec Jeanne, 3 h (rendez-vous en face de l'église 2 h 30)
JEU **24**	soir – chez Dominique
VEN **25**	
SAM **26**	mariage d'Isabelle et de Robert, St-Jean de Montauban, 4 h; après, restaurant Papillon
DIM **27**	Christophe, aéroport Lyon, 11 h 30

Page 53 C

1 moto
garage
mardi
18

2 au café
cinq

3 volley-ball
samedi
faut
au gymnase
15

4 porte-monnaie
boulangerie
20

5 la Maison des Jeunes
neuf
la station de métro
huit
demie

au cinéma

Page 54 A

1 *The Pink Panther*
2 *The Good, the Bad and the Ugly*
3 *Casablanca*
4 *East of Eden*

Page 54 B

1	b	**5**	b
2	a	**6**	a
3	b	**7**	a
4	a	**8**	b

Page 55 D

A l'Est d'Eden est un drame psychologique.
La Panthère Rose est une comédie.
La Guerre des Etoiles est un film de science-fiction.
Le Bon, la Brute, le Truand est un western.
Casablanca est un film de guerre.
Mickey et Donald est un dessin animé.

Page 56 A

1	i	**5**	g	**9**	f	**13**	m
2	h	**6**	a	**10**	l		
3	b	**7**	d	**11**	k		
4	c	**8**	e	**12**	j		

Page 57 C

1 *Merlin l'enchanteur*
2 *Certains l'aiment chaud*
3 *Le retour du Jedi*
4 *Pour une poignée de dollars*
5 *Le rock du bagne*
6 *Autant en emporte le vent*

Réponses Programme 3

Fous de la danse

Page 58 A

1 To take part in a radio programme called *Ici Paris!* They appeal for people to come and help them restore the Théâtre Impérial.

2 In the theatre

3 Five (a restaurant owner offers a hundred chairs; a carpet-seller offers four carpets; two decorators arrive and start painting the wall; five factory workers come to help clean the theatre; two roof repairers offer to work on the roof)

Page 58 B

Fourteen (Leila, Alain, Florence, Nadine, the two decorators, the five factory workers, the two roof repairers, and Alpha himself)

OPINIONS OPINIONS

Page 61 A

1 Wednesday

2 Because there is no school on Wednesday

3 He has to look after his younger sister, and the two of them want to do different things.

4 Marie-Claire could go to the Wednesday club. (There's lots to do there, the children are supervised and they get a midday meal.)

Page 61 B

1 No

2 No

3 Because they live a long way away, and she hasn't got a bike

4 Table tennis and volley-ball

5 She could meet up with a friend at one of the youth clubs in Cannes for a game of table tennis or volley-ball; she could also ask a few friends round to her house.

6 She gets on well with them.

Page 61 D

exemple:

Syndicat d'Initiative
Nice
FRANCE

Madame/Monsieur,

Je vais passer quinze jours dans la région niçoise cet été. Auriez-vous l'amabilité de m'envoyer des renseignements? Je voudrais faire des promenades en bateau, et je m'intéresse aux événements sportifs. J'aime faire du vélo, donc je voudrais des renseignements sur les locations de vélos.

Je vous prie d'agréer, Madame/Monsieur, l'expression de mes sentiments distingués

AIMEZ-VOUS LIRE?

Page 62 A

- un poème: *Le château désert*
- une publicité pour une voiture: *Dyane 6*
- une bande dessinée fantastique: *Duel dans l'espace*
- un extrait d'un roman western: *Encore trois morts*
- une brochure touristique: *La Guadeloupe*
- un article sur l'histoire du rock américain: *Le boom des fifties*
- une publicité pour un roman à suspense: *Orient-Express 2*

Page 65 A

1 c	**6** g
2 h	**7** d
3 j	**8** b
4 f	**9** i
5 a	**10** e

Fous de la danse

Page 66 A

1 Because they won't be getting any more money for working on the theatre now that the restoration is complete, and that means they won't be able to pay for their dance classes.

2 A song and dance routine by the Ananas dance class.

3 She offers to pay for their classes, and there's a chance that she'll need them in her own act later.

Page 68 B

VEDETTE	COMEDIEN
ANIMATEUR	DANSEUSE
MUSICIEN	CHANTEUSE

Le français dans le monde

Page 69 B

Véronique Tadjo comes from the Ivory Coast in West Africa. Her mother is French and her father is from the Ivory Coast. Her family is small – she has only one brother. At Abidjan university, she taught English. In London, she often sees Frédéric Grah-Mel. They meet regularly to have a meal.

She spends most of her time doing research and writing. She began her book before she left home to come to London. The title of the book – *A vol d'oiseau* – conveys the idea of a journey.

In her book, she talks about her life in London which was difficult at first, because she found it hard to settle. But gradually you can tell from her book that, as she settles down, she is happy to be in London and to meet people from different countries.

Programme 4

L'EGALITE

Page 84 B

Aline	Charles
Charles	Aline
Jean-Daniel	Charles

Page 86 C

1 *family* – one brother (16)
free to go out? – it depends on who I go out with and when.
other details – my brother can go out when he likes because he's a boy and he's older than me.

2 *family* – two sisters (19, 21)
free to go out? – they have more freedom because they are older; I have to ask permission.
housework – I do my own bedroom, my sister does hers. We share the chores. We do the washing up between the five of us.

3 *family* – one sister (12)
free to go out? – I can go out as I like, so can my sister; it's about the same.
housework – I don't think you can compare. She's a girl and I'm a boy.

4 *housework* – it is the same! A girl and a boy should share the housework in the same way, just as later a man and a woman should help each other when they are married.

Page 88 A

1 e	**5** g
2 a	**6** c
3 d	**7** b
4 f	

Page 88 B

1 Parking reserved for taxis
2 No dogs or ball games allowed
3 No dogs or cycles
4 No dogs allowed on the beach even on a lead
5 No nude bathing. Apply to Tourist Office
6 Children under 18 not allowed
7 Fishing prohibited in the harbour

Page 89 E

1 Don't pick the flowers
Stay on the footpaths
No dogs even on a lead
Don't drop litter / Be tidy

2

	German	Italian
a) flowers	Blumen	fiori
b) dogs	Hunde	cani

3 A parking disc (blue zone)

4 a) Good
b) 21°

Page 89 F

You want to park the car – **4**
No parking anywhere except the parking areas

You want to exercise the dog – **7**
Don't let animals wander freely in the communal areas of the block of flats

You want to leave the bikes somewhere safe – **3**
Don't leave bikes in the entrance halls, corridors, basements or in front of the entrance

You want to dry some washing – **2**
Don't hang washing out of the windows or on the balconies and terraces

You want to shake out the tablecloth – **1**
Don't shake rugs, clothes, dusters etc, out of the windows or from the balconies after 8 am

You want to let the younger children go out to play – **6**
Children must not be allowed to make any noise or mess in the communal areas inside or outside the block (garages, cellars, gardens and parking areas)

You want to come in late and watch a late-night film – **8** and **9**
Don't make any noise after 10pm (coming in late or having the radio or TV on loud)

Page 90 B

Where? Barcelona town centre
When? About 12.30pm
Where? Back to Luxembourg/On their way to the French border
Why? Because the two cyclists ahead of them suddenly turned left without signalling
What? The heavy lorry behind them
Who? No-one seriously (Philippe hurt his neck)

Page 90 C

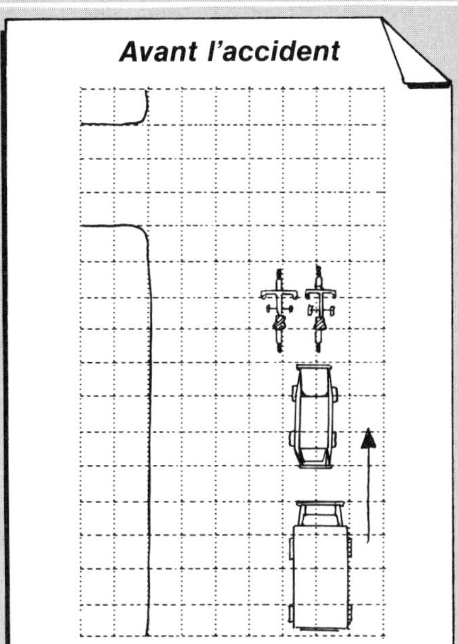

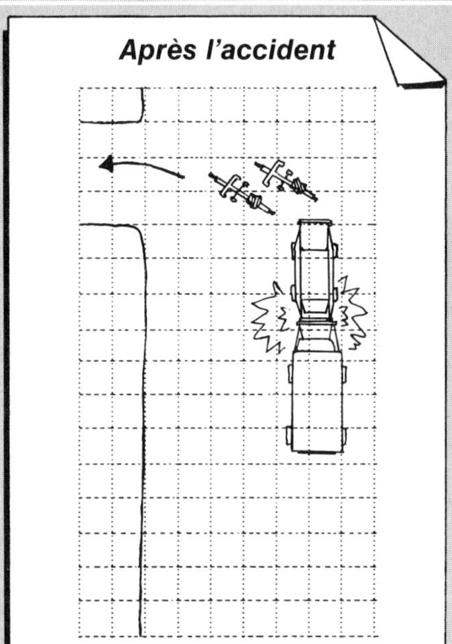

Page 91 D *exemple:*

Il y a eu une collision.
Il était vers midi et demi.
Ils traversaient la ville. Ils allaient tout droit/ à la frontière française/ au Luxembourg.
Il faisait très chaud – un temps lourd et orageux.
Devant eux, il y avait deux cyclistes.
Et derrière eux roulait un gros camion/ il y avait un gros camion.
Parce que les deux cyclistes ont décidé de tourner à gauche. Ils n'ont pas signalé.
Un camion qui les suivait les a heurtés.
Personne n'a été blessé.

Page 91 E

Mme. Freymont Philippe! Où es-tu?
Quand êtes-vous arrivés à Barcelone?
Et le voyage, comment s'est-il passé?
Comment! Un accident? Vous êtes blessés?
Mais, qu'est-ce qui s'est passé?
Où étiez-vous?
Et la voiture?

Page 91 F *exemple:*

Chère Jeanne,

Quand j'étais à Barcelone, j'ai vu un accident dans le centre ville. C'était une collision entre une voiture et un gros camion. Deux cyclistes qui étaient devant la voiture ont décidé de changer de direction, mais ils n'ont pas signalé. Alors, le conducteur de la voiture a dû freiner très brusquement et le camion qui suivait a heurté la voiture. Heureusement, personne n'a été blessé! Ecris-moi bientôt et donne-moi de tes nouvelles,

(signature)

Page 92 A

- une chienne (labrador beige très clair)
- des lunettes

Page 92 B

1
- (aux environs de) Deauville, près de la grande plage
- le samedi 24 mai, l'après-midi
- numéro de téléphone: 41 32 44 31

2
- sur une table dans le restaurant Ciel Clair
- hier soir, le 25 mai, vers minuit
- (le propriétaire doit aller) les chercher au restaurant Ciel Clair

Page 93 E

Hôtel Dahlia
Tunis
Tunisie

le 15 septembre

Cher monsieur,

Il y a quinze jours, j'étais en vacances avec des amis à Tunis. Nous avons passé sept nuits dans votre hôtel, du 30 août au 6 septembre. Nous étions dans la chambre numéro 267.

Malheureusement, en arrivant à l'aéroport de Londres, j'ai remarqué que j'avais perdu mon Walkman. Je l'ai cherché partout mais je ne l'ai pas encore retrouvé. Je crois que je l'ai laissé dans la chambre 267 dans un tiroir.

Si vous le retrouvez, monsieur, auriez-vous l'amabilité de me le renvoyer? Je vous rembourserai, bien sûr, les frais postaux.

Avec mes remerciements,

(signature)

Page 95 D

a – 3
b – 1
c – 2

Page 100 B

1 • Greece
- a week
- 3,657 francs per week
- full board
  wine included
  coach tours with guide
  special reduction 12 May – 13 June
  additional week only 1,351 francs extra

2 • Russia (Moscow)
- 3 days
- 4,600 francs
- special Paris-Moscow flight
  visit to the Kremlin and Red Square
  evening at the Bolshoi Ballet
  Russian supper with caviar and vodka
  return flight to Paris at dawn

3 • Corsica
- weekend (Fri. eve. – Mon. morn.)
- 740 francs per person
- first-class double cabin for both sea crossings
  meals in self-service restaurant and breakfasts on board included
  1 free place per group of 30

4 • Martinique
- 9 days
- 6,550 francs
- price includes:
  8 nights half-board (double room)
  wine
  return flight
  insurance
  bungalows under the coconut palms
  deep-sea diving

Programme 4

Page 102 B

- un clochard – Raymond Lapointe (55 ans)
- ce matin
- dans une vieille voiture abandonnée
- légèrement vêtu/ trop légèrement vêtu pour la saison
- en Autriche
- (parce qu')ils sont verglacés

Page 102 D

très froid	voiture	15
France	chemin	neige
55	Europe	flocons
ce matin	en	Deux
dernière	tombé	été fermés

Page 103 K *example:*

1 The very cold weather has claimed its first victim in France – a 55-year-old tramp who was found dead this morning in Nancy. He was Raymond Lapointe, unemployed and of no fixed address. He had sheltered last night in an old car abandoned by a roadside. But he was not warmly enough dressed for the time of year and couldn't withstand the sharp drop in temperature.

The cold spell is general throughout Europe and especially in Austria where the temperature has fallen to minus fifteen degrees and snow has been falling heavily. Two of the bridges over the Danube are frozen over and are closed to traffic.

2 No more cherry-flavoured or chocolate rubbers are to be allowed in France. Children were tempted to lick these rubbers and risked swallowing them.

A law has just been passed in France, banning the manufacture, distribution and sale of these rubbers which look and smell like sweets. The manufacturers and distributors of these tasty rubbers have to dispose of them at their own expense.

3 From next year, the Greek police are planning to be more tolerant towards tourists. Up to now, any holidaymakers who went in for nude bathing on Greek beaches ran the risk of spending several days in prison. The Greek National Tourist Office also announced that they intended to open a few nudist camps in Greece.

A spokesman for the Tourist Office, however, pointed out that this did not mean that people could just stroll down the main street of a village in a state of undress! Holidaymakers must still respect the local inhabitants and the customs and atmosphere of Greece.

Page 105 A

- Christ as a woman
- in New York (in the cathedral of St John the Divine)
- very positive
- Edwina Sandys (Winston Churchill's granddaughter)

Page 105 B

Page 105 C *(form)*

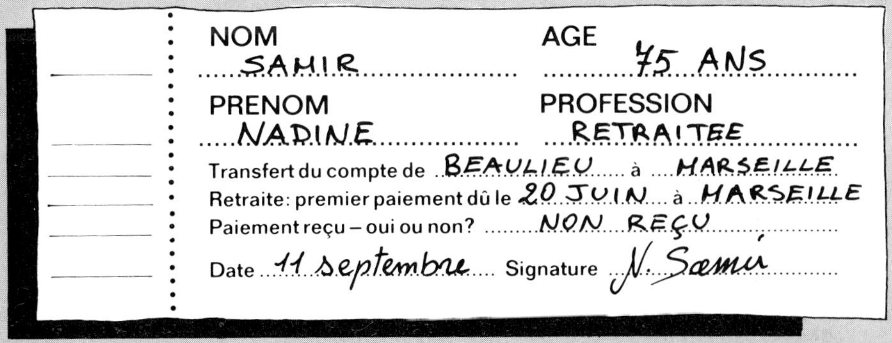

NOM: SAMIR
AGE: 75 ANS
PRENOM: NADINE
PROFESSION: RETRAITEE
Transfert du compte de BEAULIEU à MARSEILLE
Retraite: premier paiement dû le 20 JUIN à MARSEILLE
Paiement reçu – oui ou non? NON REÇU
Date 11 septembre Signature N. Samir

Page 105 D

She hasn't had her pension for the last two months
Her brother
She used to live in Beaulieu, near Nice
In Marseille
She asked for her account to be transferred to Marseille
Canteen worker

Page 105 E

Madame Samir habite maintenant à Marseille.
Il y a deux mois, elle habitait à Beaulieu.
Elle ne reçoit pas d'argent depuis deux mois.
Son frère lui donne de l'argent pour vivre.
Son numéro de sécurité sociale a disparu de l'ordinateur de sa banque/ Son dossier a disparu.
Elle se sent excédée, angoissée, et elle souffre d'une dépression nerveuse.
Elle était cantinière.

Sports

Page 106 B

les Etats-Unis
sports
tir à l'arc
personnes

Page 107 E

last	Portsmouth
Finland	3 weeks
France	unsettled
16	

Page 108 G

en Grèce
137 voitures
16 pays
jeudi vers 18 heures

Page 108 H

Athens car rally	four
thirtieth	central
foot of the Acropolis	Thursday
137	Olympic stadium
16	

Page 109 B

Le travail
- l'été prochain
- sur les plages de la France
- donner des conseils de sécurité et de technique (à des gens qui ont commencé à apprendre la planche à voile)

Les conditions
- 16–21 ans
- il faut être au chômage
- il faut avoir une bonne connaissance de la planche à voile

Heures
- 20 heures (par semaine)

Salaire
- 1 800 francs par mois

Formation
- stages (sur les problèmes de sécurité) – 48 heures

Pour en savoir plus
- tél. 46 56 78 89

Page 109 D

a – 4
b – 1
c – 5
d – 6
e – 7

Programme 4 — Réponses

Le Français dans le monde

Page 110 B

1 qu'en France
comme Londres
le problème

2 tout accepté
deuxième génération

3 d'accord

4 en Grande-Bretagne
qu'en France
très gentils

5 Quelquefois
problème
religion
police

6 la Guadeloupe
problème politique

Page 111 C

- Sakina
- Jean-Daniel
- Olivier
- Nicole

Page 112 B

- at the Belgian border
- to Brussels
- the police
- get out of the car

- lots of questions (for example: Where is your visa?)
- no
- two hours
- he didn't have a visa

- they went to another border crossing 50 kilometres away
- the same – police asked questions, searched the car
- about midnight
- 10 hours

Page 113 C

Où? A quelques mètres de la frontière belge
Quand? Il y a deux ans
Avec qui? Avec un ami (marocain)

Les gendarmes ont arrêté la voiture.
Ils ont voulu voir son visa et son passeport.
Ils sont restés deux heures à la frontière.

Ils ont décidé d'aller à une autre frontière.
Oui. (C'était pareil à l'autre frontière.) Ils ont posé des questions et ils ont cherché partout.
Ils sont arrivés à Bruxelles vers minuit.

Programme 4

Page **113 D**

IMPARFAIT La description de la scène	PASSÉ COMPOSÉ L'action qui s'est passée
C'était il y a deux ans C'était en Belgique Je voyageais avec un ami en voiture Nous allions de Montpellier en Belgique Où étiez-vous? Vous étiez loin de la frontière belge? Nous étions à quelques mètres de la frontière belge Ils n'étaient pas très polis avec nous	Soudain, les gendarmes ont arrêté la voiture Et qu'est-ce qu'ils ont fait, alors? Ils nous ont dit de descendre de la voiture Alors, nous sommes descendus Nous sommes entrés dans le bureau Puis, on a commencé à nous poser des questions

Page **116 C**

Olivier Ahmed Aline Daniel

Jean-Daniel
I learned nothing positive from my national service. There's no freedom, no equality, no goodwill amongst soldiers.

Ben
I'm a conscientious objector. I'm against military service and repression.

Andrée
I hate violence. I see military service as a preparation for the destruction of human life.

Ousmane
We don't need nuclear weapons. They're very dangerous.

Serge
Because it is a 'service', military service should not be compulsory.

Page **117 D**

	obligatoire pour les hommes?	obligatoire pour les femmes?	dès quel âge?	durée?
FRANCE CORSE GUADELOUPE MARTINIQUE	oui	non (volontaire)	17 ans	12 mois
TUNISIE	oui	non	20-35 ans	13 mois
SENEGAL	non (volontaire)	non (volontaire)	18 ans	18 mois
SUISSE	oui	non	20 ans	17 semaines, puis 3 semaines chaque année (20-50 ans)
NIGER	oui	non	21 ans	24 mois
GRANDE BRETAGNE	non	non	–	–

8 STEP BY STEP

Page 118 D

Demain matin
Demain soir
Mardi prochain
Le week-end prochain
La semaine prochaine
L'année prochaine
Dans deux ans

Page 119 A

l'heure d'arrivée?	18 h 40
où?	à la gare Victoria
quel jour?	jeudi (soir)
description?	grand et blond, porte des lunettes/ un blouson de cuir noir/ une écharpe rayée/ un pantalon blanc/ un grand sac de sport/ un appareil-photo

Page 119 B

a Françoise
c Jean-Pierre

Page 119 D

exemple:

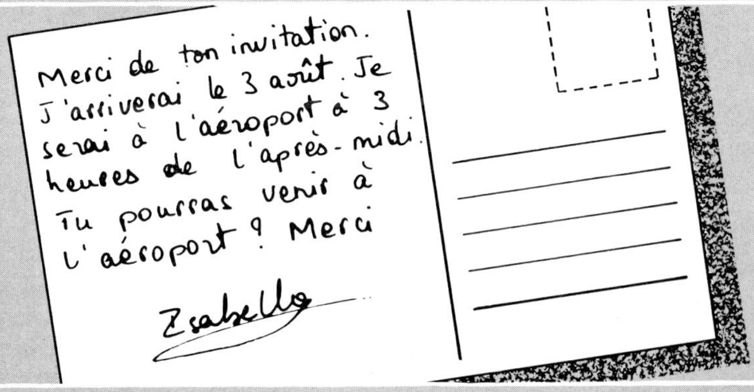
Merci de ton invitation.
J'arriverai le 3 août. Je
serai à l'aéroport à 3
heures de l'après-midi.
Tu pourras venir à
l'aéroport? Merci
Isabelle

Page 120 B

28 octobre Tanger
29 octobre Rabat
30 octobre Fez
31 octobre Marrakech

Page 121 D

exemple:

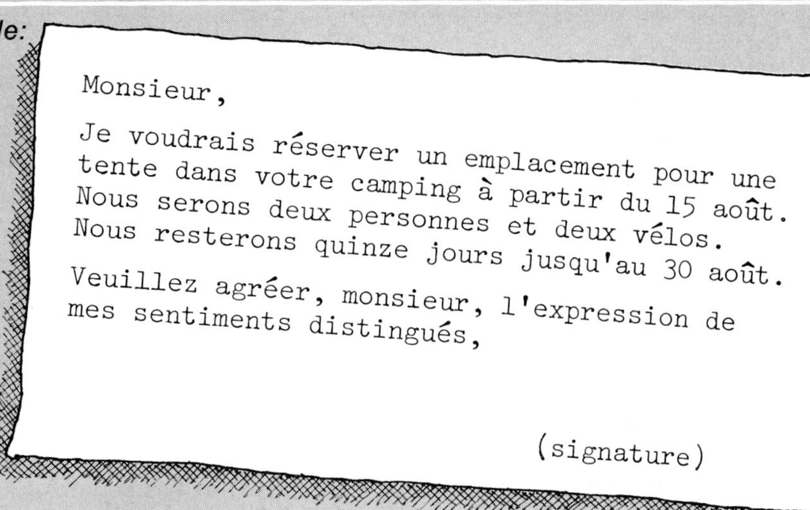
Monsieur,

Je voudrais réserver un emplacement pour une tente dans votre camping à partir du 15 août. Nous serons deux personnes et deux vélos. Nous resterons quinze jours jusqu'au 30 août.

Veuillez agréer, monsieur, l'expression de mes sentiments distingués,

(signature)

Page 122 B

1 25-25-22
2 fine, sunny; rough sea
3 *example:*
Flat in Casablanca – central (good for sightseeing); with balcony and on the twelfth floor (good view); central heating; 3 bedrooms (enough room for family)
4 7.35pm
5 *example:*
go to Rabat for the firework display at 9pm

Page 122 C

Drug swoop
According to Scotland Yard, the drug squad surrounded a street in central London on Monday evening. Six kilos of cocaine worth about one and a half million pounds were seized and six people were arrested.

Cross-country championship
An international cross-country race will be held in Agadir on March 3. Athletes from France, Britain and West Germany will compete in the fifteen-kilometre race. It is the second time this race has been held in Agadir and there will be major prizes to be won – in particular, the first prize of 10,000 dirhams.

Page 124 A

Saturday afternoon would be the best time to pack up and have a final barbecue.
Saturday morning – thick fog patches
Saturday afternoon – sunny
Saturday evening – fog patches
Sunday morning – cold, very misty
Sunday afternoon – cold, misty, some sun
Sunday evening – rain

Page 124 C

exemple:
Ce que je ferai
Je resterai à l'école jusqu'à l'âge de 18 ans.
J'aurai un emploi intéressant.
J'achèterai un petit appartement.
Je passerai mes vacances à l'étranger.

Ce que je ne ferai pas
Je ne passerai pas mes vacances dans l'espace.
Je ne travaillerai pas dans une centrale nucléaire.
J'espère que je ne serai pas au chômage.
Je ne me marierai pas avant l'âge de 30 ans.
Je ne serai pas riche.

Page 125 C

— (Le petit déjeuner est servi à partir de) 7 heures jusqu'à 9 heures.
— Oui, d'accord... chambre 37 à 7 heures (précises).
— Oui, madame. (Le parking est) juste en face derrière la Maison de la Presse.
— Pas ici, madame. (Il y a un Crédit Mutuel dans la Grand' Rue.) Vous tournez à droite en sortant de l'hôtel et la banque est sur votre gauche.
— Oui. (Vous téléphonez) de la cabine là-bas. Composez le 9 (et on vous aidera).

OPINIONS

Page 129 B

En Angleterre

ECOLE
On peut quitter l'école à l'âge de 16 ans.

VOTER
Pour voter, il faut avoir 18 ans (être majeur).
Pour se présenter aux élections, il faut avoir 21 ans.
Pour être Premier Ministre, il faut avoir 21 ans.

MARIAGE
A 16 ans, on peut se marier avec l'autorisation de ses parents; à 18 ans, on peut se marier sans leur consentement.

ALCOOL
Entre 14 ans et 17 ans, on a le droit d'entrer dans un pub, mais il est interdit de boire de l'alcool.
A partir de 16 ans, on a le droit de boire de la bière, du cidre ou du vin avec un repas dans un restaurant.

CIGARETTES
Il est interdit de vendre des cigarettes aux moins de 16 ans.

PERMIS DE CONDUIRE
A 16 ans, on peut conduire une mobylette (moins de 50cc) sans permis de conduire.
A 17 ans, on peut passer son permis de conduire pour une voiture.

Page 132 A

1 c (Philippe, blouson de cuir)
2 a (Mélanie, appareil-photo)
3 b (Michèle, magnétophone)
4 d (Christine, amplificateur)

Page 132 B

The flash on Mélanie's camera doesn't work.
Michèle's tape recorder won't record.
Philippe doesn't like the jacket at all.
Christine's amplifier still doesn't work.

Réponses — Programme 4

Page 132 C

1. A girl has broken a woman's vase.
2. A man is more than half an hour late meeting his friend. (The traffic was bad.)
3. An English boy answers the phone and has to take a message for Stéphanie in French. He asks the caller to say it again more slowly and to spell the name of the sports stadium.
4. At a hotel, a woman wants a double room with bathroom and sea view, but the only room available that night is small, with no bathroom and no view. (It looks out onto the street.)
5. A man buys a sweater costing 350 francs and is given too little change.
6. The restaurant is closed – it's 9pm. (But there's a self-service restaurant on the corner of the rue St-Jacques which may still be open.)

Le Français dans le monde

Page 134 B

Paolo Diop has worked at the Calabash restaurant as catering manager for thirteen years. He has a long working day and leaves the restaurant at 11.30 pm. He goes back to Sénégal on holiday for two months each year. The restaurant serves dishes from all over Africa, and the vegetables which Paolo orders by phone from the market are imported from Africa and Latin America. People of various nationalities come to eat in the restaurant because the food is good and it's cheap.

Wordlist

WORDLIST

This is a list of words and phrases which may be new to you or which you may have forgotten. It gives the meanings of the words only as they are used in STUDIO 16B.

Most items which appear in the *Pour vous aider* lists have not been included again in this wordlist.

Verbs Parts of verbs appear like this, with the verb itself in brackets:

j'aimerais *(aimer)* I would like
disons *(dire)* let's say
je m'en vais *(s'en aller)* I'm going away
on aura *(avoir)* we will have
prenez le rôle de *(prendre)* take the part of

A

d'abord first of all
aborder to deal with
(elle) abritera *(abriter)* (it) will host
j'accepterais *(accepter)* I would accept
non accompagnés unaccompanied
d'accord OK/all right/agreed
d'accord –
je suis d'accord I agree
je ne suis pas d'accord I don't agree
accueillant, accueillante welcoming
achat buying
achats purchases
des achats –
vous faites des achats
you are doing some shopping
acheté *(acheter)* –
j'ai acheté I bought
acheter to buy
j'achèterai *(acheter)* I will buy
l'acheteur the purchaser
vous achetez *(acheter)* you buy
les actualités news
s'adapter à (to) be adapted to
j'adorais *(adorer)* I loved/used to love
afin de in order to
un agenda a diary
une aggravation a worsening
agréable pleasant/nice
agréer –
je vous prie d'agréer l'expression de mes sentiments distingués
Yours faithfully
l'aide the help
(il) aide *(aider)* (it) is helping
aidé *(aider)* –
j'ai aidé I helped
à l'aide de with the help of
aider to help
aille *(aller)* –
pour qu'on aille les chercher
for someone to meet them
d'ailleurs what's more
aimable –
pourriez-vous être assez aimable?
would you be so kind?
j'aimais *(aimer)* I used to like
j'aimerais *(aimer)* I would like
ce que j'aimerais what I would like
j'aimerais mieux *(aimer)* I would prefer
vous aimeriez *(aimer)* you would like
aîné, aînée older/oldest
ainsi so/therefore
l'air – (elle) avait l'air triste
(she) seemed sad
ajouté *(ajouter)* –
(elle) a ajouté (she) added
ils allaient *(aller)* (they) were going
j'allais *(aller)*
I went/used to go/was going
on allait *(aller)* we used to go/were going
ça allait encore *(aller)*
it was still all right
allé *(aller)* –
je suis allé I went
allemand, allemande German
nous allons *(aller)* we're going
des allumettes matches
alors so/then
alors que even though/since
(il) l'amène *(amener)* (he) takes him
amené *(amener)* –
j'ai amené I led/brought
amical, amicale friendly
amitié friendship
amoureux, amoureuse –
tomber amoureuse to fall in love
un amplificateur an amplifier
je m'amusais *(s'amuser)*
I used to enjoy myself
amusé *(s'amuser)* –
je me suis amusé I enjoyed myself
je m'amuse bien *(s'amuser)* I enjoy myself
ils s'amusent bien *(s'amuser)*
they have a good time
les ancêtres the ancestors
une année one year
mon anniversaire my birthday
annonces –
les petites annonces small ads
anonyme anonymous/impersonal
antillaises Caribbean
août August
appareil –
tout appareil bruyant
all noisy equipment
mon appareil-photo my camera
un appartement a flat
appelé *(appeler)* –
j'ai appelé I called
appelle *(appeler)* –
(elle) en appelle à la presse
(she) is asking the newspapers for help
applaudi *(applaudir)* –
(ils) ont applaudi (they) clapped
j'apportais *(apporter)* I used to bring
qui m'apporte *(apporter)* which gives me
apporter to bring
apprendre to learn/study
appris *(apprendre)* –
j'ai appris I learnt
je n'ai rien appris
I didn't learn anything
(il) approche *(approcher)*
(it) is getting near
après after/afterwards/later
après-demain the day after tomorrow
une arme a weapon
armée de equipped with
des armements weapons
arrêté arrested
arrêtée *(s'arrêter)* –
je me suis arrêtée I stopped

arrière rear
à l'arrière at the back
j'arrivais *(arriver)* I used to arrive
(il) arrive à *(arriver)* (he) manages to
arrivé *(arriver)* –
ce qui est arrivé what happened
qu'est-ce qui t'est arrivé? what happened?
arrivée *(arriver)* –
je suis arrivée I arrived
on arrivera *(arriver)* we will be arriving
j'arriverai *(arriver)* I will come/arrive
arriveras-tu? *(arriver)* will you arrive?
arriverez-vous? *(arriver)* will you arrive?
nous arriverons *(arriver)* we will arrive
l'art du pilotage the skill of the driving
l'ascenseur the lift
l'asile politique political asylum
l'aspect appearance/character
assez quite/rather
assez (de) enough
assister (à) to attend
(ils) s'associent *(s'associer)* (they) join up
assurances –
la compagnie d'assurances the insurance company
assurée guaranteed
atteinte –
a été atteinte par . . . was hit/affected by . . .
attend *(attendre)* –
on attend l'arrivée the arrival is expected
(ils) attendaient *(attendre)* (they) were waiting
attendre to wait
attendu *(attendre)* –
j'ai attendu I waited (for)
très attendu long-awaited
les attraits the attractions
attribué *(attribuer)* –
on a attribué . . . à they blamed . . . on
au-delà de beyond
une auberge de jeunesse a youth hostel
une auberge a small restaurant/inn
aucune mesure no rule
quelle audace! what a nerve!
les auditeurs/auditrices listeners
augmenté de *(augmenter)* –
(elle) a augmenté de (it) has gone up by
aujourd'hui today/nowadays
il y aura *(avoir)* there will be
on aura *(avoir)* we will have
il aura lieu *(avoir)* it will take place
j'aurai *(avoir)* I will have
j'aurais *(avoir)* I would have
il y aurait *(avoir)* there would be
vous aurez besoin de repos *(avoir)* you will need a rest
l'autorisation permission
l'autoroute the motorway
autour (de) around
autres other
autrichiens, autrichiennes Austrian
j'avais *(avoir)* I had/used to have
avant before
avantager to favour
(à) l'avenir (in) the future
l'aventure adventures
avis opinion(s)
à mon avis in my opinion

B

la baie the bay
la baignade swimming/bathing
je me baignais *(se baigner)* I used to go swimming
se baigner to swim/go swimming
nous baigner *(se baigner)* to swim/go swimming
une baignoire a wash-bowl
un bain – **prendre un bain de soleil** to sunbathe
bain familial extended family
baisers – **bons baisers à tous** love to you all
une banquette arrière rear seat
une barbe a beard
un barrage a floating barrier
la barrière de corail the coral reef
bas, basse low
des baskets trainers
un bassin a bowl
le bâtiment the building
battu *(battre)* –
la France a battu France beat
mon beau-père my stepfather
beaucoup (de) a lot (of)/many
Belges Belgian
en Belgique in Belgium
ma belle-mère my stepmother
besoin – **a plus besoin de . . .** needs . . . more
nous avons besoin de we need
qui en ont besoin who need them
tu as besoin de . . . ? do you need . . . ?
vous aurez besoin de repos you will need a rest
nos bêtes our animals
le beurre butter
la bibliothèque the library
bien sûr of course
bien trop précieuse much too precious
à bientôt see you soon
bienvenue welcome
bijoux jewels
les billets paper money/notes/tickets
bises – **grosses bises** love from
blessé, blessée injured/hurt
les blessés casualties
les blessures the injuries
un blouson a jacket
du bois wood
bon, bonne good
bord – **au bord de la mer** at the seaside
au bord de beside
bottes – **de grosses bottes** heavy boots
une bouche a mouth
la boulangerie the bakery
les boules a French game like bowls
une boum a party

bricoler to do odd jobs
une **brise** a breeze
britannique British
des **brosses** some brushes
le **brouillard** fog
les **bruits** noises
bruyant, bruyante noisy
bu *(boire)* –
j'ai bu I drank
buissonnière –
école buissonnière truancy
je **buvais** *(boire)* I used to drink

C

ça te va? is that all right with you?
ça va (it's) all right
ça y est! that's it!
la **cabine** the booth
un **cadeau** a present
un **cahier** a notebook
les **cahiers** exercise books
à la **caisse** at the checkout
le **calme** peace and quiet
cambriolé, cambriolée burgled
des **cambrioleurs** thieves
un **camion** a lorry
campagne –
un restaurant de campagne
a restaurant in the country
campement –
de campement en campement
from one camp to another
la **cantine** the canteen
un **canton** a Swiss canton or county
d'un canton à l'autre
from one canton to another
car because
une **carrière** a career
votre **cas** your circumstances
cas – **en cas d'urgence**
in an emergency
quelques cas très rares
a few very rare cases
case – **la bonne case**
the right box/column
cassé *(casser)* –
j'ai cassé I have broken
cassé, cassée broken
une **casserole** a saucepan
à **cause de** because of
causer du désordre to make any mess
ce n'est pas que . . . it's not that . . .
ce, cette this/that
une **ceinture** a belt/ring
cela – **pour faire cela**
for doing that
célèbre famous
(il) **célèbre** *(célébrer)* (it) is celebrating
celles those
cent – **trois pour cent**
three per cent
des **centaines de** hundreds of
une **centrale nucléaire**
a nuclear power-station
en **cercle** in a circle
un **CES (Collège d'Enseignement Secondaire)** a secondary school
ceux-ci these
le **chagrin** sorrow
la **chaise longue** sunbed
le **championnat** the championship
des **champs** fields
la **chance** the opportunity
chance – **pas beaucoup de chance**
not much luck
ça **change** *(changer)* things are changing
un **changement** a change
la **chanson** the song
je **chantais** *(chanter)* I used to sing
un **chanteur**, une **chanteuse** a singer
chaque each/every
chaque fois every time
chaque jour every day
chargé, chargée –
on serait moins chargé
you would have less to carry
chargé de in charge of/responsible for
la **chasse** hunt
le **chauffage central** central heating
les **chauffeurs** the drivers
une **chemisette** a short-sleeved shirt
cher, chère dear/expensive
cherché *(chercher)* –
j'ai cherché I looked for
je l'ai cherché I looked for it
qui **cherche à** *(chercher)* who tries to
chercher to look for something
je **chercherais** *(chercher)* I would look for
les **cheveux courts** short hair
chez moi in my country/at home
ma **chienne** my dog
la **chimie** chemistry
le **choc** the crash
choisi *(choisir)* –
j'ai choisi I chose
choisir to choose
choisir – **l'idée de choisir**
the idea of choosing
choisissez *(choisir)* –
choisissez dans choose from
un **choix** a choice
au **chômage** out of work
le **chômage** unemployment
choque *(choquer)* –
qui vous choque which shocks you
une **chose** one thing
beaucoup de choses
lots of things
énormément de choses
lots of things
sa **chute** his fall
des **chutes de neige** snowfalls
ci-dessous below
ci-dessus above
le **ciel** the sky
des **circuits** trips
la **circulation** traffic
clair, claire light
la **clé** the key
les **cocotiers** the coconut palms
au **coeur de** in the heart of
le **coiffeur** – **chez le coiffeur**
at the hairdresser's
au **coin de** on the corner of
ses **collègues** his fellow workers
la **colonne** the column
combattre to combat/fight against
comme as/like

comme – **faites-vous comme . . . ?** do you do the same as . . . ?
commencé *(commencer)* – **j'ai commencé** I began
comment how
comment est-ce? what is it like?
comment était la vie? what was life like?
commerces – **tous commerces** shopping facilities
le commissariat the police station
communes – **les parties communes** the communal areas
la compagnie the company
la compagnie d'assurances the insurance company
comparable similar
complète – **en pension complète** with full board
ses complices his accomplices
composé – **le passé composé** the perfect tense
la compréhension understanding
qui comprend *(comprendre)* who understands
(elle) comprend *(comprendre)* (it) consists of
comprend *(comprendre)* – **le prix comprend** the price includes
comprenez *(comprendre)* – **est-ce que vous comprenez . . . ?** do you understand . . . ?
compris *(comprendre)* – **j'ai compris** I understood/realised
compris included
y compris including
un compromis a compromise
comptaient *(compter)* – **(ils) comptaient par vingt** (they) counted in twenties
compte *(compter)* – **ce qui compte** what matters
qu'est-ce qui compte? what matters?
compter – **de compter par dix** of counting in tens
comptez-vous sur vous-même? *(compter)* do you rely on yourself?
concernant concerning/about
concerne *(concerner)* – **en ce qui concerne** as regards
la concierge the caretaker/cleaner
un concours a competition
le conducteur/la conductrice the driver
conduire to drive
conduit, conduite par driven by
une confédération a confederation
confiance confidence
confier – **vous pouvez nous le confier** you can confide in us about it
conformistes conformist
je connaissais (connaître) I knew
une connaissance (de) a knowledge (of)
vous connaissez *(connaître)* you know
connu *(connaître)* – **j'ai connu** I knew
connus de la justice known to the police
conseil – **on vous demandera conseil** someone will ask your advice
le consentement consent/permission
elle conservait *(conserver)* she used to preserve
conservateurs conservative
considérations – **sans considérations de** irrespective of
considéré – **doit être considéré** should be thought of
(elle) consistait à *(consister)* (it) consisted of
consiste *(consister)* – **en quoi consiste-t-il?** what does it involve?
des consommateurs consumers
les consommations drinks
contact – **prendre contact avec** to get in touch with
content, contente happy
contesté challenged
continué *(continuer)* – **j'ai continué** I continued
au contraire on the contrary
contraires – **les opinions contraires** the opposite opinions
un contrat a contract
contre against
un copain a friend
une copine a female friend
le Coran the Qu'ran
corporelles – **des punitions pas corporelles** no corporal punishment
corps – **à côté du corps** next to his body
correspondant à . . . which matches . . .
un correspondant, une correspondante a penfriend
la Corse Corsica
la côte the coast
la Côte d'Ivoire the Ivory Coast
côté – **garder le côté traditionnel** keep to the traditional role
couchage – **un sac de couchage** a sleeping-bag
couché *(se coucher)* – **je me suis couché** I went to bed
me coucher *(se coucher)* – **j'allais me coucher** I used to go to bed
couler to sink
les couloirs the corridors
coup – **tout à coup** suddenly
un coup d'oeil a glance
un coup de téléphone a telephone call
un coup de tonnerre a clap of thunder
coupé, coupée cut off
la cour the playground
je courais *(courir)* I used to run
nous courions *(courir)* we used to run about
courir to run
des couronnes danoises Danish kroner/crowns
le courrier post/letters
les cours lessons
au cours de during
le cours des devises the currency exchange rates
une course a race
courses – **faire les courses** to do the shopping
court, courte short
courts – **les cheveux courts** short hair
couru *(courir)* – **j'ai couru** I ran
coûté *(coûter)* – **il a coûté** it cost

un couteau a knife
(elles) coûtent *(coûter)* (they) cost
couvert overcast
des couvertures blankets
on craignait *(craindre)* they feared
un crayon a pencil
créé *(créer)* –
nous avons créé we have set up
la crème soleil suntan cream
je criais *(crier)* I used to shout
crier to shout
je crois que *(croire)* I think that
crois-tu? *(croire)* do you think?
croisés – **mots croisés**
crosswords
elle se croit *(se croire)* she thinks she is
au cross in the cross-country race
cross – **faire du cross**
to go scrambling
croyez-vous? *(croire)* do you think?
cru *(croire)* –
j'ai cru I believed/thought
la cruauté cruelty
ne cueillez pas *(cueillir)* do not pick
une cuillère a spoon
de cuir made of leather
en cuir made of leather
je cultivais *(cultiver)* I used to grow
cultivons l'amour *(cultiver)*
let's encourage love
la cylindrée the engine size

D

d'accord OK/all right/agreed
d'ailleurs what's more
d'habitude usually
la dactylo typing
les débuts the beginnings
déchirés torn
décidé *(décider)* –
j'en ai décidé
I've made up my mind about it
déconseillée – **baignade déconseillée**
swimming not recommended
découvert *(découvrir)* –
j'ai découvert I discovered
de l'avoir découvert
to have discovered it
découvrir to discover/find out
tu décris *(décrire)* you describe
déçu, déçue disappointed
dedans inside
défavorables – **avis défavorables**
opinions against
défense de . . .
it is forbidden to . . ./no . . .
déférer – **pour le déférer**
to put it off/postpone it
dégâts (matériels) damage
(ils) se déguisent en *(se déguiser)*
(they) disguise themselves as
dehors outside
en dehors de outside of
déjà employée already in use

au-delà de beyond
demain tomorrow
(il) demandait *(demander)* (he) asked
(il) demande *(demander)* (it) asks
demande *(demander)* –
on nous demande de l'argent
they ask us for money
demandé *(demander)* –
j'ai demandé I asked (for)
demandera *(demander)* –
on vous demandera conseil
someone will ask your advice
demandés asked for
demeurant living
demi-saison mid-season
une dent a tooth
les dents teeth
dénudaient *(se dénuder)* –
qui se dénudaient
who took their clothes off
un départ – **un nouveau départ**
a fresh start
déplacer to move
déposer to leave
depuis – **il pleuvait depuis . . .**
it had been raining since . . .
depuis une quinzaine d'années
for about fifteen years
depuis quand . . . ?
since when/for how long . . . ?
dernier, dernière last
dernière – **la semaine dernière**
last week
se dérouler – **(elles) devaient se dérouler**
(they) were due to take place
dès quel âge? from what age?
descendu *(descendre)* –
je suis descendu I went down
déshabillée *(se déshabiller)* –
je me suis déshabillée
I got undressed
désire *(désirer)* –
c'est ce que désire . . .
that's what (France) wants . . .
désobéi *(désobéir)* –
il a désobéi aux règles
he broke the rules
désolé, désolée sorry
désordre – **causer du désordre**
to make any mess
je dessinais *(dessiner)* I used to draw
dessous – **l'étage du dessous**
the floor below
détourné diverted
détruit, détruite destroyed
je devais *(devoir)* I had to
développement –
un pays en développement
a 'Third World' country
devenu, devenue *(devenir)* –
(elle) est devenue
(it) became/has become
je suis devenue I became
vous devez *(devoir)* you have to
(ils) deviennent *(devenir)*
(they) are becoming
devient *(devenir)* –
leur vie devient
their life has been getting
devises – **cours des devises**
currency exchange rates
devoir – **par devoir national**
out of duty to one's country

leurs devoirs their homework
je devrais *(devoir)* I would have to
(il) diagnostique *(diagnostiquer)* he/she diagnoses
un diamant a diamond
des diplômes qualifications/diplomas
je dirai *(dire)* I will say/tell
je dirais *(dire)* I would say
la direction the leader
en dirhams in dirhams (currency of Morocco)
il dirige *(diriger)* he is directing
dirigé vers directed towards
on discutait *(discuter)* we used to talk about things
discutez *(discuter)* discuss
disons *(dire)* let's say/for example
disparu *(disparaître)* –
il a disparu he disappeared
j'ai disparu I disappeared
à votre disposition at your disposal
disputée – (elle) sera disputée sur (it) will be contested over
les distractions entertainments
au distributeur to the drinks machine
dit *(dire)* –
j'ai dit I said
tu as dit que . . . you said that . . .
dois-je? *(devoir)* should I?/must I?
doit *(devoir)* –
qui doit who has to
qui doit être which should be
on doit être one should be
(ils) doivent *(devoir)* (they) should
il domine *(dominer)* he's the boss
dommage – c'est dommage it's a pity
donc so
je donnais *(donner)* I used to give
donne *(donner)* –
on ne nous donne pas they don't give us
donner to give
donner à manger to feed
je donnerais à manger *(donner)* I would feed
donnés, données given
dont of which/whose
je dormais *(dormir)* I used to sleep
dormait-il? *(dormir)* was he sleeping?
on dormira *(dormir)* we will sleep
je dormirai *(dormir)* I will sleep
dormirez-vous? *(dormir)* will you sleep?
dos – dans le dos behind my back
son dossier her file
dotée d'importants prix with big prizes
douce – pêche en eau douce freshwater fishing
doute – sans doute without doubt
doux mild (climate)
le droit – on a le droit de we have the right to
les droits the rights
drôle – ce n'est pas drôle it's not much fun
drôlement – on s'amuse drôlement we really have a great time
dû, due due
dû *(devoir)* –
j'aurais dû I should have been able
(elle) a dû she had to
j'ai dû I had to
ont-ils dû . . . ? did they have to . . . ?
dur, dure hard/tough
duré *(durer)* –
elle a duré it lasted
la durée length
la durée des stages length of the courses
(elle) durera *(durer)* (it) will last/take

E

l'eau water
échanger to exchange
cette échappée belle this lovely 'getaway'
éclaté *(éclater)* –
(il) a éclaté (it) broke out
l'école school
l'école maternelle nursery school
école buissonnière truancy
j'économisais *(économiser)* I used to save
en Ecosse in Scotland
écouté *(écouter)* –
j'ai écouté I listened (to)
à l'écoute de tuned to
écrire to write
écris-moi vite *(écrire)* write to me soon
écrit *(écrire)* –
j'ai écrit I wrote
(ils) ont écrit (they) have written
j'écrivais *(écrire)* I used to write
on écrivait *(écrire)* we used to write
effectuer to carry out
en effet in fact
un effet an effect
également also/equally
l'égalité equality
l'église the church
éjecté – (il) a été éjecté (he) was thrown out
élémentaire basic
élevé, élevée brought up
une embuscade an ambush
une émission programme
un emplacement a site (for a tent)
l'emploi – dans l'emploi at work
son emploi du temps his/her timetable
employée – déjà employée already in use
en – il y en a there are some
un enchantement a delight
encore still, yet
je m'endormais *(s'endormir)* I used to fall asleep
endormi *(s'endormir)* –
je me suis endormi I went to sleep
l'endroit the place
énergie – par son énergie by his/her enthusiasm
énerve *(énerver)* –
ce qui m'énerve what annoys me
mon enfance my childhood
enfermer – (il) s'est fait enfermer (he) got locked in
enfin finally/at last/in fact
qui s'engage *(s'engager)* which is taking place

un engin a machine
je m'ennuie *(s'ennuyer)* I get fed up
t'ennuyer *(s'ennuyer)* to get bored
ennuyeux, ennuyeuse boring
énormément de choses lots of things
une enquête a survey/an inquiry
enregistré *(enregistrer)* –
nous avons enregistré we recorded
il n'enregistre pas *(enregistrer)*
it doesn't record
enregistrez *(enregistrer)* record
j'enseignais *(enseigner)* I used to teach
les enseignements school options
ensemble together
ensuite then/next
on s'entend *(s'entendre)* we get on
(elle) s'entend pour *(s'entendre)*
(it) is offered on the basis of
vous vous entendez bien avec . . . *(s'entendre)*
you get on well with
je t'entends très mal *(entendre)*
I can't hear you very well
entendu *(entendre)* –
j'ai entendu I heard
nous n'avons pas bien entendu
we didn't hear very clearly
entièrement completely
entourée de . . . surrounded by . . .
entraînement training
s'entraîner to train
j'entrais *(entrer)* I used to go in
entre between
entre eux to one another
entre soldats amongst soldiers
entré *(entrer)* –
je suis entré I entered
les entrées the entrance halls
vous entriez *(entrer)* you entered/went into
envers towards
envisagé, envisagée planned
je t'envoie *(envoyer)* I am sending you
envoie-moi *(envoyer)* send me
envoyé *(envoyer)* –
(il) a envoyé (he) sent
(elle) épelle *(épeler)* (she) spells
épiscopalien, épiscopalienne
Episcopalian
l'équilibre – il a perdu l'équilibre
he lost his balance
l'équipage the crew
l'équitation horse-riding
l'espace space
beaucoup d'espace plenty of room
en l'espace de in the space of
espagnol, espagnole Spanish
on espère *(espérer)* we hope
j'espère (que oui) *(espérer)* I hope (so)
essayé *(essayer)* –
j'ai essayé I tried
essayez *(essayer)* try
l'essentiel the main points
l'est the East
j'estime *(estimer)* I think
estimé *(estimer)* –
(il) a estimé (he) reckoned
l'étage du dessous the floor below
(ils) étaient *(être)* (they) were
étaient *(être)* –
comment étaient les véhicules?
what sorts of vehicles were they?
j'étais *(être)* I was/I used to be
c'était *(être)* it was
l'étape the stage
aux Etats-Unis in the United States
cet été this summer
en été in summer
été – en plein été
in the middle of summer
été *(être)* –
quel a été . . . ?
what was . . . ?/what has been . . . ?
(elles) ont été (they) were
j'ai été I was/I have been
j'ai été au distributeur
I went to the drinks machine
étendre to hang out
êtes-vous? *(être)* are you?
vous étiez *(être)* you were/used to be
nous étions *(être)* we were/used to be
les étoiles stars
étonnant, étonnante amazing
étonne *(étonner)* –
qui vous étonne which surprises you
être to be/being
mes études my studies/school work
étudier to study
eu *(avoir)* –
il y a eu there was
j'ai eu I had
(elle) a eu (it) has had
il n'y a jamais eu
there have never been
eus *(avoir)* –
as-tu eus? did you have?
avez-vous eus? did you have?
eux – chez eux
them/to them/to their homes
qu'eux as them
entre eux to one another
pour eux for them
l'évadé the fugitive
un événement an event
éviter to avoid
évitez *(éviter)* avoid
il existe *(exister)* there are
(elle) existe *(exister)* (it) exists
expérience souhaitée
experience preferred
(il) explique *(expliquer)* (he) explains
expliqué *(expliquer)* –
j'ai expliqué I explained
(il) a expliqué (he) explained
exposé, exposée on show
une exposition an exhibition
(elle) exprime *(exprimer)* (it) expresses
à l'extérieur outside/out of doors
travailler à l'extérieur go out to work
un extrait an extract

F

une fabrique a factory
face à faced with
facile easy
rien de plus facile
nothing could be easier
facilite *(faciliter)* –
(il) facilite le chargement
(it) makes loading easy

façon – **de la même façon que . . .** in the same way as . . .
une façon agréable a pleasant way
faibles light
faire (to) do
faire – **pour faire cela** for doing that
faire la vaisselle to do the washing-up
ils faisaient *(faire)* they were doing
je faisais *(faire)* I used to make/do/play
faisiez-vous *(faire)* – **que faisiez-vous?** what did you do?
nous faisions *(faire)* we made/used to make
fait *(faire)* – **j'ai fait** I did/made
(il) me fait peur *(faire)* (it) frightens me
le fait que the fact that
vous faites *(faire)* – **vous faites des achats** you are doing some shopping
faits pour vous made for you
fallait *(falloir)* – **tout ce qu'il fallait** everything he needed
familiers familiar/friendly
fasse *(faire)* – **qu'est-ce qu'on veut que je fasse?** what do they expect me to do?
il faudra *(falloir)* it will be necessary
il faudrait *(falloir)* it would be necessary
il faut *(falloir)* you have to/must
il faut lui dire que . . . you must tell her that . . .
il faut bien vivre you have to make a living
favorablement disposés envers . . . likely to welcome . . .
favorables – **avis favorables** opinions for/in favour
favorise *(favoriser)* – **qui ne favorise pas** who does not favour
le favoritisme – **le favoritisme de la part de** favouritism shown by
les femmes women
une femme d'affaires a business-woman
fera *(faire)* – **quel temps fera-t-il?** what will the weather be like?
il fera beau *(faire)* it will be fine
je ferai *(faire)* I will make/do
je ferais *(faire)* I would make/do
je ferais le tour de la maison *(faire)* I would go all over the house
on ferait *(faire)* you would make/do
il ferait *(faire)* it would make
il ferait chaud *(faire)* it would be hot
feriez *(faire)* – **que feriez-vous?** what would you do?
une ferme a farm
la fermeture closing-time
pendant la fermeture while the shop was closed
du feu a fire
cette fiche this form/grid
la fiche the form/grid
fidèle faithful/accurate
fiers proud
un film d'actualité a documentary film
un film d'épouvante a horror film
un film d'espionage a spy film
un fils a son
à la fin at the end
financièrement financially
fini *(finir)* – **j'ai fini** I finished
les fins the endings
le flash the flash-unit/news flash
les fléchettes darts
des flippers pinball machines
la foire the fair
la fois time
fois – **il était une fois** once upon a time
fonctionné *(fonctionner)* – **(ils) n'avaient pas fonctionné** (they) had not worked
au fond at the back
(ils) font *(faire)* (they) do
(ils) ne font rien (they) don't do anything
(ils) le font (they) do it
ils me forcent *(forcer)* they are making me
la formation training
en forme de in the shape of
formellement strictly
formidable fantastic
fort – **zones à fort trafic** busy areas
fort, forte en good at
une fourchette a fork
fourrés à l'alcool with liqueur centres
les frais postaux the postage
frais, fraîche fresh
francophones French-speaking
frappé, frappée struck
freiné *(freiner)* – **il a freiné** it braked
freiner to brake
le frigo the fridge
je fumais *(fumer)* I used to smoke

G

je gagnais *(gagner)* I used to earn
(il) ne gagnait pas *(gagner)* (he) wasn't earning
gagner ma vie to earn my living
je gagnerai *(gagner)* I will earn/win
je gardais *(garder)* I used to keep
en gardant by looking after
garde – **médecins de garde** doctors on call
garder to look after/to keep (up)
garder le côté traditionnel keep to the traditional role
garder son calme keep calm
il me gardera *(garder)* he will look after me
je le garderais *(garder)* I would keep it
gêner to get in the way of
genre – **tout genre de** any kind of
un genre de a type/kind of
les gens people
gentil, gentille kind
le Golfe Persique the Persian Gulf
les gorges the gorges
goût – **à votre goût** according to your own taste
grammes – **avec trois grammes d'eau** with a couple of inches of water

grand'chose –
je n'ai pas grand'chose à faire
I haven't got much to do
grandi *(grandir)* –
j'ai grandi I grew up
(il/elle) a grandi (he/she) grew up
gratuit, gratuite free
gravement seriously
graves serious
la grêle hail
une grève (de . . .) a strike (by . . .)
(ils) ont fait grève (they) went on strike
grièvement seriously
gros, grosse large/fat
grosses bises love from
une guerre a war
le guichet the ticket-office

H

habillée *(s'habiller)* –
je me suis habillée I got dressed
son habillement its finish/appearance
vous habiller *(s'habiller)*
dressing/to get dressed
j'habitais *(habiter)* I lived/used to live
j'habiterai *(habiter)* I will live
d'habitude usually
haché – **steak haché** minced steak
l'haltérophilie weight-lifting
haut – **qui fait 1,2 m de haut**
which is 1.2 metres high
hautes high/tall
hélas! too bad!
Helvétique Swiss
l'herbe the grass
heure – **de bonne heure**
early/in good time
tes heures libres your spare time
heureusement luckily/fortunately
heureux, heureuse happy
heurté – **il a été heurté** it was struck
heurtés *(heurter)* –
qu'est-ce qui les a heurtés?
what hit them?
en hiver in winter
l'homme-singe the ape-man
les hommes men
une horloge –
avec la régularité d'une horloge
as regular as clockwork
houle swell (of the sea)
humide damp/sticky
humilier to humiliate

I

ici here
il y a there is/there are
il y a (cent ans) (a hundred years) ago
il y a (quinze jours) (a fortnight) ago
il y a eu there was/were
il y aura there will be
des îles islands
immatriculée registered
l'immensité the vast open space
un immeuble a block of flats
immobilier – **le marché de l'immobilier**
the property market
à n'importe quel âge at any age
imposé *(imposer)* –
rien n'est imposé
nothing is compulsory
indifférents – **indifférents aux combats**
not worrying about the fighting
indiquant showing
leur indiquant telling them about
indiquée – **l'adresse indiquée**
the address given
indisciplinés badly behaved
indispensable essential
inférieur, inférieure inferior
inférieure à less than
les infirmiers/les infirmières nurses
informaticien, informaticienne
computer operator
l'informatique computer studies
m'informer sur *(s'informer)*
to find out about
injuste unfair
des inondations floods
inondé *(inonder)* –
il a inondé it flooded
inquiets à votre sujet worried about you
qui s'inspire de *(s'inspirer)*
which is inspired by
l'intention – **vous avez l'intention . . . ?**
do you intend . . . ?
interdit, interdite forbidden/no . . .
intéressés – **tous les intéressés**
anybody who is interested
des interférences interference
à l'intérieur inside
interrogé *(interroger)* –
(il) a interrogé (he) interrogated
l'intervention massive
a large-scale operation
intervenus *(intervenir)* –
(ils) sont intervenus
(they) intervened
intimider to intimidate/threaten
inutiles useless
inventez *(inventer)* make up
invoque *(invoquer)* –
si on invoque des raisons médicales
on medical grounds
on ira *(aller)* we will be going
ira *(aller)* –
cela ira mieux things will go better
j'irai *(aller)* I will go
j'irais *(aller)* I would go
irez-vous? *(aller)* will you be going?
nous irons *(aller)* we will be going
ivoirien, ivoirienne from the Ivory Coast

J

ne . . . jamais never

jamais – je ne sors presque jamais
I hardly ever go out
il n'y a jamais eu
there have never been
jamais de ma vie never in my life
japonais, japonaise Japanese
il jetait *(jeter)* he used to throw away
j'y jetterais un coup d'oeil *(jeter)*
I would have a quick look at it
jeu – tout autre jeu any other game
un jeu-test quiz
les jeux the games
jeux – la salle de jeux the games room
je jouais *(jouer)* I used to play
joué *(jouer)* –
j'ai joué I played
des jouets toys
jour – chaque jour every day
journée – toute la journée all day long
jours – de nos jours nowadays
jusqu'à up to/until
juste à côté de right next to

K

koweitien, koweitienne Kuwaiti

L

là there
là-bas down there/over there
si on laissait *(laisser)* if you left
(il) vous laissait *(laisser)* (he) left you
en laisse on a lead
laissé *(laisser)* –
je l'ai laissé I left it
laisse *(laisser)* –
(il) ne me laisse pas (he) won't let me
laisse – tenus en laisse kept on a lead
laisser to leave
se laisser intimider par . . .
to let yourself be put off by . . .
laissez . . . à côté *(laisser)*
go easy on . . .
lance-missiles – une frégate lance-missiles a missile-launcher
lancée – une opération lancée
an operation launched/carried out
langue – dans quelle langue
in which language
lavé *(se laver)* –
je me suis lavé I got washed
lavez-vous? *(laver)* do you wash?
nos lecteurs/lectrices (our) readers
la lecture reading
légalement legally
lesquels – dans lesquels in which
leur their/(to) them
levée *(se lever)* –
je me suis levée I got up
il se lèvera *(se lever)* it will rise
libéralisées relaxed/less strict
la liberté freedom
liberté d'expression
freedom to speak
une relative liberté
a certain amount of freedom
libre de suite available immediately
libres free
lieu place
(il) a lieu (it) takes place
il aura lieu it will take place
au lieu de instead of
sur les lieux on the scene
la ligne the line
du linge washing
je lirais *(lire)* I would read
lire to read
je lisais *(lire)* I used to read
je livrais *(livrer)* I used to deliver
location for hire
le logement housing
la loi the law
devant la loi legally
loin de far from
les loisirs leisure/spare-time activities
longtemps a long time
longue – la chaise longue sunbed
lors d'une collision
as the result of a collision
lorsque when/while
loué – que vous avez loué
which you have rented
louer (to) hire/rent
lu *(lire)* –
j'ai lu I read
les lumières the lights
des lunettes de soleil sunglasses
la lutte struggle/fight
le luxe luxury
quel luxe! what luxury!

M

un magnétophone a tape-recorder
main – sous la main close at hand
le maïs corn
une maison de campagne
a house in the country
une Maison des Jeunes et de la Culture (MJC)
a youth leisure centre
le maître the master/teacher
majeure – la majeure partie de ma vie
for most of my life
mal badly
malgré cela despite that
malheureusement unfortunately
mangé *(manger)* –
j'ai mangé I ate
on mangeait *(manger)* we used to eat
je mangerais *(manger)* I would eat
les mannequins models
manqué *(manquer)* –
j'ai manqué I missed
le manque d'eau the lack of water
manquent *(manquer)* –
qui manquent which are missing
manucure manicure

le maquilllage make-up
il ne marchait toujours pas *(marcher)* it still didn't work
marchande – la valeur marchande the market value
marche *(marcher)* – **(il) ne marche pas** (it) doesn't work
marché *(marcher)* – **j'ai marché** I walked
le marché de l'immobilier the property market
marcher (to) walk
mon mari my husband
je me marierai *(se marier)* I will get married
je ne me marierai jamais *(se marier)* I will never get married
marocain, marocaine Moroccan
elle marque bien *(marquer)* it really shows
les marques makes
marron dark brown
le matériel equipment
matériels – dégâts matériels damage
sa matière his/her subject
matières – leurs matières préférées their favourite subjects
ce matin this morning
matin – au petit matin early in the morning
mauvais, mauvaise bad
méchants, méchantes evil/cruel
mécontent, mécontente unhappy
médecins de garde doctors on call
les médicaments the medicine
médicaux – soins médicaux medical care
meilleur, meilleure better/best
au meilleur prix at the best price
même itself/even/same
même – tout de même all the same/nevertheless
vous-même yourself
le ménage the housework
mener to lead
mentionnant which mention
la mer the sea
merveilles – pays des merveilles wonderland
mesure – dans une certaine mesure to some extent
aucune mesure no rule
un métier a job
je mettais *(mettre)* I used to put
mettez *(mettre)* put
mettez-vous d'accord *(se mettre)* come to an agreement
on se mettra en route *(se mettre)* we will set off
mettre to put (in)
mettre la main sur to lay hands on
meublé, meublée furnished
mieux better
mince thin
mineurs children under age
Ministère des Droits de la Femme ministry for women's rights
mis *(mettre)* – **j'ai mis** I put (on)
mis à *(se mettre à)* – **je me suis mis à** I started to
moins less/minus
au moins at least
moins (de) less (than)
mois – en plein mois d'août at the height of August
par moments at times
monde – beaucoup de monde many people
mondiale – une guerre mondiale a world war
mondial, mondiale world-wide
la monnaie change
montagneux, montagneuse mountainous
je montais *(monter)* I used to go upstairs
montée *(monter)* – **je suis montée** I went up/climbed
monter to put on/to rise
une montre a watch
montré *(montrer)* – **j'ai montré** I showed
montrer to show
mort, morte dead
des mots croisés crosswords
les moutons sheep
cette multitude that great crowd
municipales – aux élections municipales at the local elections
aux murs on the walls

N

nagé *(nager)* – **j'ai nagé** I swam
la natation swimming
naviguer sail
né, née *(naître)* –
je suis né I was born
(il) est né (he) was born
nécessité – de première nécessité of most importance
la négligence neglect
il neigera *(neiger)* it will snow
la nervosité bad nerves
un nettoyage a cleaning-up operation
je nettoyais *(nettoyer)* I used to clean
nettoyer to clean
neutre fair/neutral
un nez a nose
ni . . . ni... neither . . . nor . . .
niçoise – la région niçoise the area around Nice
à Noël at Christmas
noient *(se noyer)* – **pour que les petits ne se noient pas** so the little kids don't drown
nombre – un grand nombre a large number
le nord the North
notamment particularly/in particular
une note – une petite note de a touch of
nourrir to feed
une nourriture food
nouveaux, nouvelles new
nuageux, nuageuse cloudy
la nuit the night

O

obéir to obey
objecteur de conscience a conscientious objector
oblige *(obliger)* –
on nous oblige they make us
obligé, obligée – **on est obligé de . . .** you have to . . .
qui est obligée de . . . who has to . . .
obliger – **est-ce qu'ils peuvent m'y obliger?** can they force me to?
vous obtiendrez *(obtenir)* you will get
à l'occasion de on the occasion of
occupez-vous *(occuper)* –
comment occupez-vous . . . ? how do you fill . . . ?
oeil – **un coup d'oeil** a glance
les oeufs eggs
offert *(offrir)* –
j'ai offert I offered
ombragé, ombragée shaded
on – **où l'on est** where one is
ondées – **quelques ondées orageuses** a few stormy showers
ont *(avoir)* –
(ils) ont la joie de (they) are pleased to
opérer – **il faut opérer** it is necessary to operate
un orage a storm
orage – **en cas d'orage** in the event of a storm
quelques orages isolés a few isolated storms
orageux, orageuse stormy
l'ordinateur the computer
ordre – **par ordre d'importance** in order of importance
de l'ordre de in the region of
osez *(oser)* –
osez votre métier be daring with your job
oublier to forget
l'ouest the West
l'ourdou Urdu
ouvert *(ouvrir)* –
j'ai ouvert I opened
ouverts open-minded

P

panaméen, panaméenne Panamanian
le panneau the sign
(à) Pâques (at) Easter
par principe on principle
parce que because
parfaitement –
elle a parfaitement le droit de she is perfectly entitled to
parfois sometimes
je parlais *(parler)* I used to speak/talk
elle parle *(parler)* she speaks
parlé *(parler)* –
j'ai parlé I spoke
parler trop talk too much
j'en parlerais *(parler)* I would talk about it
parlez-en encore *(parler)* talk about it again
parmi amongst
part – **le favoritisme de la part de** favouritism shown by
partager sa passion share your interest
je partais *(partir)* I used to leave
je participais *(participer)* I used to take part in
en particulier particularly
partie *(partir)* –
je suis partie I left/set off
partie – **la majeure partie de ma vie** for most of my life
les parties communes the comunal areas
partir – **à partir de 1500m.** above 1500 metres
(il) partira *(partir)* (it) will leave
on partira *(partir)* we will set off
je partirai *(partir)* I will leave
je partirais *(partir)* I would leave
partout everywhere
mes pas my footsteps
je passais *(passer)* I spent/used to spend
passé *(passer)* –
ça passe à . . . it's on at . . .
(elle) passe après *(passer)* (she) comes after
se passé *(se passer)* –
où se passe l'histoire? where does the story take place?
passé *(passer)* –
j'ai passé I passed/spent
passé *(se passer)* –
ce qui s'est passé what happened
qu'est-ce qui s'est passé? what happened?
le passé composé the perfect tense
les passe-temps pastime activities
passée *(se passer)* –
(elle) s'était passée (it) took place
passer to spend (time)
passer des examens to take exams
passer – **on peut passer** you can take
pour passer votre annonce to get your ad broadcast
on passera *(passer)* people will spend/we will spend
se passera *(se passer)* –
qu'est-ce qui se passera? what will be happening?
je passerai *(passer)* I will spend
vous passerez *(passer)* you will spend
des pâtes pasta
le patin à glace ice-skating
le patin à roulettes roller-skating
la patinoire the skating-rink
une pause – **une petite pause** a short break
pauvre poor
payants paying
payé, payée paid
le pays the country
un pays en développement a 'Third World' country
la peau skin
la pêche fishing
pêcher (to) fish
les pêcheurs people fishing
des pédalos pedal boats
peindre to paint
un peintre a painter
la peinture paint/painting

une pelle a spade
la pelouse the grass
pendant (que) during/while
je pensais *(penser)* I used to think
je pense que *(penser)* I think (that)
leurs pensées their thoughts
penser to think
penses *(penser)* –
tu n'y penses pas
you can't be serious
pensez *(penser)* –
qu'en pensez-vous?
what do you think of it . . . ?
en pension complète with full board
(ils) perdent *(perdre)* (they) lose
perdre – **pas de temps à perdre**
no time to lose
perdu *(perdre)* –
j'ai perdu I lost
je l'ai perdu I lost it
qu'est-ce qu'on a perdu?
what has been lost?
une permanence médicale
a medical service
qui me permet *(permettre)* which allows me
(ils) le permettent *(permettre)* (they) allow it
(ils) vous permettront *(permettre)*
(they) will enable you
le permis de conduire driving licence/test
la persécution persecution
(il) persiste *(persister)* (it) continues
ne . . . personne nobody
une personne – **une simple personne**
a single person
personne d'autre nobody else
une perte de temps a waste of time
des petits-enfants grand-children
à peu près
about/roughly/approximately
peur – **j'ai peur** I'm afraid
ce qui me fait peur what frightens me
j'ai eu peur I was scared
peut *(pouvoir)* –
est-ce qu'on peut . . . ? can I . . . ?
peut *(pouvoir)* –
qui peut les aider who can help them
on peut parler *(pouvoir)* you can talk
peut-être perhaps/maybe
elles peuvent *(pouvoir)* they can
(ils) ne peuvent pas *(pouvoir)* (they) cannot
je peux *(pouvoir)* I can
des phrases sentences
des pièces coins
des pièces de cinq francs five franc coins
piloter to fly
un pirate de l'air a hijacker
piste rink
pittoresque picturesque
la place the job
place – **sur place**
on the spot/right there
la Place Rouge Red Square
des places cinema seats
plage privée private beach
de plain-pied on one floor
plaire please
le plaisir pleasure
ça me plaît *(plaire)* I like it
ça vous plaît? do you like it?
sa planche your sailboard
une planche à roulettes a skateboard
la planche à voile wind-surfing
des planches à voile sail-boards

des planchistes windsurfers
des plats dishes
plein, pleine full
en plein air in the open air
en plein centre ville
right in the middle of town
en plein été in the middle of summer
en plein mois d'août
at the height of August
en pleine rue de Londres
in a London street
pleut-il? *(pleuvoir)* is it raining?
il pleuvait depuis . . . *(pleuvoir)*
it had been raining since . . .
il pleuvra *(pleuvoir)* it will rain
plomberie-chauffage
central-heating plumbing
plombier, plombière plumber
la plongée sous-marine deep-sea diving
des plongeurs divers
plu *(pleuvoir)* –
il a plu it rained
la pluie the rain
la plupart the majority
ne . . . plus no longer
plus more
moi non plus nor do I
plus au sud further south
plus de . . . no more . . .
plus du tout not at all
plus ou moins (de) more or less
plusieurs several
plutôt rather
du point de vue du salaire
as far as salaries are concerned
quelle pointure? what size? (shoes)
polluée – **eau polluée** polluted water
le polonais Polish (language)
le pompage pumping
pompiers – **sapeurs-pompiers**
fire-brigade
son pont its bridge
(ils) portaient *(porter)*
(they) used to wear/were wearing
je portais *(porter)*
I was wearing/used to wear
le porte-avions aircraft-carrier
un porte-parole a spokesperson
un portefeuille a wallet
porter to wear
porter l'affaire en justice
to take the matter to court
je porterai *(porter)* I will wear
je le porterais *(porter)* I would take it
les portes d'entrée
the front doors/entrances
(il) pose *(poser)* (he) asks
posé *(poser)* –
nous avons posé we asked
j'ai posé I put/asked
posées – **les questions posées**
the questions asked
postaux – **les frais postaux** the postage
le poste the post/job
poste de secours emergency point
pour for
pour en savoir plus to find out more
pourquoi? why?
je pourrai *(pouvoir)* I will be able
je pourrais *(pouvoir)* I would be able
on pourrait *(pouvoir)* you/they could
(elle) pourrait *(pouvoir)* (it) might
tu pourras *(pouvoir)* you will be able

pourriez *(pouvoir)* –
est-ce que vous pourriez . . . ?
could you . . . ?
pourriez-vous? *(pouvoir)* could you?
nous pourrons *(pouvoir)* we will be able
(elles) pourront encore se produire *(pouvoir)*
(they) could still break out
poursuivez *(poursuivre)* –
si vous me poursuivez
if you follow me
pourtant however
et pourtant and yet
la poussière the dust
je pouvais *(pouvoir)*
I used to be able to/could
pouvez-vous? *(pouvoir)* can you?
pratique practical
pratiquement hardly/practically
il n'y a pratiquement pas de
there's hardly any
pratiquer to do/take part in
précédente – **l'année précédente**
the year before
précieux, précieuse precious
préciser to say exactly
la préfecture
police station/passport office
préférées – **leurs matières préférées**
their favourite subjects
préféreraient *(préférer)* –
qui préféreraient who would prefer
je préférerais *(préférer)* I would rather
je prenais *(prendre)* I used to have/take
si on prenait *(prendre)* if you took
on prendra *(prendre)* we will catch
(il) prendra *(prendre)* (it) will take
je prendrai *(prendre)* I will take
prendre contact avec
to get in touch with
prendre en main to take control of
prendre le départ to set off
vous prendrez *(prendre)* you will catch
(elles) prendront part à *(prendre)*
(they) will take part in
prenez le rôle de *(prendre)*
play the part of
préparé *(préparer)* –
j'ai préparé I prepared
près – **à peu près** about/approximately
se présenter aux élections
to stand for election
presque almost/nearly
présumer – **ne pas présumer de**
don't over-estimate
prêt, prête ready
prévenir to inform
prévisions forecast
prévue pour intended for
prie *(prier)* –
je vous prie d'agréer . . .
Yours faithfully
priés asked
une prime a first prize
principaux, principales main
en principe in principle/in theory
pris *(prendre)* –
j'ai pris I took
prise *(prendre)* taken
privé, privée private
privé, privée de deprived of
procédé *(procéder)* –
(ils) ont procédé à
(they) went ahead with
procéder to go ahead
prochain, prochaine next
se produire – **(elles) pourront se produire**
(they) could break out
des produits products
profession – **sans profession**
unemployed
progressivement gradually
projeté *(projeter)* –
(il) a été projeté (he) was thrown out
des projets plans
des promenades en bateau boat-trips
on s'est promené *(se promener)*
we went for a walk/walked about
promenée *(se promener)* –
je me suis promenée I went for a walk
se promener (to) walk/go for a walk
propos – **à ce propos** on this subject
(il) proposait *(proposer)* (he) offered
proposait *(proposer)* –
si on vous proposait
if someone offered you
(il) me propose de *(proposer)*
(he) suggests that I should . . .
propre own
propres – **soyez propres** be tidy
le propriétaire, la propriétaire the owner
protégée par protected by
protéger – **chargé de protéger**
responsible for protecting
en provenance de on its way from
provoqué *(provoquer)* –
(elle) a provoqué
(it) has provoked/caused
pu *(pouvoir)* –
j'ai pu I was able/could
puisque since/because
pur, pure pure

Q

qu'aimez-vous lire? *(aimer)*
what do you like reading?
qualité – **son architecture de qualité**
its fine architecture
quand when
quand même all the same
votre quartier your neighbourhood
quartiers – **plusieurs quartiers**
several districts
ne . . . que only
vous ne parlez que you only talk
quel, quelle, quels, quelles? what?
quelquefois sometimes
qu'est-ce qu'il y a à faire?
what is there to do?
qu'est-ce qu'on peut faire?
what can be done?
qu'est-ce qui est . . . ? what is . . . ?
qu'est-ce qui t'est arrivé?
what happened?
une quinzaine –
depuis une quinzaine d'années
for about fifteen years
quitté *(quitter)* –
j'ai quitté I left

quoi – **en quoi consiste-t-il?**
what does it involve?
quoi – **c'est quoi pour vous?**
what does it mean for you?
quotidiennement daily

R

racontez *(raconter)* talk about/tell/give
raison – **il n'y a pas de raison**
there's no reason
raison – **en raison de sexe**
on the grounds of sex
raisonnable reasonable
je ramassais *(ramasser)*
I used to gather/pick
une rampe a ramp/handrail
rang – **au premier rang** in the front row
rangé *(ranger)* –
j'ai rangé I tidied/sorted out
rappelle *(rappeler)* –
(il) vous rappelle (it) reminds you of
je me rappelle *(se rappeler)* I remember
un rapport a (police) report
les rapports the relationship
des rapports sexuels sexual relationships
réalisé, réalisée made/directed
en réalité in fact
nous recevions *(recevoir)* we were getting
recevoir to receive/get
je recevrai *(recevoir)* I will receive/get
vous recevrez *(recevoir)* you will receive/get
des recherches research
nous recherchons *(rechercher)*
we are looking for
recommander (to) recommend
reconnaître to recognise
recoudre to mend/mending
recouvertes de covered with
la récréation breaktime
(elle) recrute *(recruter)* (it) is looking for
reçu *(recevoir)* –
j'ai reçu I received
(elle) a reçu (it) received
réel, réelle real, true
me réfugier *(se réfugier)* to take refuge
les refus refusals
je refuserais *(refuser)* I would refuse
je regardais *(regarder)* I used to watch
en regardant *(regarder)* while you look at
regardé *(regarder)* –
j'ai regardé I watched/looked at
je regarderais *(regarder)* I would look at
règle – **en règle générale**
as a general rule
le règlement the rules
réglementé, réglementée controlled
régler to sort out
régularité – **avec la régularité d'une horloge** as regular as clockwork
régulièrement regularly
rejoindre to meet/join
relativement quite/relatively
relisez *(relire)* re-read
remarqué *(remarquer)* –
j'ai remarqué I noticed
je remarquerais *(remarquer)*
I would notice
remercie *(remercier)* –
je te remercie thank you
remerciements –
avec mes remerciements
many thanks
remis *(remettre)* –
j'ai remis I put back
remplacent *(remplacer)* –
(ils) nous remplacent
(they) are taking our place
je remplacerai *(remplacer)* I will replace
(ils) remplaceront *(remplacer)*
(they) will replace
remplir to fill in
je rencontrais *(rencontrer)* I used to meet
rencontré *(rencontrer)* –
j'ai rencontré I met
rencontrer to meet
on vous rendait *(rendre)* they gave you back
un rendez-vous a meeting/appointment
rendu *(rendre)* –
. . . ce qui a rendu . . . which made
rendu à *(se rendre à)* –
je me suis rendu à I went to
renfermé, renfermée withdrawn
des renseignements information
je rentrais *(rentrer)* I used to come home
rentrant returning
en rentrant *(rentrer)* on his way home
rentrée *(rentrer)* –
je suis rentrée I went back
rentrée tardive returning late
(ils) ne rentrent pas *(rentrer)*
(they) do not return
renverser – **(il) se fait renverser**
(he) gets knocked over
renvoyée *(renvoyer)* –
on l'a renvoyée she has been sent
renvoyer to send back
des réparations repairs
réparer to repair
le repas the meal
repassez-vous? *(repasser)*
do you iron?
répondu *(répondre)* –
j'ai répondu I answered/replied
en réponse in reply
le reportage the report
le repos rest
vous aurez besoin de repos
you will need a rest
reprendre son travail go back to her job
représentant showing
des résidus d'hydrocarbures oil deposits
responsable du personnel
personnel officer
des ressources naturelles
natural resources
restaurer to restore
(il) reste *(rester)* (he) remains
je reste *(rester)* I remain/I stay
reste *(rester)* –
il ne reste que deux personnes
there are only two people left
resté *(rester)* –
je suis resté I stayed
je resterai *(rester)* I will stay
vous resterez *(rester)* you will stay
nous resterons *(rester)* we will be staying
(ils) resteront *(rester)* (they) will stay

un résumé a summary/ short description/round-up
retardé *(retarder)* –
on a retardé they delayed
(il) retéléphone *(retéléphoner)* (it) phones back
retournée *(retourner)* –
je suis retournée I returned/went back
les retours return trips/trips home
ma retraite my pension
je retrouvais *(retrouver)* I used to meet
retrouve *(retrouver)* –
si on le retrouve if it is found
on se retrouve . . . ? *(se retrouver)* shall we meet . . . ?
retrouvé *(retrouver)* –
j'ai retrouvé I found
(ils) se sont retrouvés *(se retrouver)* (they) gathered together
nous retrouvions *(retrouver)* we used to meet up with
rêve – **un programme de rêve** a dream world
des rêves dreams
réveillée *(se réveiller)* –
je me suis réveillée I woke up
me réveiller *(se réveiller)* to wake up
revenu *(revenir)* –
je suis revenu I came back
revoir to see again
revu *(revoir)* –
on ne l'a pas revu he hasn't been seen again
des revues magazines
(ne) . . . rien nothing
pour rien for nothing/for no reason
rien – **rien de plus facile** nothing could be easier
sans rien dire without saying anything
sans avoir rien acheté without buying anything
une rivalité rivalry
la robustesse the strength
un rôle a role
romain, romaine Roman
le roman novel
un roman à suspense a thriller
romanche Romansch
romande – **en Suisse romande** in French-speaking Switzerland
les Romands the people from French-speaking Switzerland
rompu *(rompre)* –
j'ai rompu I broke
rouler (to) drive
la rue the street
rue – **en pleine rue de Londres** in a London street
russe Russian
au rythme des saisons as the seasons changed

S

du sable sand
la saisie seizure
sait *(savoir)* –
qui sait? who knows?
salaire – **au même salaire** with the same salary
sales dirty
une salle de bain a bathroom
la salle de jeux the games room
salut hello/'bye
des sanctions fines
sans without
sans profession unemployed
la santé health
les sapeurs-pompiers the fire brigade
sauvage wild
je savais *(savoir)* I knew/used to know how to
vous savez *(savoir)* you know how to
vous saviez *(savoir)* you knew
savoir to know/find out
savoir – **pour en savoir plus** to find out more
pour le savoir in order to find out
du savon (some) soap
un scénariste a script-writer
les sciences commerciales business studies
les sciences économiques economics
scolaire – **un groupe scolaire** a school party
le scoutisme scouting
(il) se couchera *(se coucher)* (it) will set
la séance the performance
un seau a bucket
sec, sèche dry
secouer to shake
secours – **poste de secours** emergency point
votre séjour your stay
un séjour d'une semaine a one-week stay
séjours holiday breaks
selon according to
la semaine dernière last week
(ils) semblaient *(sembler)* (they) seemed
je semblais *(sembler)* I seemed
(elle) semble *(sembler)* (it) seems
ça semble bien *(sembler)* it seems like a good thing
(ils) semblent *(sembler)* (they) seem
le sens the meaning/direction
elle se sent *(se sentir)* she feels
les sentiers the paths
séoudien, séoudienne Saudi
(il) sera *(être)* (it) will be
sera *(être)* –
(il) sera parti (he) will be away
je serai *(être)* I will be
je serais *(être)* I would be
(elle) serait *(être)* (it) would be
on serait dehors *(être)* you would be outside
serez *(être)* –
vous serez combien? how many of you will there be?
nous serons *(être)* we will be
elles seront *(être)* they will be
on sert *(servir)* they serve
on ne sert pas *(servir)* they do not serve

une serviette a towel
seul, seule alone/on your own
sévère strict
un short shorts
si if/so
la sieste – **faire la sieste**
to have an afternoon sleep
signale *(signaler)* –
(il) leur signale
(it) brings to their attention
signer to sign
simple – **une simple personne**
a single person
sinon if not/otherwise
le ski de fond cross-country skiing
la société society
soient *(être)* –
qu'elles soient sur la défensive
that they are on the defensive
le soin care
soins médicaux medical care
des soins spéciaux special care
soirées folkloriques folk evenings
soit *(être)* –
. . . que ce soit . . . that it is
quel que soit l'âge whatever the age
qu'il soit accepté for it to be accepted
une soixantaine about sixty
les soldes sale
le soleil the sun
sombre dark
sonné *(sonner)* –
(on) a sonné (somebody) rang
je sors *(sortir)* I go out
je ne sors presque jamais
I hardly ever go out
je sortais *(sortir)* I used to go out
sortait *(sortir)* –
si on sortait? shall we go out?
sorti *(sortir)* –
je suis sorti I went out
sortir (de) to go out (of)/leave
sortis *(sortir)* –
(ils) sont sortis indemnes
(they) came away unhurt
(elle) souffre *(souffrir)* (she) is suffering
souffrir to suffer
soulignez-vous? *(souligner)*
do you underline?
le souper supper
je souriais *(sourir)* I was smiling
souriant, souriante smiling
sous under
sous la main close at hand
sous la responsabilité de
the responsibility of
sous-marin, sous-marine underwater
plongée sous-marine
deep-sea diving
les sous-sols the basements
des souvenirs memories
souvenirs du passé
memories of the past
souvent often
spatial – **le vaisseau spatial**
the spaceship
spéciaux – **des soins spéciaux**
special care
un spectacle – **un grand spectacle**
an epic film
standing – **des hôtels de grand standing**
luxury hotels
stationnement parking
stationner (to) park
stoppée – **sa chute a été stoppée**
his fall was broken
stupéfiants – **la brigade des stupéfiants**
the drugs squad
su *(savoir)* –
j'ai su I knew
le sud the South
suédois, suédoise Swedish
suffisant, suffisante sufficient
il suffit de s'organiser *(suffir)*
all you have to do is get organised
suggéré *(suggérer)* –
(il) a suggéré (he) suggested
la Suisse Switzerland
en Suisse in Switzerland
la Suisse alémanique
German-speaking Switzerland
la Suisse romande
French-speaking Switzerland
suite – **tout de suite** immediately
à la suite de following/as the result of
suivant, suivante following
suivez *(suivre)* follow
suivez-vous la mode? *(suivre)*
do you follow fashion?
suivie *(suivre)* –
(elles) l'ont suivie (they) followed her
super-excités over-excited
supérieur, supérieure senior
supplément – **sans supplément**
at no extra cost
supplémentaire extra
sûrement certainly/surely
surtout above all/mainly/especially
la surveillance – **sous la surveillance de**
under the supervision of
surveillée – **baignade surveillée**
supervised bathing

T

quelle taille? what size? (clothes)
talons heels
tandis que whereas/while
la tante aunt
un tapis a carpet/rug
tard late
tardive – **rentrée tardive** returning late
un téléfeuilleton a TV serial
téléphoné *(téléphoner)* –
j'ai téléphoné I phoned
telle – **une telle situation**
such a situation
le témoignage report/personal statement
un témoin a witness
temps – **en ce temps-là** at that time
de temps en temps
from time to time/occasionally
(il) se tenait *(se tenir)* (he) was standing
la tendance the tendency/general move
tendu *(tendre)* –
(ils) avaient tendu une embuscade
(they) had set up an ambush
la tentation the temptation

tenté *(tenter)* –
as-tu été tenté de . . . ?
have you been tempted to . . . ?
tenus en laisse kept on a lead
se terminer to finish
un terrain de boules
area for playing 'boules'
les terrains difficiles
areas of rough country
terrasses terraces
terre – **par terre** on the floor
sur terre on the Earth
en théorie in theory
timide shy
le tir à l'arc archery
tirée du roman based on the novel
un tiroir a drawer
le toit the roof
tolérer to tolerate
tombait *(tomber)* –
la nuit tombait it was getting dark
tombé *(tomber)* –
je suis tombé I fell
(il) tombe amoureux de *(tomber)*
(he) falls in love with
(ils) tombent *(tomber)* (they) are falling
du tonnerre thunder
un coup de tonnerre a clap of thunder
torchons dusters
toucher un chèque to cash a cheque
touchera *(toucher)* –
(il) vous touchera énormément
(it) will mean a great deal to you
toujours always/still
tour – **faire un tour** to go for a ride
je ferais le tour de la maison
I would go all over the house
faire des tours en ville
to walk around the town
un tournoi a tournament
tout, toute, tous, toutes all
tous les deux both
à tout à l'heure see you soon
tout à coup suddenly
tout à fait completely
tout de même
all the same/nevertheless
tout de suite immediately
tout le nécessaire
everything necessary
des tracts publicitaires publicity handouts
. . . en train de . . .
in the middle of (doing something)
qui est en train de couler
which is sinking
(il) était en train de recoudre
(he) was busy mending
on nous traite *(traiter)* they treat us
traitent *(traiter)* –
ils nous traitent they treat us
tranquilles quiet
la tranquillité peace and quiet
quelle tranquillité! what peace!
le transfert the transfer
transmettre to put across
(il) transportait *(transporter)*
(it) was carrying
le travail work
je travaillais *(travailler)* I used to work
travaillé *(travailler)* –
j'ai travaillé I worked
ils travaillent *(travailler)* they work
je travaillerai *(travailler)* I will work
nous travaillions *(travailler)* we were working
les travaux work/labours
les traversées maritimes the sea crossings
traverser to cross
très very
triste sad
trop (de) too/too much/too many
trop – **bien trop précieuse**
much too precious
un trou a hole
troublé *(troubler)* –
qui vous a longtemps troublé
which has bothered you for a long time
(elle) se trouvait *(se trouver)* (it) was situated
trouvé *(trouver)* –
j'ai trouvé I found
qu'est-ce qu'on a trouvé?
what has been found?
a été trouvé mort was found dead
trouver to find something
on trouverait *(trouver)* you would find
vous trouviez *(trouver)* you found
tuer to kill
tunisien, tunisienne Tunisian
typique typical/traditional

U

unique – **je suis fils unique**
I am an only child
urgence – **avec toute urgence**
as quickly as possible
en cas d'urgence in an emergency
l'usine the factory
utile – **quelque chose d'utile**
something useful
(elles) utilisent *(utiliser)* (they) are using
l'utilité use, usefulness

V

on va *(aller)* we're going
va *(aller)* –
qu'est-ce qui ne va pas?
what is wrong?
des vacanciers holidaymakers
je vais *(aller)* I'm going
je m'en vais *(s'en aller)* I'm going away
le vaisseau spatial the spaceship
les vaisseaux the ships
la valeur marchande the market value
valise – **faites-vous votre valise?**
do you pack your own things?
varié, variée varied/mixed
vécu *(vivre)* –
j'ai vécu I lived
ils ont vécu they experienced
un vélo a bike
(il) venait *(venir)* (it) was coming
(il) vend *(vendre)* (he) sells
on vend *(vendre)* they sell

je vendais *(vendre)* I was selling
le vendeur, la vendeuse the shop assistant
vendre to sell
vendu *(vendre)* –
j'ai vendu I sold
vente selling
venu, venue *(venir)* –
je suis venu I came
(elle) vérifiait *(vérifier)* (she) was checking
vérifié *(vérifier)* –
j'ai vérifié I have checked
véritable true
vers towards
version – **version originale** in the original language
version française dubbed into French
des vêtements clothes
vétérinaire vet
vêtu, vêtue de dressed in
veuillez agréer l'expression de mes salutations distinguées Yours faithfully
veulent *(vouloir)* –
ce qu'elles veulent what they want
(elle) veut *(vouloir)* (she) wants
veut *(vouloir)* –
ce qu'elle veut what she wants
je veux bien *(vouloir)* I really want
la viande meat
vide unfurnished
ma vie my life
vie – **comment était la vie?** what was life like?
gagner ma vie to earn my living
jamais de ma vie never in my life
la vie communautaire the life of the community
vieille – **vieux, vieille** old
viens me chercher *(venir)* come and meet me
elle vient *(venir)* she is coming
vieux, vieille old
virement – **le cours virement** exchange rate
son visage his/her face
je visitais *(visiter)* I used to visit
visité *(visiter)*–
j'ai visité I visited
nous visitions *(visiter)* we used to visit
vite quickly
une vitesse a speed/gear
en vitesse quickly
voie *(voir)* –
. . . que je le voie . . . me to see him
la voile sailing
faire de la voile to go sailing
des voiles sailing boats
un voilier a yacht/sailing boat
voir to see
un voisin, une voisine a neighbour
on se voit *(se voir)* we see each other
on voit *(voir)* you can see
un vol flight/theft
volatils inflammable
volontairement deliberately
volontiers willingly/of course
vont *(aller)* –
ils vous vont très bien they suit you very well
voter to vote
ils voudraient *(vouloir)* they would like
tu voudrais *(vouloir)* you would like
je voudrais *(vouloir)* I would like
nous voudrions *(vouloir)* we would like
voulaient *(vouloir)* –
tout ce qu'ils voulaient whatever they wanted
voulu *(vouloir)* –
j'ai voulu I wanted
voyagé *(voyager)* –
j'ai voyagé I travelled
voyagerez-vous? *(voyager)* will you travel?
vrai, vraie real/true
vraiment really
vu *(voir)* –
j'ai vu I saw
vues *(voir)* –
s'il les a vues if he has seen them
vus *(voir)* –
que je n'ai pas vus that I haven't seen

Y

le yaourt yoghurt
ses yeux his/her eyes
yougoslave Yugoslav

Acknowledgments

We would like to thank:

the ILEA teachers who commented on draft material especially June Farrel, Hilary Jackson, Jacqueline Jenkins, Irene Perrin

Michael Hussey of the ILEA inspectorate for his guidance during preliminary discussions on the multiethnic content of the course

the French-speaking Assistants who contributed to the taped and written material in STUDIO 16B (and also the schools at which they worked for releasing them): Charles Acquah, Daniel Antoine, Aline Arsens, Sylvie Bécrit, Radhi Ben Romdane, Fatima Chaoui, Olivier Defoort, Christine Maeder, Nicole Marbois, Ahmed Mezrag, Andrée Renaud, Serge Sand, Ousmane Seck, Jean-Daniel Tacite, Sakina Zerrel

Paolo Diop, Ana Palomo, Véronique Tadjo and the French school students who took part in the interviews

l'Ambassade de la République de Djibouti, le Ministère des Droits de la Femme and the *Vers l'Avenir* project (Paris) for providing information and material

the French-speaking Assistants, and the students and staff of the lycée français in London for their help with the photographs and written material in STUDIO 16B

the students and staff of Dunraven and Morpeth schools for the photographs on page 2 of this book

the Royal Court Theatre (London) for photographic reference for *Fous de la danse*.

Credits

Writers
Pat McLagan, Hilary Stanyer (*Fous de la danse:* Amanda Rainger)

Adviser
Sue Prior (Inspector for languages, ILEA)

French adviser
Marie-Thérèse Bougard

Audio producer
Alma Gray

Photographers
Martin Sookias, Martin Thornton

Picture researcher
Liz Middleton

Illustrators
Rhian Evans, Martin Griffiths, Liz Inwood, Kevin Maddison, Paul Phillips, Neal Puddephat, Christine Roche, Julia Osorno
Cover: Rhoda Burns, Robert Burns

Typesetters
Jackie Sayers, Windhorse Photosetters, with Alex Fletcher Typesetting, Cathy Harper

Designers
Carla Turchini, with Vickie Lukens

Assistant designers
Linda King, with Melanie Bund, Ross Foley, Julia Osorno, Robert Wheeler

Editors
Christopher Barker, Joan Henry. **Wordlist:** Peter Saunders

Photographs
p 8 Mary Glasgow Publications (MGP); **p 9** Stéphane Rousseau; **p 12** Stéphane Rousseau; **p 15** MGP; **p 17** MGP; **p 18** MGP; **p 20** Keith Gibson; **p 21** MGP, Keith Gibson; **p 22** Keith Gibson, Contretype Archives Nationales, Bibl. Nat/Paris, Longman, Greater London Record Office and Library; **p 23** Office de Tourisme de Djibouti; **p 25** Novosti Press Agency, Keith Gibson, Christopher Barker, FISA industrias gráficas; **p 26** Hilary Stanyer; **p 29** Henry Grant, Quebec House; **p 30** Quebec House, Tunisian National Tourist Office, Christian Aid; **p 31** Quebec House, Fatima Chaoui, Keith Gibson, French Government Tourist Office (FGTO); **p 32** Vidocq, Ana Palomo; **p 33** Camera Press; **p 36** SNCF.CAV/Jean-Marc Fabbro, Peter Newark; **p 38** Associated Press; **p 39** Associated Press, JK/Magnum/John Hillelson, Swiss National Tourist Office; **p 44** Vidocq, FGTO; **p 48** Keith Gibson, National Film Archive/London; **p 54** National Film Archive/ London, PIC Photos; **p 56** Keith Gibson, F Nugéron; **p 57** National Film Archive/London; **p 63** National Film Archive/ London; **p 65** Keith Gibson; **p 69** Camera Press; **p 82** MGP; **p 85** MGP; **p 88** Keith Gibson, Hilary Stanyer, Pat McLagan; **p 89** Pat McLagan; **p 94** Camera Press; **p 95** Popperfoto, Associated Press; **p 100** FGTO, Christopher Barker; **p 101** Novosti, Anne Bolt; **p 102** Eugene Adebari/LFI; **p 103** Vidocq, MGP; **p 104** Popperfoto, Keith Gibson; **p 105** Keith Gibson; **p 106** Gamma/Spooner/Steve Stone; **p 107** Gamma/Spooner/ J Guichard, Popperfoto; **p 108** Popperfoto; **p 109** St Moritz/ Swiss National Tourist Office, Vidocq; **p 112** The Commission of the European Communities; **p 114** Caux/Swiss National Tourist Office; **p 115** Robert Estall; **p 117** Keith Gibson, Imperial War Museum; **p 119** MGP; **p 120** Anne Bolt; **p 121** Anne Bolt; **p 124** FGTO; **p 128** MGP; **p 129** United Nations; **p 131** Keith Gibson, MGP; **p 133** MGP; **p 134** Timothy Walsh

Other photographs: Martin Sookias, Martin Thornton

While every effort has been made to trace the owners of copyright material reproduced in STUDIO 16B, this has not always proved possible. We would be glad to hear from copyright owners of photographs not credited above.

British Library Cataloguing in Publication Data

Studio 16.
Pt. B
Pupil's book
1. French language – Text-books for foreign speakers
448.2'4 PC2112

ISBN 0-85950-636-3

Printed and bound in Great Britain at The Bath Press, Avon